数据驱动

数字经济的产业路径和治理

雷钰云 何忠 张静 ◎著

中国科学技术出版社
·北京·

图书在版编目（CIP）数据

数据驱动：数字经济的产业路径和治理 / 雷钰云，何忠，张静著. -- 北京：中国科学技术出版社，2025.
1. -- ISBN 978-7-5236-1147-0
Ⅰ.F492
中国国家版本馆 CIP 数据核字第 2024YK7194 号

策划编辑	何英娇	执行策划	张 頔
责任编辑	孙倩倩	封面设计	潜龙大有
版式设计	蚂蚁设计	责任校对	邓雪梅
责任印制	李晓霖		

出　　版	中国科学技术出版社
发　　行	中国科学技术出版社有限公司
地　　址	北京市海淀区中关村南大街 16 号
邮　　编	100081
发行电话	010-62173865
传　　真	010-62173081
网　　址	http://www.cspbooks.com.cn

开　　本	710mm×1000mm 1/16
字　　数	259 千字
印　　张	19.25
版　　次	2025 年 1 月第 1 版
印　　次	2025 年 1 月第 1 次印刷
印　　刷	大厂回族自治县彩虹印刷有限公司
书　　号	ISBN 978-7-5236-1147-0 / F・1333
定　　价	79.00 元

（凡购买本社图书，如有缺页、倒页、脱页者，本社销售中心负责调换）

推荐序

随着物联网、云计算、大数据、人工智能等新一代数字技术的群体性突破，数据采集、处理、流转和开发利用成本大幅度降低，数字经济以其独特的魅力和无限的潜力，正以前所未有的速度重塑全球经济格局，成为世界各国抢占未来发展制高点的主战场。党的二十届三中全会通过的《中共中央关于进一步全面深化改革、推进中国式现代化的决定》指出，要加快构建促进数字经济发展体制机制，完善促进数字产业化和产业数字化政策体系，加快新一代信息技术全方位全链条普及应用，打造具有国际竞争力的数字产业集群。深入学习贯彻落实三中全会精神，破除制约数字经济发展的体制机制障碍，着力推动经济社会数字化转型，充分发挥超大规模市场优势，数字经济将日益成为我国经济社会高质量发展的重要引擎。

数字经济，这一概念背后蕴含的是基于数字技术的一系列经济活动的总和。数字经济以数据要素作为基础资源，涵盖数字产业化和产业数字化两大核心领域。据统计，全球数据量以每年27%左右的速度增长，数据的开发利用在发现新知识、创造新价值等方面的作用凸显，国际组织和美欧等国纷纷将数据列为新兴基础性资源。与土地、劳动力等传统资源相比，数据资源有其独特性。数据在使用过程中不会发生损耗，且可通过流通、共享和开发利用，衍生出更多数据；数据复制、流转、存储成本趋近于零；政府开放数据、网络公开数据等是非排他使用的；不同来源、不同维度的数据通过交叉分析可揭示新的洞见，创造更大价值。

数字产业化是围绕数据要素的采集、存储、加工、分析、应用等环节形成的新兴产业体系。面对海量、多样化的原始数据，一大批专业从事数据采集、清洗、标注、脱敏、交易、安全等服务的机构应运而生，促进了数据高质量供给，也构成了数字产业生态的主体。基于政府开放数据、企业自采数据等加工形成的商业数据库、行业数据集等，提高了数据信息密度和价值含量，这些专业化、结构化、高附加值的数据产品是数据变现的直接途径之一。以高质量数据集为基础，利用高性能算力和深度学习算法训练出的通用大模型、行业大模型，支撑了智能汽车、智能装备、智能机器人、智能客服等产品和服务创新。此外，基于数据资源和算法模型，还可以提供在线数据查询、核验、征信、风险评价等服务。欧盟的一项研究显示，仅考虑从数据生产到开发利用相关的数字经济活动，2020—2022年我国数字经济产值年均增长22.5%，成为经济增长的新动能。

在产业数字化过程中，利用数据要素已成为企业开展创新、扩大产出、提升竞争力的普遍选择。基于动态销量数据，企业能够及时感知需求，把握市场走势，进行针对性的价格调整，还可以洞察客户偏好，实现精准分群和个性化定价，发掘出新的市场机会。企业数据全流程贯通后，可实现协同化研发、柔性化生产、预测性维护等，推动制造业向"黑灯工厂""未来工厂"发展，提升产品质量和全要素生产率。经济合作与发展组织调查显示，2015—2023年，其成员国采用大数据技术的企业占比从11%提升至34%。据测算，美国制造业企业采用大数据后生产率提高了5%~6%，我国上市公司应用大数据后市值提高了4.21%。

数据驱动的新模式新业态层出不穷，深刻影响着人们的生产生活方式和社会治理格局。网络空间汇聚了海量数据、信息和知识，搜索服务让知识触手可及；基于位置的服务，如网约车、餐饮外卖、地图导航等，实现了服务的精准供给；以网络视听、在线展览、在线演艺等为代表的数字文化新模式蓬勃发展，极大地改变了文化消费方式；政务数据支撑了"一网通办""异地可办""跨省通办"等政务新模式；

数字化的优质教育、医疗资源可通过网络向基础延伸，加速扩容下沉；等等。在充分认识数字经济发展广阔前景的同时，也要看到数据开发利用还存在一些值得关注的风险，如数据过度集中带来垄断风险、个人数据保护和数据安全风险、岗位结构调整和收入极化风险等。这就需要建立与数字经济发展相适应的治理体系，在加强监管和促进创新之间取得平衡。

《数据驱动：数字经济的产业路径和治理》一书，聚集数据要素、产业数字化和数字产业化三个关键主题，深入剖析了数字经济的内涵与意义，努力探索数字经济的产业路径与策略，为读者特别是领导干部提供了一份全面、深入、实用的指南。我相信在各级领导干部的共同努力下，数字经济必将为我国经济社会高质量发展注入新的动力与活力。

2024 年 10 月 10 日

（国务院发展研究中心原副主任、研究员，第十四届全国政协经济委员会委员，中国经济 50 人论坛成员）

自序

在21世纪的科技浪潮中，数字经济以其独特的魅力和无限潜力，正以前所未有的迅猛之势，重新绘制全球经济版图。这是一场生产力的深刻革命，数字经济已成为驱动经济社会高质量发展的核心动力源泉。面对这一历史性的跨越，我们需要以敏锐的洞察力洞悉数字经济的本质，精准把握其发展的脉络，明确推进的策略方向，并精准选取数字经济发展的关键节点。

正是基于这样的时代背景和迫切需求，我们撰写了《数据驱动：数字经济的产业路径和治理》一书。本书旨在引领读者深入理解数字经济，并特别聚焦于"数据要素、产业数字化与数字产业化"这三大核心议题，以期为我们揭示数字经济的内在逻辑与发展趋势。

随着大数据、云计算、人工智能、区块链等前沿技术的蓬勃发展，数字经济如同一股清新的东风，吹散了传统经济的重重迷雾，引领我们步入一个充满机遇与挑战的全新时代。它不仅是技术层面的革新，更是生产关系、商业模式乃至整个社会结构的全面重塑。数字经济凭借其高效、灵活、智能的特质，正逐步成为驱动经济社会发展的新动力源，为经济发展注入了澎湃的活力与希望。

数字经济，这一概念背后蕴含的是基于数字技术的一系列经济活动总和。它涵盖了两个核心领域：一是数字产业化，即信息技术产业的蓬勃发展，为经济体系注入了新的增长极；二是产业数字化，即传统产业在数字技术的赋能下实现转型升级，焕发新的生机与活力。而在这两大领域中，数据要素作为数字经济的基础资源，其重要性愈发凸显。数据不仅是生产活动的直接投入品，更是价值创造的核心驱动力，是推动经济社会高质量发展的关键所在。

在产业数字化的进程中，数据要素是推动传统产业转型升级的重要力量。通过构建数据驱动的决策体系、打造智能化生产系统、推广个性化定制服务等举措，我们能够实现传统产业的数字化、网络化、智能化转型，提升其竞争力和可持续发展能力。

数字产业化则是围绕数据要素的采集、处理、分析、应用等环节而形成的新兴产业体系。我们应紧紧抓住数据产业发展的历史机遇，结合相关政策措施，推动数据技术创新和数据产业发展。通过建设数据产业园区、培育数据服务企业、推动数据交易流通等举措，促进数据产业的集聚和壮大，打造数字经济的新引擎。

在本书的撰写过程中，我们深入研究了数字产业化与产业数字化之间的内在逻辑与发展路径，深知数字经济的复杂性与多变性。因此，本书不仅限于对数字经济发展态势、挑战与主要场景应用的总结，更着重探讨了数字经济推动的工作思路、实施要点和策略，旨在为读者呈现一份全面、深入且极具实务指导价值的数字经济知识体系，助力于实际操作与决策的有效实施。同时，我们也得到了朱玉婷、雷皓然、何俊杰的无私支持，在此表示衷心的感谢。

我们希望通过本书，能够激发更多人对数字经济的关注与思考，共同推动数字经济的健康发展，为构建数字中国贡献我们的绵薄之力。

目录

第一章　数字经济认知"碰撞"　001

第一节　数字经济内涵，各机构"百家争鸣"　002
一、数字经济概念的不同机构解读　002
二、数字经济分析框架　006
三、数字经济核心构成　008
四、衡量区域数字经济发展情况　009

第二节　数字经济发展推动数字中国建设　012
一、数字中国战略布局　012
二、数字经济如何促进数字中国的深化发展　015

第三节　新质生产力对数字经济的作用机制　025
一、新质生产力的内涵　025
二、新质生产力对数字经济的作用机制　032

第二章　数字经济引擎：数据要素"激活术"　037

第一节　一级数据要素市场如何"培育"　038
一、数据资源要如何"聚"　039

i

二、数据质量提升"要点"　　041
　　三、建立制度标准体系　　048
　　四、推动数据开放共享运营　　054

第二节　二级数据要素市场如何"规范"　　058
　　一、健全数据交易流通规则　　058
　　二、促进数据交易与跨境流通　　062
　　三、培育发展市场运营体系　　063
　　四、建立健全行业监管体系　　065

第三节　数据安全保障体系如何"构建"　　070
　　一、落实网络和数据安全制度　　070
　　二、建立数据安全评估体系　　072
　　三、加强数据安全管理能力　　076

第三章　产业数字化难点、要点与场景　　091

第一节　产业数字化的"难点"　　092
　　一、技术难题挑战　　092
　　二、成本压力挑战　　095
　　三、组织转型挑战　　097
　　四、安全风险挑战　　098
　　五、数据隐私挑战　　099
　　六、法律法规挑战　　100

第二节　产业数字化推进"要点"　　102
　　一、增强基础设施建设　　102
　　二、推动技术研发和应用　　104

三、加强数据资源开发和利用 　　　　　　　106
四、推进产业链升级改造 　　　　　　　　　108
五、强化商业模式创新 　　　　　　　　　　109
六、加大人才培养和引进 　　　　　　　　　111
七、推动政策法规和标准制定 　　　　　　　113
八、推进安全与合规建设 　　　　　　　　　115

第三节　产业数字化的重点场景　　　　　　117

一、产业数字化的重点业务场景 　　　　　　117
二、产业数字化的典型新型业务模式 　　　　119

第四章　产业数字化转型实施要点　　　　123

第一节　三大产业数字化价值链和能力体系比较　　127

一、三大产业数字化转型价值链分析 　　　　127
二、三大产业数字化能力体系的对比分析 　　139

第二节　农业数字化转型实施重点　　　　　142

一、农业数字化规划要点 　　　　　　　　　142
二、加强重点基础设施建设 　　　　　　　　147
三、推动农业大数据资源整合 　　　　　　　149
四、促进产业升级与融合发展 　　　　　　　154
五、推动技术创新与应用 　　　　　　　　　160
六、农业数字化人才培养 　　　　　　　　　163

第三节　工业数字化转型实施重点　　　　　164

一、工业数字化规划要点 　　　　　　　　　164
二、推动技术创新与应用 　　　　　　　　　171

三、支持中小企业数字化转型 ... 173
四、建立工业互联网平台和服务体系 ... 175
五、推动产业链协同与集成 ... 176
六、工业数字化持续创新 ... 177

第四节　服务业数字化转型实施重点　181
一、打造区域特色与协同机制 ... 181
二、鼓励服务业态创新 ... 182
三、打造服务经济发展新动能 ... 183
四、推进重点服务领域数字化转型 ... 185

第五章　数字产业化发展态势、挑战与策略　189

第一节　数字产业化的发展态势　190
一、政策支持环境不断优化 ... 190
二、数字技术发展显著 ... 204
三、跨行业融合创新发展 ... 207
四、数字产业竞争环境加剧 ... 209

第二节　数字产业化发展中的"挑战"　213
一、技术"难点" ... 213
二、标准与规范难点 ... 213
三、安全难点 ... 215
四、人才培养难点 ... 216
五、产业融合难点 ... 217
六、市场应用难点 ... 218
七、政策与法律难点 ... 219

第三节　把握数字产业化发展"关键" 　　　　220
一、推动数字产业化过程中防"激进" 　　　　220
二、推动数字产业化过程中"发力点" 　　　　223

第六章　数字产业化发展行动"路线图" 　　　　233

第一节　地方重点数字产业如何"选育" 　　　　234
一、确定地方重点产业 　　　　234
二、招商引资"一盘棋"运作机制 　　　　244

第二节　推进行业融通的"跨界"模式 　　　　255
一、深化行业协同合作 　　　　255
二、加强标准规范引领 　　　　260

第三节　地方产业生态培育"策略" 　　　　263
一、推进数字产业公共服务平台建设 　　　　263
二、构建安全有序的发展环境 　　　　272
三、加强数字产业运营监测 　　　　281

参考文献 　　　　291

第一章

数字经济认知"碰撞"

第一节　数字经济内涵，各机构"百家争鸣"

数字经济的概念是随着信息技术的发展和互联网的普及逐渐形成和演进的，并迅速成为学术界、业界和政策制定者关注的焦点。

1995 年，加拿大经济学家唐·塔普斯科特（Don Tapscott）在《数据时代的经济学：对网络智能时代机遇和风险的再思考》（*The Digital Economy: Rethinking Promise and Peril in the Age of Networked Intelligence*）一书中，明确提出数字经济具备的四大特征：网络化、数字化、智能化和互动性。在塔普斯科特看来，数字经济不仅是经济活动的数字化，还是一个社会经济变革的过程，它涉及组织结构、商业模式、市场关系以及社会与文化等多个方面的重大改变。

随着时间的推移，数字经济的定义、范围和影响也在不断扩大和深化。

一、数字经济概念的不同机构解读

当下，数字经济尚无明确公认的定义。

首先，数字经济依托的信息与通信技术（ICT）正在快速发展和演变。新技术的出现，如人工智能、区块链、云计算等，不断扩展数字经济的边界和内涵，使得对其的定义需要不断更新和调整。

其次，数字经济触及经济学、管理学、信息科学等多个学科领域，不同学科背景的研究者可能会从各自的研究视角出发，对数字经济的理解和定义各有侧重。例如，经济学者可能更注重数字经济对生产力的影响，而信息科学家可能更关注技术本身的发展和应用。

再次，不同国家和地区在经济发展水平、文化背景、政策环境等方面的差异，也会影响对数字经济的理解和定义。一些国家可能更强调数字经济在促进经济增长和创新方面的作用，而其他国家可能更关注数字经济在促进社会公平和包容性方面的潜力。

最后，政府和国际组织在制定相关政策和战略时，可能会根据自身的经济社会发展目标来界定数字经济的范围和重点，这导致在政策制定和推广过程中可能会出现不同的定义和解释。因此，数字经济的定义存在差异性是由于受到了技术发展、学科视角、实践理论、地域文化和政策目标等多方面因素的影响。随着数字经济本身的不断发展和深化，对其定义和理解也将继续演化。

我们将近年来权威的研究机构和学者对数字经济进行的定义总结如下。

（一）经济合作与发展组织对数字经济的解读

经济合作与发展组织（Organization for Economic Co-operation and Development，以下简称OECD）认为，数字经济是一种全新的经济运作模式。这种模式特征包括数据作为关键资源、网络效应的显著性、平台经济的兴起以及创新和知识共享的重要性。总体来说，OECD对数字经济的定义强调了数字技术对经济模式和社会结构变革的深远影响，以及需要采取的跨国政策和合作框架以适应这些变革。

（二）世界银行对数字经济的解读

世界银行对数字经济的定义注重于如何利用数字技术促进经济增长和发展，以及减少贫困和提高人民生活水平，其定义强调了数字技术在提高生产效率、促进创新、提高服务质量和拓展市场方面的作用。世界银行认为，数字经济包含几个关键组成部分：数字基础设施、数字技能、数字平台、数字金融服务。

世界银行强调，数字经济不仅仅是一种经济活动的数字化转型，它还包含了创造新的市场机会、促进包容性增长和社会福利提高的潜力。

（三）美国经济分析局对数字经济的解读

美国经济分析局（Bureau of Economic Analysis，以下简称BEA）将数字经济视为一个涵盖广泛经济活动的领域，这些经济活动通过使用数字化信息与通信技术来生产和交易商品与服务。这一定义不仅包括了纯粹的数字产品和服务（如软件、数字媒体和在线服务），还包括了通过数字技术实现的产品和服务的生产、分销和交易过程。

BEA的定义重点在于量化数字经济对美国总体经济的贡献。这包括对数字经济各个方面的直接和间接贡献进行测量，如数字基础设施投资、数字商品和服务、电子商务、数字技能劳动力等。

BEA的数字经济定义强调了数字技术在创造新的商业模式、提高生产效率和促进经济增长中的关键作用。

此外，BEA的研究还关注了数字经济在提高劳动生产率、促进创新和通过新兴市场创造就业机会方面的潜力。通过这样的定义和统计口径，BEA旨在为政策制定者、企业和研究人员提供关于美国数字经济状态和发展趋势的准确和有用的信息，以支持基于证据的决策和策略规划。

（四）中国国家统计局对数字经济的解读

2021年，国家统计局发布的《数字经济及其核心产业统计分类（2021）》将数字经济界定为：数字经济是指以数据资源作为关键生产要素、以现代信息网络作为重要载体、以信息通信技术的有效使用作为效率提升和经济结构优化的重要推动力的一系列经济活动。

第一章 数字经济认知"碰撞"

（五）G20[1]杭州峰会上对数字经济的解读

在2016年G20杭州峰会上，数字经济被广泛讨论，并被定义为：以使用数字化的知识和信息作为关键生产要素、以现代信息网络作为重要载体、以信息通信技术的有效使用作为效率提升和经济结构优化的重要推动力的一系列经济活动。并着重讨论了基于数字化技术的经济活动、创新和技术驱动、跨界融合、促进包容性增长、全球合作等关键要素。

（六）中国信息通信研究院对数字经济的解读

中国信息通信研究院（以下简称"信通院"）将数字经济定义为以数字知识和信息为关键生产要素，以现代信息网络为重要载体，以信息通信技术的有效应用为重要驱动力，推动经济结构优化升级和效率提升的一种新型的经济形态。[2]信通院在定义中明确了数字经济的核心要素包括数字化的基础设施（如宽带网络、数据中心），数字化的工具和平台（如云计算、大数据分析），数字化的商业模式和创新生态。同时强调，数字经济的发展旨在通过技术创新和应用推动经济增长方式的转变，实现高质量发展。这包括提高生产效率、促进产业升级、创造新的增长点和就业机会，以及通过数字化手段解决社会问题和提升公共服务的质量和效率。

---

[1] G20，二十国集团，G20峰会是由中国、阿根廷、澳大利亚、巴西、加拿大、法国、德国、印度、印度尼西亚、意大利、日本、韩国、墨西哥、俄罗斯、沙特阿拉伯、南非共和国、土耳其、英国、美国以及欧洲联盟等二十方组成的国际经济合作论坛。

[2] 张嘉毅.中国信息通信研究院发布《中国数字经济发展报告（2022年）》[J].科技中国，2022（8）：104.

二、数字经济分析框架

当今，不同的研究机构基于对数字经济的不同理解，分别构建出了差异化的数字经济分析研究框架，现将一些具有代表性的分析框架总结如下。

（一）经济合作与发展组织的数字经济分析框架

OECD 对数字经济的分析框架提供了一种全面理解数字经济的方法（见图 1-1），这一框架可以通过四个不同的定义层次来阐述：核心定义、狭义定义、广义定义和数字社会。

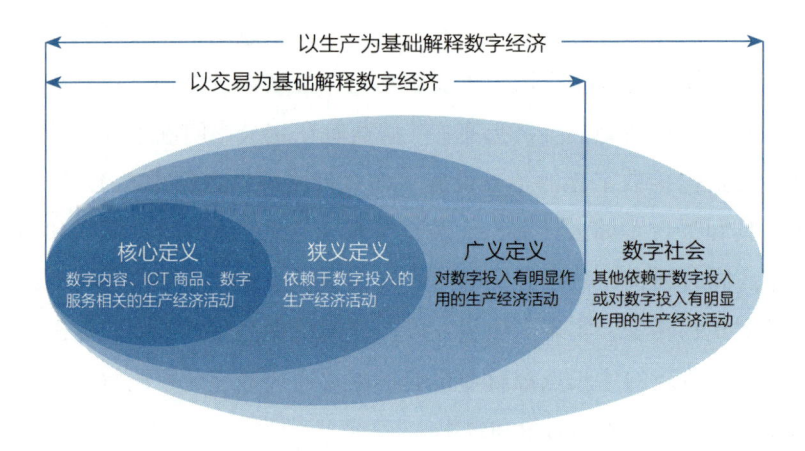

图 1-1　OECD 数字经济分析框架

核心定义：直接基于数字化技术的产业和活动。这包括那些主要通过数字技术（如计算机、互联网、其他形式的信息与通信技术）生产、分发和交换数字商品和服务的产业。

狭义定义：扩大了数字经济的范围，既包括核心的信息与通信技术产业，又包括采用 ICT 进行主要业务活动的企业和行业。

广义定义：进一步扩展了数字经济的边界，将数字经济看成一种经济活动的新形式，它包括生产和交易数字商品和服务的企业，还包括利用数字技术对传统产业进行改造升级的各类活动。

数字社会：除了关注经济活动，还关注数字技术对社会层面的影响，如教育、卫生、政府服务和民主参与。重点强调了数字技术在提高生活质量、促进包容性增长和支持可持续发展方面的潜力。

这四个层次共同构成了经合组织对数字经济的全面分析框架，从狭窄的技术和产业视角到广泛的社会和经济影响，提供了一种多维度的理解和研究数字经济的方法。

（二）中国信通院的数字经济分析框架

中国信通院对数字经济的分析框架细化为四个关键方面：数字产业化、产业数字化、数字化治理和数据价值化（见表1-1）。该框架旨在深入理解和促进数字经济的全面发展，强调技术创新与经济社会发展的深度融合。

表 1-1　信通院数字经济"四化"分析框架[1]

框架组件	核心内容	分析
数字产业化	包括软件和信息技术服务业、云计算、大数据、人工智能、物联网等领域的企业和产业链的形成和扩张	目标：通过技术创新和产业升级，推动经济结构的优化和升级
产业数字化	即传统产业应用数字技术所带来的产出增加和效率提升部分。包括优化生产流程、改善管理方式、提升产品和服务质量，以及商业模式的创新	实质：通过技术融合和应用推动产业转型升级，提高经济效益和竞争力
数字化治理	建立以"数字技术+治理"为典型特征的技管结合模式，以及数字化公共服务等	核心：建立透明、高效、服务型的政府，实现公共服务的精准化、公平化以及社会治理的智能化
数据价值化	包括数据采集、标准、确权、标注、定价、交易、流转、保护等内容，以及数据驱动的商业模式和产品服务创新	实质：推动基于数据驱动的经济形态和增长模式的形成

---

[1] 张嘉毅.中国信息通信研究院发布《中国数字经济发展报告（2022年）》[J].科技中国，2022,(8)：104.

这一分析框架不仅系统性地阐述了技术创新、产业转型、治理优化和数据利用在数字经济发展中的重要作用，还明确了数字经济发展的重点方向和领域。

三、数字经济核心构成

2021年，国家统计局发布的数字经济及其核心产业统计分类界定了我国数字经济的基本范围，提出了一套关于数字经济及其核心产业的定义和分类体系（见图1-2）。该体系对数字经济的核心构成进行了明确的划分，可以促进对数字经济的深入理解和有效管理，更准确地计量数字经济的规模和动态，为政策制定、企业战略规划和经济发展提供重要的信息和指导。

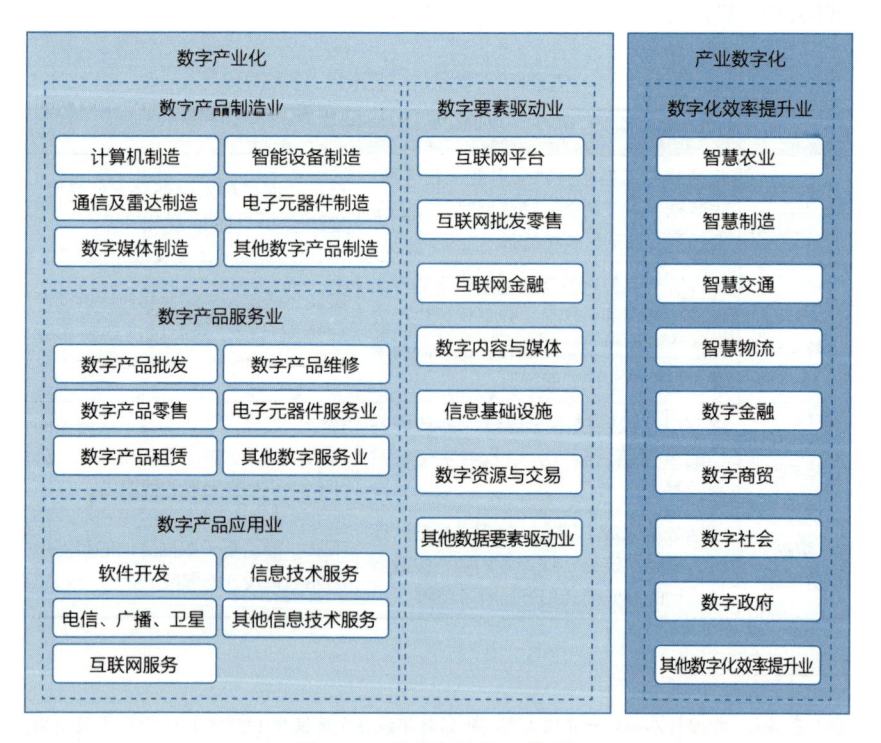

数字产业化			产业数字化
数字产品制造业		**数字要素驱动业**	**数字化效率提升业**
计算机制造	智能设备制造	互联网平台	智慧农业
通信及雷达制造	电子元器件制造	互联网批发零售	智慧制造
数字媒体制造	其他数字产品制造	互联网金融	智慧交通
数字产品服务业		数字内容与媒体	智慧物流
数字产品批发	数字产品维修	信息基础设施	数字金融
数字产品零售	电子元器件服务业	数字资源与交易	数字商贸
数字产品租赁	其他数字服务业	其他数据要素驱动业	数字社会
数字产品应用业			数字政府
软件开发	信息技术服务		其他数字化效率提升业
电信、广播、卫星	其他信息技术服务		
互联网服务			

图1-2　数字经济核心构成

四、衡量区域数字经济发展情况

（一）指标测度法

衡量数字经济发展情况的指标测度法是一个多维度、综合性的体系。以中信证券研究部提出的指标测度法为例来说明其分析框架（见图1-3），该框架从数字基础设施、数字产业化、产业数字化转型、公共服务数字化以及数字产业创新能力五个维度来评估数字经济的发展情况。

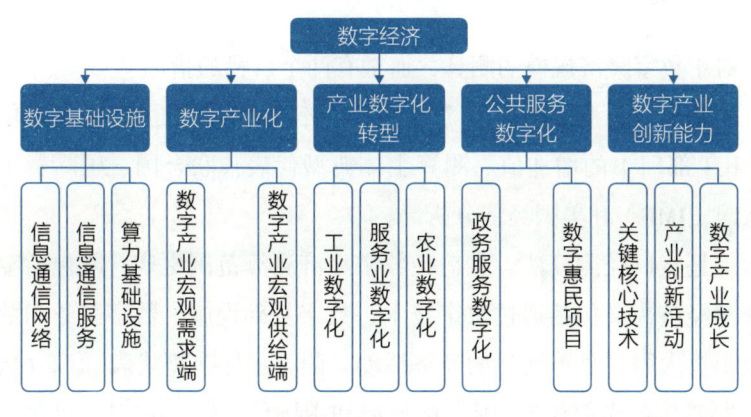

图1-3 中信证券指标测度法分析框架

数字基础设施：是以数据创新为驱动、通信网络为基础、数据算力设施为核心的基础设施体系。主要采用信息通信网络建设规模、信息通信服务能力与算力基础设施水平进行衡量。

数字产业化：其发展受供求双方力量共同决定，计量指标包括需求端和供给端指标。需求端指标包括：电子信息制造业固定资产投资与电子信息相关领域的消费、出口金额；供给端指标包括：信息通信行业的经济增加值与收入等。

产业数字化转型：其发展主要涉及工业数字化、服务业数字化、农业数字化等分项。

公共服务数字化：是数字技术应用于传统公共服务领域的重要产物，数字技术的应用有助于推动公共服务均等化、普惠化、高效化、便捷化。其应用主要体现在政务服务、社会服务、数字城乡、数字生活，主要使用"互联网+"政务服务、数字惠民项目等进行衡量。

数字产业创新能力：特指我国各类信息通信行业与数字基础设施的创新能力，主要包括关键核心技术、产业创新活动、数字产业成长等领域的指标。

（二）规模测度法

对于数字经济规模的测算，通常有两个口径的指标。

一是窄口径测算法。测算与数字经济技术直接相关的信息通信部门（ICT部门）的增加值。测算主体典型代表：联合国、国际货币基金组织（IMF）和美国经济分析局。

二是宽口径测算法。宽口径数字经济测算范围更广，既包括窄口径数字经济，又包括通过数字技术、数字基础设施、数字服务和数据等数字投入得到显著增强的经济活动。测算主体典型代表：《G20数字经济发展与合作倡议》、国家统计局和中国信通院，它们均包含通过数字投入而获得附加值增值的经济活动。

（三）指数测度法

学界、政府部门及研究机构还构建了不同的多维度数字经济指标，来衡量不同地区数字经济的发展状况。

当前，国际主流数字经济指标测度法的应用情况，见表1-2。

表1-2 国际主流数字经济指标测度法汇总

指数名称	发布机构	主要评估维度	发布频次	应用特点
数字经济指数（Digital Economy Index, DEI）	商业机构（如Adobe Analytics）	关注电子商务、在线购物、数字支付等，主要反映个人和企业在数字经济中的参与度	每年发布	广泛应用于全球多个国家和地区，尤其在电子商务发达地区，为企业数字化发展提供市场参考
ICT发展指数（ICT Development Index, IDI）	国际电信联盟（ITU）	评估ICT基础设施、互联网使用情况、ICT技能水平，全面衡量国家或地区的数字基础设施和应用能力	每年发布	全球应用，用于政府部门和国际组织评估ICT发展差距，特别是在发展中国家应用广泛
网络化准备指数（Networked Readiness Index, NRI）	波特兰学院（Portulans Institute）	包括技术环境、数字就绪度、使用广度及其社会经济影响	每年发布	全球应用，尤其在经济发达国家使用较多，适用于政府和企业制定数字转型战略
电子政务发展指数（E-Government Development Index, EGDI）	联合国（UN）	在线服务（政府网站）、基础设施（互联网和电信设施）、人力资本（数字技能）	每两年发布	全球应用，特别用于评估各国政府的数字化服务水平和政府治理的现代化进程
全球创新指数（Global Innovation Index, GII）	世界知识产权组织（WIPO）、康奈尔大学、欧洲工商管理学院（INSEAD）	创新投入（科研资金、技术教育）和创新产出（知识产出、技术转让）	每年发布	全球应用，适用于创新驱动的经济贡献，广泛用于数字经济创新能力的跨国比较
OECD数字化转型指标（OECD Digital Transformation Indicators）	经济合作与发展组织（OECD）	技术普及率、创新水平、劳动力市场影响、社会包容性等	不定期发布	主要针对OECD成员国，尤其是发达国家，用于制定和衡量高水平的数字化转型政策

第二节　数字经济发展推动数字中国建设

一、数字中国战略布局

随着互联网、大数据、人工智能等新一代信息技术的不断成熟和广泛应用，党的十八届五中全会于 2015 年 10 月首次提出"国家大数据战略"并发布了《促进大数据发展行动纲要》。2015 年 12 月 16 日，在浙江乌镇举办的第二届世界互联网大会开幕式上，习近平总书记正式提出要"推进'数字中国'建设"的号召。

（一）"数字中国"发展演进过程的三个阶段

随着以互联网、大数据、人工智能、区块链等为基础的新技术革命的发展，各国政府都试图充分利用新技术来推动本国政治经济社会的变革，抢占未来发展的先机，纷纷提出各自的数字化发展国家战略。1998 年 1 月，美国时任副总统戈尔首次提出"数字地球"（Digital Earth）的概念，在国际上引起了巨大的反响，各国掀起了数字化建设的热潮。起初，"数字中国"是在"数字地球"基础上衍生出的一个概念，即利用全球定位系统（Global Positioning System，通常简称 GPS）、卫星通信、虚拟现实等技术对中国范围内的各类自然资源进行数字化，以增强我们对自然资源的认知、利用和保护。在实践过程中，随着探索的不断深入，将数字技术与政务、经济、社会等各种应用场景进行融合，在产品、服务、模式、技术、设计等多个领域取得了创新性突破。这种融合，不仅加速了经济转型、产业升级、企业竞争力，还提高了政府治理、社会治理的能力和服务水平。

在这次数字化浪潮中，中国抓住了本次历史性机遇，通过一系列战略部署和政策措施，积极推进数字化转型和创新发展，引领并推动世界信息革命的发展进程。从"数字中国"的发展历程来看，其大概可分为萌芽起步、地方探索、国家战略三个发展阶段,见表1-3。[1]

表1-3 "数字中国"的三个发展阶段

时间	1998—2000年	2000—2015年	2016年至今
发展阶段	萌芽起步阶段	地方探索阶段	国家战略阶段
项目主导	地理资源管理部门	地方政府主导	国家顶层指导,地方政府推进,社会参与
研究对象	研究对象单一:对中国的地理资源进行数字化,建构数字化的地理信息系统	研究对象由单一化走向多样化:各地发展侧重点不同,推动了地方地理空间资源、城市建设以及政务的数字化和信息化	全面表征以中国为对象的国家信息化体系的现代化建设
关键技术	以地理信息系统(GIS)为基础,旨在以遥感卫星图像为主要技术分析手段	移动互联网的兴起和云计算、大数据技术的应用	人工智能、物联网、区块链等前沿技术的集成应用和产业数字化、数字产业化为主要驱动力
实践领域	在可持续发展、农业、资源、环境、全球变化、生态系统、水土循环系统等方面开展具体的应用实践	以"数字福建"为典型代表,走向了全局性的自然、经济、社会、文化的全面数字化、信息化和现代化	以"两大基础、数字技术+'五位一体'、两大能力、两个环境"的"2522"顶层设计指导数字中国在数字化建设各个领域全面性、系统性展开

(二)数字中国建设整体布局规划

基于我国现代化战略发展的内在要求、数字技术发展自身规律、满足社会日益多元化需求以及应对国际复杂形势的需要等内外部多重因素,"数字中国"内涵和范围也相应地不断丰富和扩大。

2023年2月27日,中共中央、国务院印发了《数字中国建设整体布局规划》(以下简称《规划》),《规划》明确定位,建设数字中国

---

[1] 黄欣荣,潘欧文."数字中国"的由来、发展与未来[J].北京航空航天大学学报(社会科学版),2021(4):99-106.

是数字时代推进中国式现代化的重要引擎，是构筑国家竞争新优势的有力支撑。

《规划》强调，着力推动高质量发展，统筹发展和安全，强化系统观念和底线思维，加强整体布局，按照夯实基础、赋能全局、强化能力、优化环境的战略路径，全面提升数字中国建设的整体性、系统性、协同性，促进数字经济和实体经济深度融合，以数字化驱动生产生活和治理方式变革。

同时，《规划》还明确了，数字中国建设按照"2522"的整体框架（见图1-4）进行布局，即夯实数字基础设施和数据资源体系"两大基础"，推进数字技术与经济、政治、文化、社会、生态文明建设"五位一体"深度融合，强化数字技术创新体系和数字安全屏障"两大能力"，优化数字化发展国内国际"两个环境"。

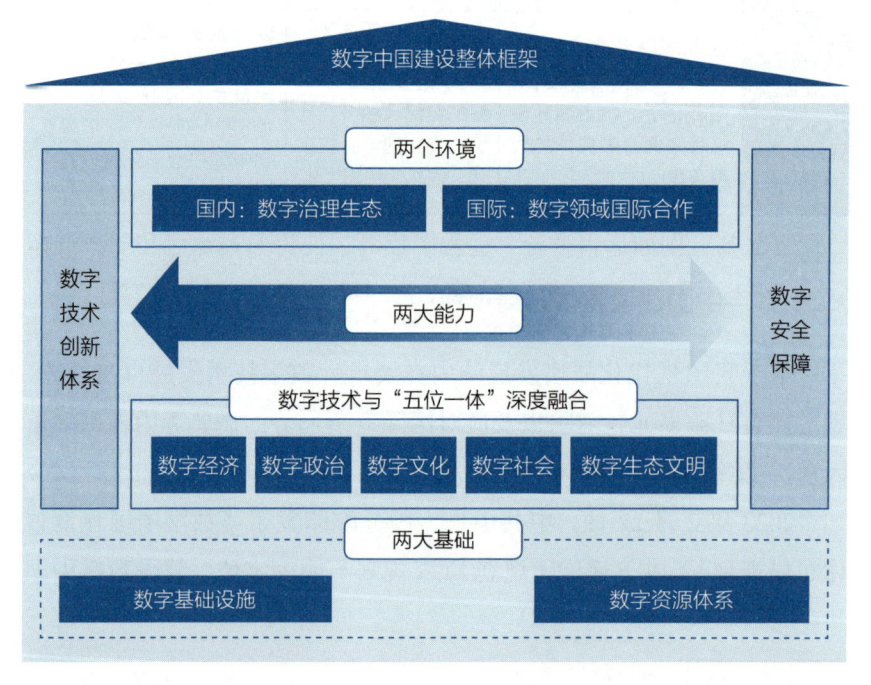

图1-4 数字中国建设整体框架

资料来源：《数字中国发展报告2022》。

数字中国的建设对于推动中国的科技进步、经济发展、社会进步以及提高治理能力等方面都具有重要的战略意义，是实现中华民族伟大复兴中国梦的重要途径。

首先，推动数字技术与传统产业的深度融合，将加速产业结构的优化和升级。通过推进产业数字化和数字产业化，不仅能够提高传统产业的生产效率和产品质量，还能够催生新业态、新模式，为经济发展注入新的活力和动力。这有助于中国经济从高速增长向高质量发展转变。

其次，提高信息化和智能化水平，有助于社会治理方式改善和效能提升。利用大数据、云计算、人工智能等技术，政府能够实现更加精准的社会管理和公共服务，提升政府决策的科学性和有效性，增强社会治理体系的适应性和灵活性。同时，数字技术还能够促进政务透明度和公民参与，提升治理的公开性和公平性。

再次，通过全面推进数字化转型，不仅能够促进经济社会各领域的现代化，还能够提高国家的信息化发展水平，从而增强我国在全球数字经济中的竞争力和影响力。

从次，利用数字技术减少社会不平等，通过提供更加便捷和高效的在线服务，例如远程教育、远程医疗等，使得偏远地区和弱势群体能够享受到更好的教育和医疗资源，从而推动社会公平和包容性增长。

最后，随着数字技术的广泛应用，数据安全和网络安全成为国家安全的重要组成部分。数字中国的建设重视加强网络安全和数据保护，通过建立健全的法律法规和安全体系，保护公民个人信息安全，维护国家安全和社会稳定。

二、数字经济如何促进数字中国的深化发展

数字经济在数字中国建设中占据着核心地位，是数字中国实现的经济基础和主要推动力。数字经济的核心作用主要体现在以下方面：

（一）数字经济是经济高质量发展的新引擎

数字经济作为经济高质量发展的新引擎，其作用在于促进经济增长、推动产业转型、创新商业模式等多个方面。

1. 数字经济促进经济增长

数字经济对促进经济增长的作用体现在多个层面，通过推动生产效率提升、催生新业态和新模式、促进就业和创业、提升金融服务效率和普及度，以及促进全球贸易和投资等方面，为传统经济注入新的活力和动力。主要作用如下。

（1）提高生产效率

数字经济发展通过数据要素化、生产方式的智能化升级、产业链与供应链的优化、创新驱动与产业升级以及规模经济与范围经济的发挥等多个方面提高了生产效率。具体表现为：数据成为新的生产要素，改变了传统生产要素的组合方式，使得生产更加科学、分工更加精细；随着人工智能、大数据、物联网等数字技术在生产中的应用，如数字化车间、智能制造示范工厂的建设，这些新型生产工具显著提升了生产自动化和智能化水平；数字技术优化了产业的生产和管理方式，拓展了产业链内组织的分工边界，使得产业链中各环节之间的协作更加紧密和高效；数字技术创新孕育了大量新兴产业和创新型企业，这些产业和企业成为推动经济增长的新引擎。传统产业与数字技术的结合促进了生产、管理、营销等各个环节的优化升级；通过数字化平台和数据共享，企业可以实现大规模定制和柔性化生产，在满足市场多样化需求的同时降低生产成本。

（2）消费模式的变革

数字经济在促进经济增长的过程中对消费模式产生了深远影响。个性化定制、线上线下融合消费、共享经济、社交化购物以及消费升级和品质化追求等趋势成为数字经济时代消费模式变革的重要表现。这些变革不仅提高了消费者的购物体验和满意度，还推动了经济的高质量发展。

（3）促进就业和创业

数字经济的发展催生了大量新的职业和就业机会，如数字营销专家、数据分析师、云计算服务工程师等，为劳动市场注入了新的活力。云计算、在线平台等数字技术降低了创业的成本和门槛，使得中小企业和个人创业者能够更容易地获取资源和市场，促进了创业活动和经济多样化发展。

（4）提升金融服务效率和普及度

数字技术的应用推动了金融科技的发展，产生了在线支付、区块链、互联网金融等。这些创新不仅提高了金融服务的效率，还扩大了金融服务的覆盖范围，特别是对农村和偏远地区的普及。数字金融服务使得更多的群体，特别是传统金融服务难以覆盖的低收入群体和小微企业，能够享受到便捷的金融服务，从而促进了金融包容性的提升。

（5）促进国际贸易和全球化

数字经济通过电子商务平台促进了跨境贸易，使得中小企业能够更容易地进入国际市场。这推动了全球贸易的增长和经济全球化的深入发展，提高了企业的国际竞争力，促进了国际经济合作，还有助于企业抓住全球价值链的机遇并参与到全球市场的竞争中。

2. 数字经济是产业转型的抓手

数字经济推动产业转型主要体现在以下几个方面，通过技术创新和模式创新，实现产业结构的优化升级，提高产业竞争力。

（1）推动产业创新

数字经济的核心是信息技术，包括互联网、大数据、人工智能（AI）、物联网（IoT）等，这些技术的应用推动了传统产业的技术创新。利用这些先进技术，企业能够开发出新产品并提高现有产品和服务的质量，满足消费者更高层次的需求。通过数字化生产工具和方法，如智能制造、自动化生产线，企业可以显著提高生产效率，降低生产成本。数字技术能够提高供应链的透明度和灵活性，降低库存成本，提高响应速度。互联网提供了一个无国界的平台，企业可以更容易地进入国际市场，拓宽销售渠道。通过大数据分析技术帮助企业发现细分市场，并有针对性地开发产品和服务，来满足特定群体的需求。

（2）促进跨界融合

数字经济时代，云计算、大数据中心等基础设施的共享使得不同行业的企业能够在同一平台上开发、测试和部署应用，促进了技术和数据的跨界流动。通过应用程序接口（API）的共享，不同行业和领域的服务和数据可以被重新组合和整合，支持新服务的创造和旧服务的优化。跨行业的数据共享和分析能够揭示不同市场之间的潜在联系，帮助企业发现新的业务机会，促进产品和服务的创新，通过分析来自不同行业的用户数据，企业能够提供更加个性化和精准的服务，来满足消费者多样化的需求。

许多企业，尤其是科技巨头，正在构建自己的数字生态系统，吸引来自不同行业的合作伙伴加入，通过共享资源、数据和客户基础促进跨界融合。平台经济通过连接不同的供应商、制造商和消费者，打破了传统行业界限，促进了不同行业之间的合作和融合。数字经济促使不同行业的企业寻求合作，共同开发新产品或服务，如金融科技（FinTech）将金融服务与信息技术融合，改变了传统金融和其他行业的运作方式。

政府和监管机构通过制定鼓励创新和跨界合作的政策，为数字经济下的跨界融合提供了法律和政策支持。一些国家和地区实行"监管沙盒"制度，允许企业在有限的范围内测试跨界创新产品或服务，确保创新在不破坏市场秩序的前提下进行。

3. 数字经济推动商业模式创新

数字经济通过引入新技术和新理念，极大地推动了商业模式的创新。这种创新不仅改变了企业的经营方式，也重新定义了市场竞争的规则，为企业提供了新的增长机遇。

（1）平台经济模式

通过构建平台，企业能够连接消费者、服务提供者、生产者等多方利益相关者，实现资源的有效配置和共享，如电商购物平台、直播电商平台等。平台经济改变了价值创造和分配的方式，平台不仅提供交易的场所，还通过数据分析、用户反馈等方式为用户创造更多价值。

（2）订阅经济模式

通过订阅服务，企业能够从一次性交易转向持续性的收入流，提高了客户的黏性和预测未来收入的能力，如软件即服务（SaaS）模式、流媒体服务等。订阅模式下，企业可以根据用户的使用习惯和偏好提供更加个性化的服务，提升用户满意度和忠诚度。

（3）共享经济模式

共享经济通过最大化利用闲置资源（如房屋、汽车等），降低了消费者的使用成本，同时为资源提供者创造了收入机会。共享经济模式还促进了资源的高效利用和环境保护，符合可持续发展的理念。

（4）数据驱动的商业模式

企业利用大数据分析，可以更准确地理解市场需求和用户行为，从而做出更加精准的商业决策。数据驱动的商业模式还可以推动产品和服务的创新，通过数据分析发现新的商业机会，开发新的产品和服务。

（二）数字经济推动产业结构优化升级

数字经济推动产业结构优化升级的过程涉及多个层面，通过促进产业升级、改善产业配置、提升产业链水平等方式，实现经济的高质量发展。

1. 数字经济促进产业升级

（1）高端制造业的发展

数字经济通过推动信息技术与传统制造业的深度融合，促进了智能制造、自动化生产等先进制造技术的应用，提高了制造业的智能化、精密化水平，推动制造业向高端化、智能化发展。其中，智能制造是高端制造业的核心，利用信息技术和制造技术的深度融合，通过自动化、数字化、网络化和智能化技术提高生产效率和灵活性。

工业互联网在这个过程中发挥了不可替代的作用，同时包括机器人自动化、工业物联网（IIoT）、人工智能、大数据分析和云计算等技术。高端制造业强调产品的精密度和复杂度，涉及高精度的加工技术和装备，以满足航空航天、精密仪器、医疗设备等领域的高标准需求。这要求企业拥有先进的制造技术和精密的质量控制体系。

随着全球对环境保护和可持续发展的日益重视，高端制造业也在向绿色转型，通过节能减排、循环利用和环境友好型材料的使用，减少生产过程中的环境影响。借助于数字化和智能化技术，高端制造业能够实现大规模定制化生产。通过灵活的生产线和智能化的生产管理系统，企业可以根据客户的个性化需求快速调整生产计划和流程。高端制造业不仅仅关注产品本身，还包括提供综合的解决方案和服务，如产品的维护、升级、回收等全生命周期管理。这要求制造商与客户之间建立更加紧密的合作关系，提供更加个性化和高附加值的服务。

（2）服务业的优化升级

随着互联网和移动通信技术的普及，数字化服务成为服务业优化升级的重要趋势。这包括在线教育、电子商务、远程医疗、互联网金融等，让消费者能够随时随地享受到便捷的服务。人工智能、大数据、云计算等技术的应用使得服务业能够提供更加智能化的服务。例如，通过数据分析预测消费者需求，提供个性化推荐；利用AI技术提升客户服务效率，如智能客服和机器人顾问等。传统服务业通过将服务标准化、产品化，使服务具有可量产、易传播的特性。例如，软件即服务（SaaS）、平台即服务（PaaS）等云服务模式，允许用户根据需求订阅服务，无须高昂的前期投资。消费者越来越重视服务的体验性和个性化。在服务业转型升级中，通过提供定制化服务、增加互动性和体验性来满足消费者需求，如定制旅游、个性化健康管理计划等。

2. 数字经济推动新兴产业发展

（1）孵化新产业

数字经济时代促进经济增长和产业升级的重要策略之一。技术是孵化新产业的基础。通过持续的技术研发和创新，如人工智能、大数据、云计算、物联网、区块链等，为新产业的发展提供技术支持和解决方案。建立一个有利于创业的生态系统，包括创业孵化器、加速器、创新工作室等，为创业者提供必要的资源，如资金、办公空间、咨询服务、市场接入等。新产业的孵化和成长需要充足的资金支持。这可以通过政府资助、风险投资、天使投资、众筹等多元化渠道来实现。建立有利于新产业发展的政策环境，包括税收优惠、知识产权保护、市场准入便利化等，为新产业的成长创造良好的外部条件。

（2）形成新的业态和模式

包括在线教育、互联网医疗、线上办公、数字化治理、产业平台化发展、"虚拟"产业园和产业集群、"无人经济"、新个体经济、共享生活、共享生产等新业态新模式在激活消费新市场、培育壮大新动能方面发挥了重要作用，改变了传统行业的竞争格局和经营方式，促进了经济结构的优化升级。

3. 数字经济提升产业链水平

（1）产业链数字化转型

通过集成物联网、人工智能、大数据分析、云计算等先进技术，提高产业链的智能化水平，实现生产过程的自动化、信息流的实时化、决策过程的智能化。建立产业链数字平台，促进产业链上下游企业信息共享、资源互联互通，提升整个产业链的协同效率。

（2）供应链管理优化

利用数字工具进行供应链规划和管理，实现对供应链各环节的精准控制和优化，降低库存成本，提高响应速度。通过区块链等技术实现供应链的透明化管理和产品的全程可追溯，增强消费者信任，提升品牌价值。

（3）产业链创新能力提升

加大对新技术、新产品研发的投入，强化原始创新和集成创新，推动产业链向高端化发展。构建开放的创新生态系统，鼓励企业、高校、研究机构及其他社会资源协同创新，共享创新成果。

（4）产业链高端化与专业化发展

鼓励产业链内企业专注于核心竞争力，实现专业化、精细化生产，提高产品和服务的质量和附加值。通过技术创新和品牌建设，推动产业链向价值链高端攀升，增强在国际分工中的地位和议价能力。

（5）产业链全球化战略布局

通过国际合作，引进先进技术和管理经验，同时拓展国际市场，参与全球产业链的竞争与合作。利用跨境电商平台，提升产品的国际销售能力，同时优化国际物流网络，提高跨境交易的效率和便利性。

（三）数字经济优化公共服务和提升治理效能

利用先进的数字技术和平台，能够显著提高公共服务的覆盖面、效率和质量，同时增强政府治理的透明度和响应速度。在唐山市路南区智慧城市建设案例中，城市管理者创新地运用了数字技术平台，诠释了数字经济是如何优化公共服务和提升治理效能的。

1. 提高公共服务效率和质量

政府通过建设在线服务平台，使得公众可以随时随地通过互联网获取政府服务，如在线办理行政审批、支付公共费用等，大大提高了服务的便捷性和效率。应用人工智能技术，如聊天机器人和自动回答系统，提供24小时不间断的公共服务，减少人力成本，同时又能提高服务的准确性和响应速度。

2. 促进公共决策的科学化和精准化

利用大数据技术对海量数据进行分析，帮助政府部门洞察社会需求、预测发展趋势，为政策制定和资源配置提供科学依据。通过整合来自不同来源（如人口、经济、环境等）的数据，政府能够进行更为精确的决策分析，实现数据驱动的政策制定和管理。

3. 增强社会治理的透明度和公众参与

建立和完善信息公开平台，公布政府决策、执行、结果等信息，增加政府工作的透明度，促进公众监督和参与。利用数字平台开展在线调查和意见征集，方便快捷地收集公众意见和建议，提升政策的民意基础和社会接受度。

4. 优化城市管理和服务

通过构建智慧城市框架，集成物联网、云计算等技术，实现城市管理的智能化，如智能交通系统、智能环境监测、智能公共安全等，提高城市管理效率和居民生活质量。数字技术能够提高政府应对突发事件的能力，通过实时数据监控和分析，实现快速响应和有效处置，减少灾害和事故的损失。

5. 推动政府职能转变

数字经济推动政府从传统的管理型向服务型转变，强化以人民为中心的服务理念，通过数字化手段提供更加精准、高效的公共服务。鼓励政府、企业、社会组织和公众通过数字平台进行协同治理，共同参与社会问题的解决和公共政策的实施，增强治理体系的整体效能。

（四）数字经济促进社会包容性和公平性

数字经济通过促进信息技术的普及和应用，具有改善社会包容性和公平性的巨大潜力。

1. 提高教育资源的可及性和公平性

数字经济时代，通过在线教育平台，远程教育资源得以广泛传播，特别是在偏远地区和经济不发达地区，学生可以接触到优质的教育资源，减少了城乡、地区之间的教育差异。利用人工智能等技术提供个性化学习方案，可以根据学生的学习能力和进度调整教学内容和速度，来帮助每个学生最大限度地发挥其潜能。

2. 促进就业机会的均等化

数字经济创造了大量新的就业机会，如在电子商务、在线服务等领域，为不同背景和技能水平的人提供了工作机会，包括远程工作机会，这有助于缓解就业市场的压力。数字平台提供的在线课程和培训项目使得职业技能培训和终身学习变得更加容易和经济，帮助劳动力适应快速变化的就业市场需求。

3. 缩小数字鸿沟

加大对偏远地区和经济不发达地区的数字基础设施建设投入，提高互联网接入率，缩小城乡之间的数字鸿沟。推广数字素养和技能教育，提高公众尤其是老年人和低收入群体的数字技能，确保他们能够有效利用数字技术，参与数字经济。

4. 提升公共服务的普及性和效率

数字技术的应用使得政府能够提供更高效、更便捷的公共服务，如智慧医疗、智慧交通等，这些服务的普及有助于提高生活质量，减少社会不平等。通过电子政务平台，政府服务的线上化不仅提高了办事效率，还实现了服务的透明化和公平性，减少了行政腐败的空间。

5. 强化社会福利体系

利用大数据和人工智能技术，政府可以更加精准地识别贫困人口和他们的需求，实现精准扶贫和社会福利的有效分配。数字健康平台和远程医疗服务使得医疗资源能够覆盖到更广泛的人群，特别是对于偏远地区的居民，可以提高他们获得优质医疗服务的机会。

（五）数字经济推动开放合作与国际交流

数字经济在推动开放合作与国际交流方面发挥着日益重要的作用。它通过打破传统的地理和时间限制，为全球范围内的合作与交流提供了新的平台和机遇。

1. 促进全球贸易和投资

数字经济使得电子商务跨越国界，小微企业和个体经营者可以通过数字平台如亚马逊、阿里巴巴等进入全球市场，拓宽了国际贸易的渠道。数字支付和金融科技的发展，如区块链技术在支付系统中的应用，极大地促进了跨境交易的便捷性和安全性，降低了国际贸易成本。

2. 加强国际技术合作

数字平台促进了全球创新资源的共享，科研机构、高等院校和企业可以通过网络合作，共享数据资源、研究成果，加速科技创新。数字技术的应用促进了跨国界的研发团队合作，通过云计算、虚拟实验室等工具，科研人员可以进行远程协作，推动了国际科技项目的实施。

3. 促进文化交流和理解

数字平台如社交媒体、在线视频等，使得各国文化能够迅速传播和广泛分享，增进了不同文化之间的理解和尊重。数字技术如虚拟现实（VR）和增强现实（AR）提供了新的文化体验方式，人们可以在线上参观世界遗产、博物馆等，促进了文化旅游的发展。

4. 支持全球治理和多边机制

数字经济的发展需要全球统一的技术和安全标准，国家之间通过多边机构和国际合作，共同参与数字经济领域标准的制定。数字技术在应对全球性问题如气候变化、公共卫生危机（如新冠疫情）中发挥了关键作用，促进了国际社会的信息共享、协调合作和应急响应。

第三节　新质生产力对数字经济的作用机制

一、新质生产力的内涵

2023年9月7日，习近平总书记在黑龙江省主持召开新时代推动东北全面振兴座谈会首次提出"新质生产力"概念，其与传统生产力具有显著的差异性（见表1-4）。"新质生产力理论"是习近平总书记对当今世界经济运行发展具体实践的最新总结和概括。在新一轮科技浪潮滚滚而来之际，以新质生产力塑造我国经济新的核心竞争力和发展新动能是经济高质量发展的关键内容。

表1-4 新质生产力与传统生产力的差异性

对比项	传统生产力	新质生产力
承载主体	大多由传统产业作为承载主体	大多由运用新技术的新产业承载
成长性	成长性较低，增长速度较慢	比较高的成长性，增长速度比较快，呈现加速发展趋势
劳动效率	劳动生产率相对较低	劳动生产率比较高
竞争环境	技术门槛相对较低，竞争比较激烈，利润率也相对较低	属于新赛道，进入的技术门槛比较高，竞争相对较小，利润率相对较高
构成要素	对劳动力素质要求不高	对劳动力素质要求更高，能够开发和利用更多的生产要素

（一）新质生产力概念

2024年1月31日，中央政治局就扎实推进高质量发展进行第十一次集体学习。其间，习近平总书记首次对新质生产力进行系统性理论总结："概括地说，新质生产力是创新起主导作用，摆脱传统经济增长方式、生产力发展路径，具有高科技、高效能、高质量特征，符合新发展理念的先进生产力质态。它由技术革命性突破、生产要素创新性配置、产业深度转型升级而催生，以劳动者、劳动资料、劳动对象及其优化组合的跃升为基本内涵，以全要素生产率大幅提升为核心标志，特点是创新，关键在质优，本质是先进生产力。"从这个定义之中，我们可以分解出新质生产力的质态、催生因素、基本内涵与特征（见图1-5）。

第一章
数字经济认知"碰撞"

新质生产力定义

- 质态
  - 创新起主导作用
  - 摆脱传统经济增长方式、生产力发展路径
  - 具有高科技、高效能、高质量特征
  - 符合新发展理念

- 基本内涵
  - 劳动者的跃升
  - 劳动资料的跃升
  - 劳动对象的跃升
  - 优化组合的跃升

- 催生因素
  - 技术革命性突破
  - 生产要素创新性配置
  - 产业深度转型升级

- 特征
  - 以全要素生产率大幅提升为核心标志
  - 特点是创新
  - 关键在质优
  - 本质是先进生产力

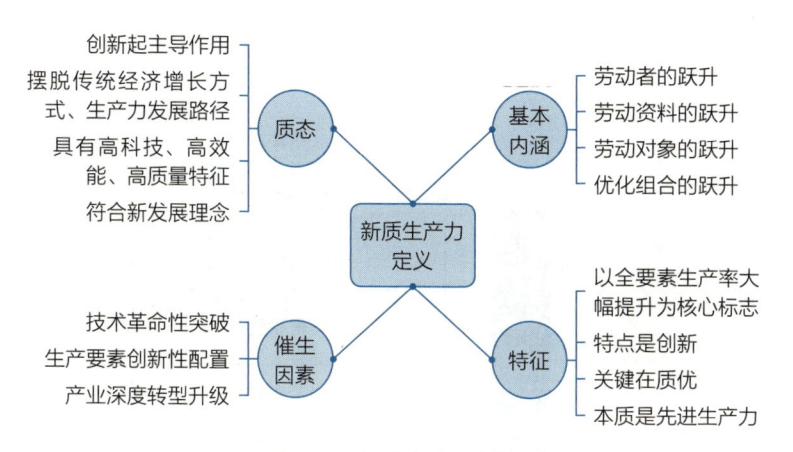

图 1-5 新质生产力解构

（二）新质生产力的主要构成

新质生产力与产业新赛道相伴而生，特别是颠覆性技术和前沿技术催生新产业、新模式、新动能，为我国打破国际产业分工路径依赖、实现赶超和引领发展带来巨大机会空间。从构成上看，形成新质生产力需要壮大战略性新兴产业、积极发展未来产业（见图1-6）。

战略性新兴产业是知识技术密集、物质资源消耗少、成长潜力大、综合效益好，具有重大引领带动作用的产业。"十四五"规划纲要中曾指出："聚焦新一代信息技术、生物技术、新能源、新材料、高端装备、新能源汽车、绿色环保以及航空航天、海洋装备等战略性新兴产业，加快关键核心技术创新应用，增强要素保障能力，培育壮大产业发展新动能。"

未来产业代表着未来科技和产业发展新方向，是在新一轮科技革命和产业变革中赢得先机的关键所在，是全球创新版图和经济格局变迁中最活跃的力量。"十四五"规划纲要提出"前瞻谋划未来产业"，并指出："在类脑智能、具身智能、量子信息、基因技术、未来网络、深海空天开发、氢能与储能等前沿科技和产业变革领域，组织实施未来产业孵化与加速计划，谋划布局一批未来产业。"

027

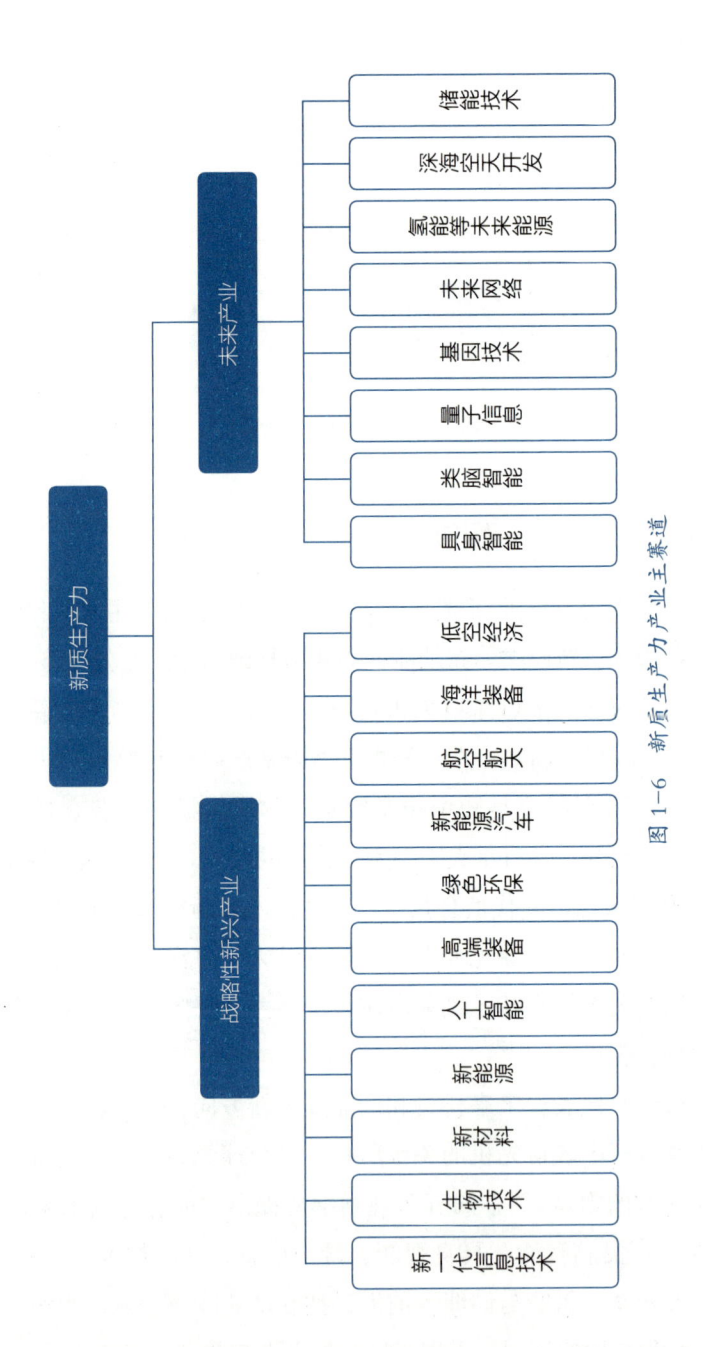

数据驱动
数字经济的产业路径和治理

图 1-6 新质生产力产业主赛道

新质生产力
- 未来产业
  - 储能技术
  - 深海空天开发
  - 氢能等未来能源
  - 未来网络
  - 基因技术
  - 量子信息
  - 类脑智能
  - 具身智能
- 战略性新兴产业
  - 低空经济
  - 海洋装备
  - 航空航天
  - 新能源汽车
  - 绿色环保
  - 高端装备
  - 人工智能
  - 新能源
  - 新材料
  - 生物技术
  - 新一代信息技术

（三）新质生产力的来源

新质生产力的来源可以是多方面的，主要有技术创新、生产要素创新性配置、制度创新、企业管理创新等方面。

1. 技术创新

新质生产力的核心驱动力在于科技的进步和创新。具有前瞻性、引领性、颠覆性的科学技术研发、扩散和应用，都是新质生产力的重要来源。技术突破通过提高生产效率、降低生产成本、创造新产品和新服务等方式，直接推动生产力的跃迁。新质生产力的技术类型及推动见表1-5。

表1-5　新质生产力的技术类型及推动作用

技术类型	推动作用
新一代信息技术	通过大数据、云计算、物联网、区块链等技术，推动传统产业向数字化、网络化、智能化转型，提升生产效率和服务质量
新能源	新能源技术推动了能源结构的优化，降低了对化石能源的依赖，提高了能源利用效率，促进了绿色低碳生产方式的形成
先进制造	通过智能制造技术如自动化、数字化、网络化等，实现了制造过程的智能化和高效化，推动了制造业向高端化、精密化、个性化方向发展，提升了国际竞争力
生物技术	生物技术的发展为医药、农业、环保等领域提供了重要支持，推动了生命健康产业的快速发展
人工智能	人工智能技术的广泛应用，提升了各行业的智能化水平，创新了服务模式，提高了服务效率和质量
量子信息	量子信息技术的发展为信息安全提供了新保障。量子计算技术的发展有望在未来大幅提升计算能力，为解决复杂问题提供新途径
工业互联网	工业互联网平台的建设，实现了设备、数据、应用等要素的互联互通，推动了产业链的协同发展和优化升级
卫星互联网	卫星互联网技术的发展为全球通信提供了新途径，特别是为偏远地区和海洋区域提供了稳定可靠的通信服务。卫星互联网与地面网络的融合，推动了物联网、智慧城市等新兴产业的发展
机器人	机器人在制造业、服务业等领域的应用，提高了工作效率和安全性。服务机器人的发展，为人们的日常生活提供了便利

2. 生产要素创新性配置

新质生产力强调对劳动者、劳动资料和劳动对象及其优化组合的创新性配置。这包括高素质劳动者的培养、高科技含量的劳动资料使用以及更广范围的劳动对象的利用，配置的表现形式及其作用见表1-6。

表1-6　生产要素创新性配置的表现形式及推动作用

表现形式	推动作用
数据驱动的经济模式	通过大数据、云计算等现代信息技术手段，对生产要素进行全面、实时的监测和分析，实现数据驱动的决策和资源配置
智能化生产工具的应用	引入机器人、自动化生产线等智能化生产工具，提高生产效率、精度、智能化水平，为新质生产力的形成提供有力支撑
资源循环利用与绿色生产	通过技术创新实现资源的高效利用和循环利用，推广绿色生产方式和环保技术，提高经济发展的可持续性，为新质生产力的长远发展奠定基础
人力资本的创新性配置	加强人才培养和引进，提升劳动者的专业技能和创新能力，构建高素质的人才队伍，为产业升级和新技术应用提供人才保障

3. 制度创新

制度创新是推动新质生产力发展的重要手段。除了科技体制改革外，管理体制创新、法律制度创新、经济制度创新和社会政策制度创新等多种创新模式（见表1-7）共同作用于新质生产力的形成和发展过程中。这些创新模式通过优化资源配置、提高运行效率、激发创新活力等方式为新质生产力的产生和发展提供了有力支持。

表1-7　制度创新的模式及推动作用

创新模式	推动作用
管理体制创新	对组织的管理方式、方法和机制进行改进和优化。例如对组织架构调整、决策机制改革、管理流程重塑，有助于提升组织的整体运营效率，为新质生产力的产生提供有力支持
法律制度创新	对法律法规进行修订、完善以及制定新的法律规范。例如完善法律体系、加强执法力度、制定激励政策等，为创新活动提供了良好的法治环境，降低了创新风险，激发了创新活力

续表

创新模式	推动作用
经济制度创新	涉及经济体制、经济政策和经济运行机制等方面的改革和创新，例如市场机制创新、金融制度创新、税收制度改革等，为企业提供了更加宽松、公平的市场环境，激发了企业的创新动力
社会政策制度创新	指提高社会福利、保障社会公平和改善民生的制度创新，例如教育、医疗卫生、社会保障等制度创新，为创新活动提供了稳定的社会环境
科技体制改革	科技体制改革通过优化创新资源配置、强化企业创新主体地位、完善知识产权保护制度、创新科技管理体制以及加强国际科技交流合作等方式，有力地推动了新质生产力的形成和发展

4. 企业管理创新

管理创新对于带来新质生产力方面起着至关重要的作用。管理创新可以通过改变组织文化、激励机制和领导风格，激发员工的创造力和潜力，从而提高员工的工作积极性和生产力。其中管理创新的应用场景及作用见表1-8。

表1-8 管理创新的应用场景及作用

应用场景	作用
灵活的工作安排	引入灵活的工作安排，如弹性工作时间、远程办公等，可以提高员工的工作效率和生产力
员工参与决策	通过实行员工参与决策的管理创新，可以激发员工的创新意识和团队合作精神，从而提高生产力
创新的激励机制	设计创新的激励机制，如奖励制度、晋升机会等，可以激发员工提出新的想法和解决方案，推动组织的创新和进步
持续改进和学习	建立持续改进和学习的机制，如质量管理体系、知识管理平台等，可以帮助企业不断优化生产流程和提升员工技能，提高生产效率和产品质量
有效的沟通与反馈机制	建立有效的沟通与反馈机制，可以促进组织内部信息的流通和沟通，提高员工对工作的理解和参与度，从而提高工作效率和生产力

二、新质生产力对数字经济的作用机制

新质生产力通过技术创新驱动、数据要素优化配置、促进产业变革与升级、提升市场配置效率、创新性生产方式以及社会劳动方式变革等方面对数字经济的发展产生了重要作用。随着科技的不断进步和政策的不断完善，新质生产力将继续推动数字经济的高质量发展。

（一）新质生产力作用机制之一：技术创新驱动

新质生产力以数字技术为代表，通过人工智能、大数据、物联网等前沿技术的应用，实现了生产力的跃迁和创新。这些技术不仅推动了产业的深度转型升级，还催生了新的经济增长点[1]。技术创新驱动在制造业、服务业、医疗健康、农业、金融科技和智慧城市等多个领域都有广泛的应用和显著的效果。例如：在制造业领域，利用机器人进行自动化装配，通过大数据分析预测设备故障，以及使用物联网技术实现生产设备的远程监控和实时维护；在医疗健康领域，基于5G的"上车即入院"服务项目，通过实时同步患者的身体信息到院内应急指挥中心，使专家能够实时指导车内抢救情况，实现无缝连接。此外，人工智能在医疗影像识别、疾病诊断和治疗方案制订等方面也发挥了重要作用。

（二）新质生产力作用机制之二：数据要素优化配置

数据要素优化配置在新质生产力的发展中具有广泛的应用和重要的作用。数字经济的核心是数据资源，通过"数据—算法—算力"机制，优化资源配置，提升生产效率[2]。通过提升数据收集与分析能力、

---

[1] 王金平.数字经济时代加快推动新质生产力发展[J].中国信息界，2024（2）：1-4.
[2] 张翱，孙久文.数字经济发展与新质生产力的生成逻辑[J].学术研究，2024（5）：87-95.

强化数据在职业教育和培训中的应用、推动数据共享与开放合作、构建数据驱动的创新生态系统、优化数据治理以及促进数据要素与传统生产要素的融合等措施，可以充分发挥数据要素的价值和潜力，推动新质生产力的快速发展。这种数据驱动的模式使得传统生产力转变为新质生产力，从而加速了经济系统的各要素相互作用和产业结构调整。例如：企业通过智能算法、分析软件等工具，挖掘、分析消费平台的市场数据、企业物联网的生产数据以及供应链数据等，从而在各环节做出较为科学的决策，合理配置各类资源，提高生产效率和效益；公共数据开放推动党政机关、企事业单位在依法履职或提供公共服务过程中产生的公共数据的高效汇聚和开放利用。通过无条件开放、有条件开放、授权运营等方式，促进公共数据赋能新质生产力发展。

（三）新质生产力作用机制之三：促进产业变革与升级

新质生产力在促进产业变革与升级方面的具体应用是多方面的、全方位的。通过技术创新、产业升级、新兴产业培育、传统产业改造以及资源配置优化等措施的实施，新质生产力为产业变革与升级提供了强大的驱动力和支撑力。新质生产力的发展催生了一批新兴产业，如新能源、新材料、新医药、新制造等。这些新兴产业具有高度战略性、引领性、颠覆性和不确定性[1]，是未来产业发展的重点方向。例如，开发风能、太阳能、氢能等新能源，不仅减少了传统产业对化石能源的依赖，还推动了新能源产业的快速发展。在新质生产力的推动下，一些具有重大战略意义的产业正在逐渐形成，如高端装备制造、生物医药、信息技术等。这些产业不仅代表了科技创新的方向，还具有较高的知识密集度和绿色特征，是推动经济高质量发展的关键力量。与此同时，新质生产力还促进了传统产业与新兴产业的融合发展。通

---

[1] 李晓华. 新质生产力发展的全新赛道：兼论颠覆性创新的推动作用[J]. 国家治理，2024（1）：34-38.

过跨界融合和协同创新，传统产业在保持原有优势的基础上，不断吸收新技术、新模式、新业态的养分，实现了转型升级和高质量发展。例如，制造业与互联网的融合推动了工业互联网、智能制造等新兴模式的出现。

（四）新质生产力作用机制之四：提升市场配置效率

新质生产力通过云计算、大数据、人工智能等技术的创新应用，实现了对市场数据的全面采集和深入分析。这些技术能够实时捕捉市场动态，分析消费者行为，预测市场趋势，为企业提供最优的生产和销售策略，提升市场响应速度和资源配置效率。例如，在制造业中，智能制造系统可以根据生产需求实时调整生产计划和资源配置，减少资源浪费和闲置。在服务业中，数字化服务平台可以优化服务流程，提高服务效率和质量，降低服务成本。新质生产力的发展还促进了市场监督的智能化和透明化。通过大数据和人工智能技术的应用，监管部门可以更加精准地监测市场动态和企业行为，及时发现和纠正市场违规行为。同时，数字化监管平台还可以提高监管效率和透明度，增强公众对市场的信任度。在新质生产力的推动下，市场规则和标准不断完善和更新。制定和实施更加科学、合理的市场规则和标准，可以规范市场秩序和竞争行为，保障市场参与者的合法权益和公平竞争环境。

（五）新质生产力作用机制之五：创新性生产方式

新质生产力的创新性生产方式通过智能制造、数字化设计与仿真、协同生产与供应链管理、绿色生产与循环经济、个性化定制与按需生产以及柔性化生产与模块化设计等多种手段，优化和重构了生产流程，推动了产业升级和高质量发展。例如：在数字化设计与仿真技术应用领域，通过CAD、CAE等设计软件，设计师可以快速创建和修改产品模型，进行性能仿真和优化设计。这减少了物理原型制作的时间和成本，提高了设计效率和准确性；个性化定制和按需生产模式的发展，实现了通过数字化手段收集和分析消费者需求信息，企业可以灵活调整生产计划和产品结构，快速响应市场变化。

（六）新质生产力作用机制之六：社会劳动方式变革

数字化转型加速了劳动过程的变革。数字技术的发展使劳动资料和劳动对象都发生了数字化变革，从而推动了劳动方式的数字化演变[1]。社会劳动方式变革重塑了劳动的组织形式、工作内容，还深刻影响了劳动者的技能要求和工作环境。新质生产力要求劳动者具备更高水平的知识和技能，以适应新技术、新产业、新业态的发展。为了培养适应新质生产力发展的高素质劳动者，教育体系需要进行相应的变革，来加强职业教育和技能培训，推动产学研深度融合，培养更多具有创新思维和实践能力的人才。新质生产力还推动了劳动组织形式的创新，如远程办公、灵活用工等。这些新的组织形式提高了劳动者的灵活性和自主性，也为企业降低了用工成本。新质生产力的发展要求构建一种更加和谐、稳定的新型劳动关系，这需要政府和企业相互协同，共同推动社会劳动方式的变革，其中，政府需要提供政策支持和监管保障，而相应的企业需要积极履行社会责任，为劳动者创造更好的工作环境和发展机会。

---

[1] 张昕蔚，刘刚. 数字经济中劳动过程变革与劳动方式演化 [J]. 上海经济研究，2022(5)：56-66.

第二章

数字经济引擎：数据要素"激活术"

数据资源是数字经济的重要生产要素，激活数据资源对数字经济发展具有重要意义。对数据资源的充分利用可以促进产业升级，推动传统产业向数字化、智能化转型，提升产业竞争力。数据资源也是创新的重要基础，有助于推动新技术、新产品、新业态的出现。数据资源的有效利用还可以提升劳动生产率，降低生产成本，从而提高经济效益。同时，数据资源的应用是改善民生服务的重要手段，通过提升公共服务水平，来满足人民群众对美好生活的需求。

第一节　一级数据要素市场如何"培育"

地方政府建设本级一级数据要素市场是推动地方数据资源利用的基础。地方政府通过构建一体化公共数据资源平台，可以将零散分布在各个部门的数据资源整合起来，经过统一的数据融合、治理，并通过数据要素市场进行发布和交易。一方面，这一举措可以推动区域公共数据资源共享、数字应用创新，构建区域的数字生态圈，推动区域数字经济的发展；另一方面，通过数据资源的流通、交易，获得持续的收入，反哺地方财政，促进"数字财政"[1]的健康发展。一级数据要素市场的培育的主要内容包括"聚数据、提质量、建标准、促运营"四个关键环节。

---

[1] 数字财政是传统财政管理模式的数字化转型，以其数字化、智能化、协同化和精准化特征，可以更有效地活化利用财政数据和打造财政数字产品，更充分地发挥财政数据在完善财政管理、公共决策和公共服务方面的作用。

一、数据资源要如何"聚"

数据资源汇聚可以为一级数据要素市场提供丰富的数据资源，为市场的形成奠定基础；还可以提高市场参与者的数据资源质量和数量，增强区域一级数据要素市场的竞争力。同时，区域数据资源的汇聚还有助于降低市场参与者获取数据资源的成本，提高数据利用的效率，促进数据的交易和流通，拓展市场的交易规模和范围，提升市场参与者的数据服务水平，促进市场的规范化发展以及推动市场生态的优化。

推动数据资源采集汇聚的关键内容包括：搭建公共数据平台、数据资源一组库建设、数据资源"摸底"。

（一）搭建区域一体化公共数据平台

通过构建区域一体化公用数据平台，形成向上连通国家大数据平台，向下纵贯市、区县、乡镇（街道）三个层级的数据资源枢纽通道，全面形成区域数据资源的编目、供需、归集、治理、数据仓、共享、开放及开发利用和安全管理等系统能力，全面提升区域数据服务一体化水平。

区域一体化公用数据平台（见图 2-1）主要包括公共数据门户、数据归集、数据仓库、数据治理、数据开发服务、数据资源目录、数据供需对接等关键子系统。

（二）一组库建设

在区域一体化公共数据平台中，构建一组库的关键内容就是基础库、主题库和专题库建设，其目的在于更好地组织和管理数据，提高数据的可用性和应用效果。具体来说，其一，通过数据分类管理，为数据的组织、存储和检索提供便利。其二，主题库和专题库是在基础数据的基础上进一步整合和加工，以满足特定的主题或问题需求，有助于提高数据的标准化程度和整合效率。其三，主题库和专题库的划

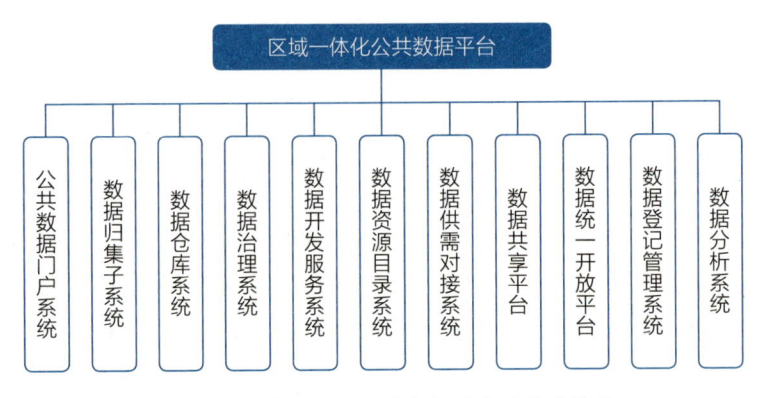

```
                    区域一体化公共数据平台
   ┌────┬────┬────┬────┬────┬────┬────┬────┬────┬────┐
  公共  数据  数据  数据  数据  数据  数据  数据  数据  数据
  数据  归集  仓库  治理  开发  资源  供需  共享  统一  登记  分析
  门户  子系  系统  系统  服务  目录  对接  平台  开放  管理  系统
  系统  统          系统  系统  系统         平台  系统
```

图 2-1　区域一体化公共数据平台子系统构成

分有助于深入研究和分析特定领域或问题，为政府决策和管理提供更精准的数据支持，促进数据的有效应用。其四，通过划分基础库、主题库和专题库，可以更好地促进数据共享与开放，推动政府、企业和社会各界之间的合作与创新。一组库的含义及子类见表 2-1。

表 2-1　一组库的含义及子类

一组库大类	含义	一组库子类
基础库	基础库是指包含了政府基础数据的库，通常是各种数据的基础来源，是其他库的基础和支撑	人口库、法人库、电子证照库、信用信息库、自然资源与地理信息库、宏观经济库
主题库	主题库是按照特定的主题或领域组织的数据集合，用于深入研究和分析某个特定主题或领域的数据	医疗健康、经济运行监测、社会保障、生态环保、信用体系、卫星应用、金融发展、文化旅游、市场监管、教育发展、资源能源、科技创新、就业与人才、社会治理、交通运输、公共安全等
专题库	专题库是按照特定的问题或需求组织的数据集合，通常是为了解决某个具体问题或需求而建立的数据集合	省内通办、"跨省通办"、"一件事一次办"、管网、园林、环卫、应急、灾害、文明城、一老一小、重点人群、民生热线、民生保障、社会发展、城管、消防等专题库

（三）数据资源"一本账"建设

长期以来，政府各部门之间实行业务条线化的分工与管理，造成各部门业务运营过程中产生的数据都零散地分布在各部门各自的生产与管理系统中，形成"信息孤岛"，导致区域数字资源"家底"不清、应用低水平重复建设、资源流通不畅、配置效率不高、应用绩效指标难量化等问题，这对日益复杂的市场监督、社会治理、民生发展、经济转型等领域的综合协同管理、创新发展造成严重的制约。为了适应经济社会的现代化管理需求，推动全域数据资源普查，并在摸清数据家底的基础上，推动对云、数据、组件、应用、项目五大目录进行统筹管理，实现全域数据资源"一本账"，并以应用为核心进行全资源关联管理，实现一揽子申请、一平台调度。

在遵循国家、省级行政区划相关标准和规范的前提下，结合区域战略发展规划，明确需要编目的数据资源范围和目标，构建"134"一体化编目建设框架（见图2-2），其中，"1"是指全域块数据平台，"3"是指组织保障、标准规范和评估机制，"4"是指数据资源编目工作的四个阶段：前期准备、编目规划、目录编制、编目维护[1]。

二、数据质量提升"要点"

省级政府根据国家、行业标准制定符合本辖区情况的公共数据质量管理标准和指南，统一数据质量管理的基本要求和标准。市县落实省级政府发布的数据质量管理标准和指南，监督和指导本辖区内各部门和单位的数据质量管理工作，并制定市县级数据质量监测和评估机制，对本辖区内的数据资源进行监测、评估和分析，及时发现和解决数据质量问题。

---

[1] 参考《雄安新区数据资源目录编制指南》。

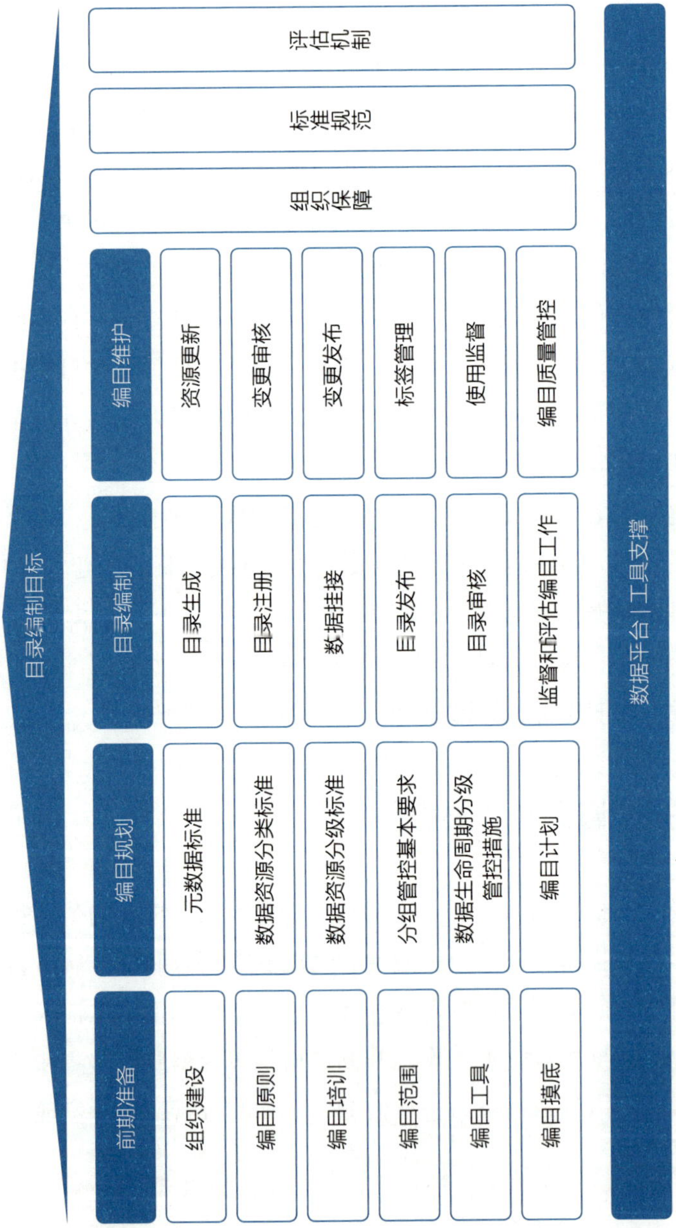

数据驱动
数字经济的产业路径和治理

图 2-2 数据资源"一本账"建设框架

根据地方政府的发展战略和数据质量管理愿景，搭建本辖区的数据质量管理体系。其建设要点包括：搭团队、定制度、理流程、建系统、育文化"五位一体"。

（一）建设数据质量管理团队

公共数据质量管理应遵循"谁采集、谁负责""谁校核、谁负责"的原则，由公共管理和服务机构、市级责任部门承担质量责任。市县大数据中心负责公共数据质量监管，对公共数据的数量、质量以及更新情况等进行实时监测和全面评价，实现"数据状态可感知、数据使用可追溯、安全责任可落实"。

数据治理按照管理架构分成三个层次，分别是决策层、管理层和执行层。从数据质量管理的角度来看，决策层负责数据质量重大决策的确定，管理层负责数据质量制度的制定、考核，数据质量问题的监督、跟踪等，推进数据质量工作。执行层负责数据质量管理制度的执行，质量问题的发现和解决。数据质量管理团队在数据治理负责部门之下，由不同的数据质量管理角色组成。

（二）建设数据质量管理制度

1. 数据质量管理制度制定原则

（1）规范性原则

应该在政务数据治理整体的基础上建立规范的数据质量管理方法和制度，制度的制定要规范每个具体人员和部门的行为方式，确保相关人员在执行规范的过程中行为一致，没有自主的选择空间。

（2）合理性原则

数据质量管理制度具有强制性，数据质量管理制度提及的相关人员需要按照数据质量管理制度的规定执行，合理的数据质量制度能够得到有效执行，否则就会造成对制度的抵触情绪，管理制度就不能达到预期的效果。

（3）系统性原则

数据质量涉及政务数据治理的各个方面与各个层次，在数据质量管理的制度制定中，要尽可能减少制度管理的空白区域，保证在数据治理的各个环节都有制度规范可以遵循。同时各个制度之间需要形成体系。

2. 数据质量管理制度主要内容

推动地方政府制定政务数据质量管理办法，它是政务数据质量管理的约束性和指导性文件，数据治理负责部门的数据质量管理团队需要按照《数据质量管理办法》来推动数据质量管理工作，数据质量管理应包括以下几个方面的内容。

（1）数据质量管理范围

明确数据质量管理在数据治理中的地位，哪些工作纳入数据质量管理中。政务数据质量管理范围包括政务数据的准确性、完整性、一致性、时效性、可信度、安全性；数据标准化；数据质量监控与评估；数据质量改进；数据质量意识培养。

（2）数据质量管理组织架构

明确数据质量管理的组织架构和管理角色，数据质量管理团队的建设原则，以及每个数据质量管理角色的职责确认。

（3）数据质量管理流程

确定数据质量管理过程中的流程定义，将日常的数据质量管理工作以制度的形式确定下来。

（4）数据质量考核机制

落实数据质量的问责机制，制定奖惩机制，激励员工提升数据质量，考核不达标的数据质量责任人。数据质量考核应包括：数据质量考核的原则，数据考核的目的，数据质量考核的指标体系建设原则和考核细则。

（三）建设数据质量管理流程

1. 数据质量改进流程

数据质量改进流程是主动的数据质量管理过程，数据质量问题改进从改进的问题领域选择开始，到最终的质量问题监控，这些改进过程形成一个闭环，通过监控如果发现质量不能满足要求，则需要重新开始新的改进流程。数据质量改进流程的基本环节见图 2-3。

问题选择 → 数据剖析 → 追踪问题根源 → 解决根源问题 → 问题持续监控

图 2-3　数据质量改进流程的基本环节

2. 数据质量问题处理流程

当发生数据质量问题时，质量问题要得到迅速的处理和解决。质量问题如何上报、分析、解决，需要明确的工作流程规范，高阶流程是制定部门间的数据质量问题处理流程，见图 2-4。

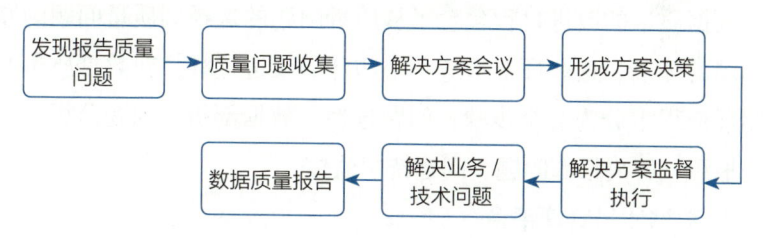

发现报告质量问题 → 质量问题收集 → 解决方案会议 → 形成方案决策 → 解决方案监督执行 → 解决业务/技术问题 → 数据质量报告

图 2-4　数据质量问题处理流程的基本环节

3. 数据质量规则管理流程

数据质量规则管理流程定义了质量检核规则的产生来源和产生过程，如图 2-5 所示。

规则发现 → 规则制定 → 规则部署 → 日常监控

图 2-5　数据质量规则管理流程

4. 软件开发生命周期管理改进流程

数据质量管理团队需要与数据质量管理系统项目管理和开发团队协同进行软件开发生命周期管理的质量改进。流程的基本环节包括：方案制订、方案执行、方案评审。

5. 数据质量问题监控流程

数据质量问题监控流程定义了数据质量问题监控过程中发生质量问题的处理方式，数据质量管理角色如何参与数据质量监控，以及监控到质量问题后如何与质量处理流程衔接，数据质量监控具体流程的基本环节包括：问题发现、问题分析、问题解决。

（四）推动数据质量改善落地

推进数据质量的提升首先需要有团队、制度、流程等保障体系建设的支撑，在此基础之上，数据质量的提升还需要专门的实现过程、技术和工具等。

1. 数据质量的改进过程

数据质量的改进过程包含了从质量问题的选择到质量问题的监控等不同的环节，这些环节形成一个闭环的改进过程，在数据质量改进的闭环流程中分为五个步骤：问题选择、数据剖析、问题分析、追溯问题根源、解决根源问题、问题持续监控。

2. 数据质量管理平台

推动数据质量管理平台建设。在整合的数据集成平台进行数据质量的管理可以使很多在分散的系统中无法实现的数据质量管理工作得到实现，如系统间的数据关联性分析，数据按照主题进行剖析等工作。同时，数据集成平台为用户提供单一的数据视图，在这个平台上保证数据是唯一真实的，可以为用户的商业智能提供服务，不需要再在分散的系统中进行数据质量改进。数据质量管理平台应包括但不限于以下功能：检核规则管理、检核任务管理、检核结果分析、问题解决流程和数据质量报告。

3. 数据质量剖析工具

数据质量剖析工具是针对数据剖析的功能而开发的专门的管理工具，提供数据剖析功能，通过分析数据获取数据的统计信息，同时提供对数据内在问题的洞察力，发现潜在的数据质量问题。

4. 质量检核规则管理

数据质量管理需要对关键的数据进行监控，质量监控是通过制定质量检核规则并在特定的系统上运行来实现。常见的检核规则包括：业务检核规则和技术检核规则。其中，业务检核规则分为总分账检核和业务指标检核两大类。

5. 数据质量指标体系建设

数据质量指标体系建设是数据质量监控的一个重要手段，建立数据质量指标体系，通过指标体系的运行及时监控数据的健康状况。为数据质量问题的及时发现和绩效考核提供监控机制。

（五）建设数据质量管理文化

数据质量管理需要数据质量管理文化的认同与推动，如果没有数据质量管理文化，数据质量管理可能就会变得抽象，相关人员对于解决数据质量问题感觉是分散精力的、徒劳的。

在政府开始推进数据质量提升过程之前，需要树立统一的数据质量管理文化意识，数据质量的提升涉及业务、技术、管理等多个方面，如果没有形成认同和提升数据质量的风气，数据质量提升过程工作就会流于形式。

建立政务公共数据质量管理文化的方式有多种，可以分为管理层面的文化建设和技术层面的文化建设，见图2-6。

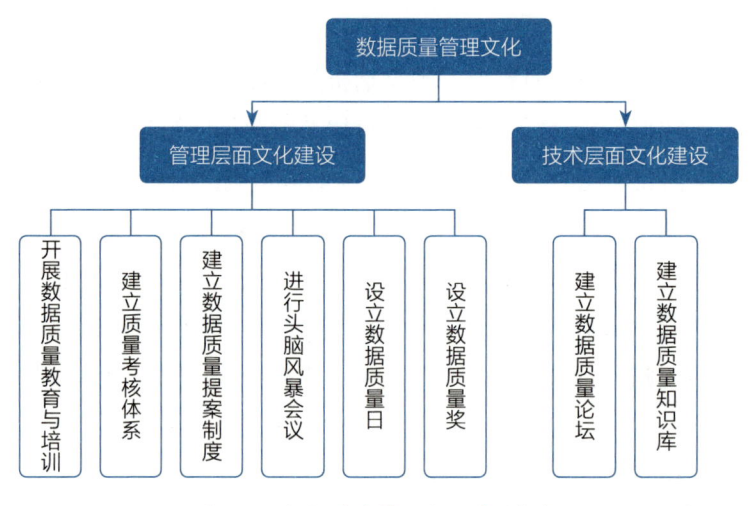

图 2-6 数据质量管理文化建设框架

三、建立制度标准体系

（一）数据管理基础性制度建设

1. 数据产权制度

政府通过制定数据产权制度，可以明确数据资源的权利和义务，提供一个清晰的法律框架，促进数据资源在市场上的流通和交易，推动数据要素市场的发展和繁荣，激励数据资源的生产和创新，提高数据资源的价值和效益，从而实现数字经济的发展。

数据产权制度的核心内容就是根据数据来源和数据生成特征，分别界定数据生产、流通、使用过程中各参与方享有的合法权利，建立数据资源持有权、数据加工使用权、数据产品经营权等分置的产权运行机制（见图2-7）。[1]

---

[1] 中共中央 国务院关于构建数据基础制度更好发挥数据要素作用的意见[J].中华人民共和国国务院公报,2023（1）：28-33.

数据资源持有权	数据加工使用权	数据产品经营权	数据产权保护机制
·确定数据资源的所有者和持有者，明确其在数据资源管理中的权利和义务。 ·规定数据资源的获取、管理、使用和处置方式，明确数据资源的产权范围和边界。 ·建立数据资源登记和备案制度，记录和管理数据资源的持有权归属信息。	·规定数据资源的使用权限和访问条件，明确数据资源的使用范围和用途。 ·设定数据资源的使用费用和付费方式，建立数据资源的收费机制和服务规则。 ·建立数据资源的授权和许可制度，规范数据资源的使用和共享。	·制定数据产品的交易规则和市场准入条件，建立数据产品交易平台和交易机制。 ·设立数据产品的评价和监测机制，监控数据产品的质量和价值，保障数据产品的合法权益。 ·加强对数据产品的监督和管理，防止数据产品的虚假宣传、欺诈销售和侵权行为。	·建立数据产权保护机制和法律体系，保护数据资源的知识产权和创造者的合法权益。 ·加强对数据资源的保密、防篡改、防盗用等安全措施，保障数据资源的安全和完整性。 ·建立数据资源的维权和救济机制，处理数据资源产权纠纷和侵权行为，维护数据资源的合法权益。

图 2-7 数据资源产权运行机制要点

2. 数据供给制度

在数据要素时代，数据资源已成为生产的原材料以及价值的重要来源。数据要素的高质量供给是数据价值释放的源泉，只有大规模、高质量的数据得以投入生产，在要素市场进行流通、使用、复用，才能实现从数据到数据要素的转变。确定数据供给制度可以促进政府部门和单位之间的数据资源共享和流通，打破数据孤岛，实现数据资源的互联互通，优化数据资源的配置和利用，推动数据要素市场发展，加强政府数据开放和透明，促进创新应用和产业发展。数据供给制度建设的主要内容见图 2-8。

3. 数据流通制度

数据流通制度是数据要素制度的核心内容。数据流通制度由正式规则和非正式规则组成，正式规则包括数据流通准入规则、数据资产定价规则、数据交易规则、数据流通中介规则、数据流通治理规则等，非正式规则包括价值信念、惯例、文化传统、道德伦理、意识形态等制度。一套健全的数据流通规则体系，是正式与非正式规则相融合的规则体系，它们之间存在着互补与兼容的关系，会提高数据流通的有效性和适应性，实现数据要素安全高效流通。数据流通制度主要规则

数据驱动
数字经济的产业路径和治理

数据供给制度要点

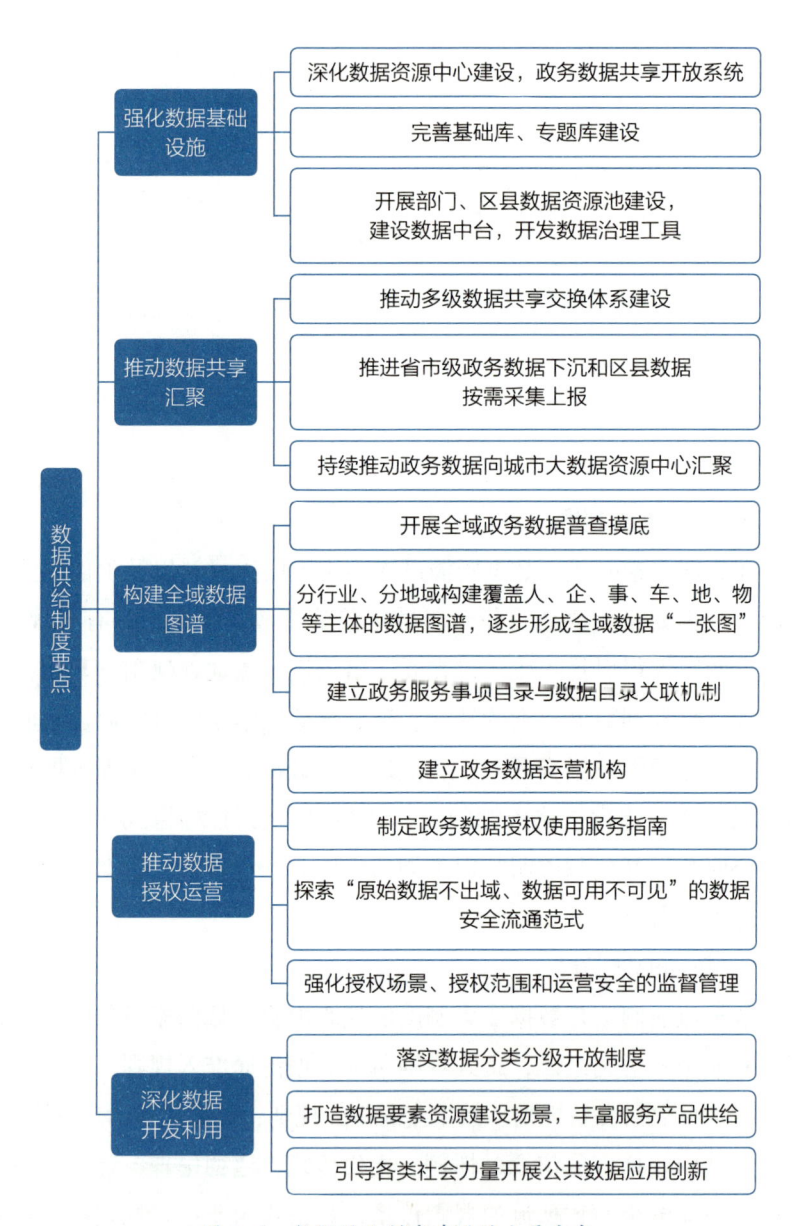

- 强化数据基础设施
  - 深化数据资源中心建设，政务数据共享开放系统
  - 完善基础库、专题库建设
  - 开展部门、区县数据资源池建设，建设数据中台，开发数据治理工具

- 推动数据共享汇聚
  - 推动多级数据共享交换体系建设
  - 推进省市级政务数据下沉和区县数据按需采集上报
  - 持续推动政务数据向城市大数据资源中心汇聚

- 构建全域数据图谱
  - 开展全域政务数据普查摸底
  - 分行业、分地域构建覆盖人、企、事、车、地、物等主体的数据图谱，逐步形成全域数据"一张图"
  - 建立政务服务事项目录与数据目录关联机制

- 推动数据授权运营
  - 建立政务数据运营机构
  - 制定政务数据授权使用服务指南
  - 探索"原始数据不出域、数据可用不可见"的数据安全流通范式
  - 强化授权场景、授权范围和运营安全的监督管理

- 深化数据开发利用
  - 落实数据分类分级开放制度
  - 打造数据要素资源建设场景，丰富服务产品供给
  - 引导各类社会力量开展公共数据应用创新

图 2-8 数据供给制度建设的主要内容

见图 2-9。

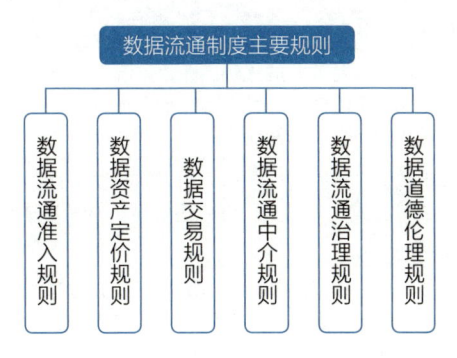

图 2-9 数据流通制度主要规则

4. 数据收益分配制度

数据收益分配制度是保障数据要素市场各方权益的有效途径。"数据二十条"[1]提出"由市场来评价贡献，按照贡献来决定报酬"，发挥市场在贡献评价和收益分配中的决定性作用，根据数据要素的边际贡献决定要素价格来进行要素报酬分配。市场化的收益分配的总原则是"谁投入、谁贡献、谁受益"。建立完善数据收益制度，引导数据要素参与生产分配，是实现财富再分配、社会公平有效的重要手段，是完善我国收入分配格局、规范收入分配秩序的重要举措。建设数据收益分配制度的关键要点见表 2-2。

表 2-2 建设数据收益分配制度的关键要点

编号	关键要点	主要内容
1	确定收益来源	确定数据收益的来源，包括数据交易、数据服务、数据产品销售等方式所产生的收益

---

[1] 中共中央 国务院关于构建数据基础制度更好发挥数据要素作用的意见[J]. 中华人民共和国国务院公报，2023（1）：28-33.

续表

编号	关键要点	主要内容
2	确定收益分成比例	确定数据收益的分成比例，即数据流通参与方之间收益的分配比例。分成比例可以根据合同约定、市场行情或协商达成，一般由数据提供方和数据获取方协商确定
3	确定分成方式	确定数据收益的分成方式，可以是按比例分成、固定金额分成、提成分成等方式。分成方式应合理公平，能够充分考虑到各方的贡献和利益
4	明确分成对象	分成对象包括数据提供方、数据获取方、数据中介机构等。分成对象应该是参与数据流通和利用的各方，根据其在数据流通过程中的贡献和权益确定
5	制定分成标准	制定数据收益分成的具体标准和规定，包括分成条件、计算方法、支付时间等。分成标准应该具有可操作性和可实施性，能够明确各方的权利和义务
6	签订分成协议	对于数据收益分成，一般需要签订分成协议或合同，明确各方的权利和义务，规定分成的条件和方式，确保分成的合法性和稳定性
7	监督和调整机制	建立数据收益分配的监督和调整机制，定期对分成情况进行监测和评估，及时调整分成比例和方式，保障各方的合法权益

5. 数据安全治理制度

数据要素安全治理制度是完善数据要素市场监管的前提条件。把安全贯穿数据治理全过程，构建政府、企业、社会多方协同的治理模式。通过建立安全可控的数据要素治理制度，可以有效保障数据的安全性，包括数据的保密性、完整性和可用性，防止数据泄露、篡改和滥用，保护数据的安全和隐私，推动数据资源的合理利用和价值实现。数据安全治理制度包含政策、组织、流程、技术工具、培训、风险评估、合规审计和监督等多个维度。

（二）数据管理配套性制度建设

1. 数据资产管理制度

推动各级党政机关、企事业单位等将其依法履职或提供公共服务过程中持有或控制的，预期能够产生管理服务潜力或带来经济利益流入的公共数据资源，作为公共数据资产纳入资产管理范畴。相关部门按照资产管理相关要求，组织梳理统计本系统、本行业符合数据资产范围和确认要求的公共数据资产目录清单，登记数据资产卡片，暂不具备确认登记条件的可先纳入资产备查簿。

2. 数据分类分级制度

数据分类分级不仅是完善数据产权、规范数据交易的前提条件，也是维护数据安全的必要手段。国家和地方制定出台系列法律政策和标准规范，如《网络安全法》《数据安全法》《个人信息保护法》《网络数据安全管理条例（征求意见稿）》《工业数据分类分级指南（试行）》等，为数据分类分级提供上位法和操作指导。

数据分类分级制度是指根据数据的特性、敏感程度以及对数据的需求，对数据进行分类和分级，并制定相应的管理措施和权限控制策略。

3. 数据共享开放制度

数据共享开放制度能够促进不同部门、机构和个人之间的信息共建共享，提高信息资源的整合和利用效率，避免信息孤岛现象，对于促进社会经济发展、推动政府治理现代化、提升科技创新能力、加强国际合作等方面都具有重要作用。制定数据共享开放制度涉及共享开放的相关政策法规、组织机构、共享原则、平台与机制、标准与规范、访问权限以及监督评估多个方面。

4. 数据开发利用制度

通过建立完善的数据开发利用制度，可以促进数据资源的创新应用和价值实现，推动数字经济和数据产业的发展。数据开发利用制度涉及政策指导、共享机制、利用流程、技术支持、项目支持和产权保护等多个方面。

（三）公共数据资产凭证全流程管理

通过公共数据资产全流程管理，能够规范数据资产凭证的获取、存储、使用、更新、处置等环节，提高数据资产管理的效率和水平；

也能够加强对数据资产凭证的安全保护和保密控制，防止数据资产凭证的泄露、丢失或滥用，确保数据资产的安全性和稳定性。实现提升数据资产价值、促进数据共享和交换以及提升政府治理水平的目的。

公共数据资产凭证全流程管理的主要内容包括：凭证获取和登记、凭证存储和归档、凭证使用和共享、凭证更新和维护、凭证处置和清理、凭证跟踪和监管、凭证安全和保密以及凭证审计和评估。

（四）探索企业首席数据官工作制度

数据作为新型生产要素，是数字化、网络化、智能化的基础。推行企业设置首席数据官（Chief Data Officer，以下简称 CDO）制度是引导企业切实用好数据要素、充分挖掘数据价值、推动行业变革创新的重要举措，是加快企业数字化转型、释放数据要素活力、构建数字生产力的有效途径。

四、推动数据开放共享运营

（一）推动设立政府首席数据官制度

推动设立政府首席数据官制度，能够系统提升政府的数据治理能力，促进数据共享与协作，保障数据安全与隐私保护，推动数据驱动决策和数字政府建设，从而提高政府治理效能，优化公共服务，增强政府的公信力和透明度，强化公共数据与社会数据深度融合，加快培育数据要素市场。

政府首席数据官制度主要内容包括首席数据官的工作机制、职责范围和评估机制的建设。

（二）构建公共数据授权运营管理体系

构建公共数据授权运营管理体系是一个复杂而系统的工程，它包含建立工作协调机制、成立专家咨询委员会、确定授权运营平台主体等多个方面（见图 2-10）。这三者之间相互关联、相互支持，共同构成了公共数据授权运营管理体系的基石。它们之间的关系是：工作协调机制作为整个管理体系的"大脑"，负责统筹全局，协调各方资源，确保各项工作的顺利开展。它与其他两个组成部分（专家咨询委员会、授权运营平台主体）相互协同，确保决策的科学性和执行的有效性，专家咨询委员会作为智囊团，他们利用自己的专业知识和经验，对公共数据授权运营过程中的重大问题进行深入研究和分析，为决策提供科学依据；同时，他们也应当关注行业动态和技术发展趋势，为体系的持续优化和完善提供建议，授权运营平台主体作为具体执行者，授权运营平台主体负责公共数据的采集、处理、分析和运营等工作。他们根据工作协调机制的指导和专家咨询委员会的建议，制定具体的实施方案和操作规范，确保公共数据的有效利用和合法运营。同时，他们也承担着数据安全管理和隐私保护的重要责任。

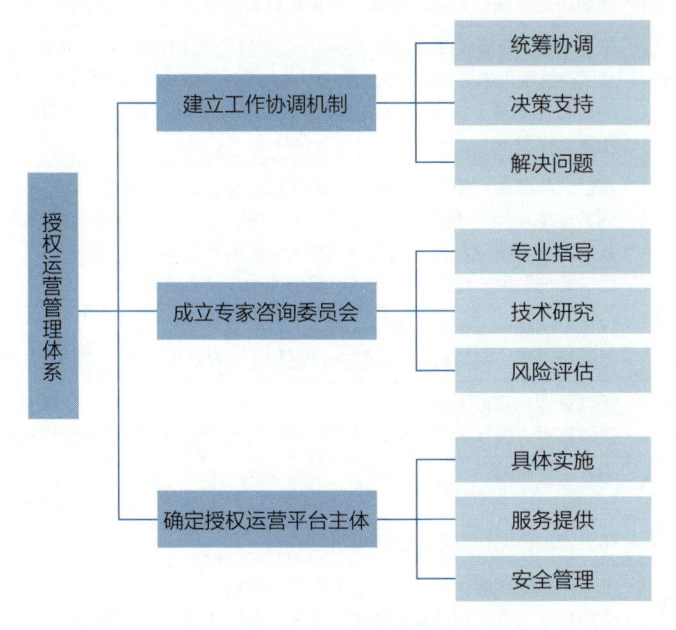

图 2-10 授权运营管理体系作用

（三）建设统一公共数据授权运营平台

1. 推动统一数据授权运营平台建设

推动统一数据授权运营平台建设对于促进数据共享与流通、规范数据管理、释放数据价值、优化资源配置和提升政府治理能力等方面具有重要作用。在平台建设过程中，需要重点关注的事项包括明确运营平台建设目标、制定统一标准和规范、加强技术支撑和安全管理、推动多方参与和合作以及注重平台运营和维护等，这些因素是平台建设成功的关键保障。

另外，还需要加强对公共数据授权运营科学管理，它是统一数据授权平台发挥作用的基本条件。加强数据授权运营管理的重点内容见表2-3。

表2-3 加强数据授权运营管理的重点内容

管理要点	主要内容
数据加工处理	·加工管理原则：按照"原始数据不出域、数据可用不可见"的要求 ·加工数据要求：数据采集、存储、治理、流转、分析、使用、销毁的全流程要满足合法、合规、质量、安全等有关的要求
数据申请审核	·申请审核：应当在授权运营平台提出公共数据需求申请，经公共数据主管部门会同数据提供单位，通过省、市级一体化数字资源系统技术审核同意后获取 ·回流数据管理：满足数据回流的条件和要求，建立数据回流的监控、预警和审计机制
收益及分配	·收益分配原则：按照"谁投入、谁贡献、谁受益"原则 ·运营成本承担：授权运营主体应当承担相应公共数据基础设施的资源消耗、数据治理、模型发布、结果导出和安全服务等成本 ·定价管理制度：使用定价方式、有偿使用收费方式等
产品和服务审核	·审核：明确审核部门、审核内容 ·登记管理：应将审核通过的数据产品和服务在数据交易所进行登记管理
运营主体人员培训	·培训管理：实行岗前培训 ·权限管理：授权运营主体培训通过后方可开通授权运营平台使用权限
安全管理	·安全管理原则："谁运营谁负责、谁使用谁负责"的原则 ·运营管理体系：建立运营主体问责制度、数据安全制度、安全报告机制、风险管理机制、安全违法查处机制等
运营监管	·市场化运营制度：制定市场监督制度、产权保护制度和违规处置规定 ·信用档案管理：对授权运营主体不良信息依法记入其信用档案

资料来源：根据《杭州市公共数据授权运营实施方案（试行）》整理。

2. 建立健全公共数据运营规则

公共数据授权运营的核心目标之一就是促进数据的有效供给和应用需求的对接。从数据运营的整体框架和流程来看，建立一套覆盖全流程的运营规则体系是确保数据有效利用和合规运营的基础，涉及数据资源获取、数据加工使用和数据产品经营三个环节。

首先是数据资源获取环节，所有可用于授权运营的公共数据资源均需经过审核确认。根据数据的运营权范围，审核的重点内容存在差异。一种模式是运营主体按场景申请获取数据运营。目前，多地省市实践选择"一个场景一次申请一次审批"[1]的数据提供模式，多数审批往往取决于"场景"的价值性，这种模式需要建立在场景价值评估规则下运营。然而，对于场景价值性的判断，目前市场并没有形成共识性的客观标准。同时，"场景"描述的颗粒度不同也决定了难以定义统一标准，如细微调整就会影响"场景"的改变进而发起新的数据申请，则将大幅影响运营效率。另一种模式是运营主体获得"全量数据"的运营权，无须通过场景审批，则需确保"全量数据"覆盖的范围能够满足分类分级的安全管理要求和数据开发利用要求，因此，这种模式需要审核数据满足分类分级的安全管理规则和数据开发利用的相关规则。

其次是数据加工使用环节，所有的数据分析处理操作均应满足运营协议的约定和数据安全保护要求。实现方式可以通过技术和管理两个层面相结合来解决：技术上，可通过加密、数据沙箱、隐私计算、数据访问控制等技术手段限定数据加工使用的方式和结果形态；管理上，可通过对数据加工使用产生的公共数据产品进行"合规性"审核。

最后是数据产品经营环节。如何确保公共数据产品被合理合规应用？解决模式：一是推动运营主体通过协议等方式与应用方约定数据产品的用途。二是建立技术安全的数据运行平台，保障数据产品在安

---

[1] 杭州市人民政府办公厅关于印发杭州市公共数据授权运营实施方案（试行）的通知[J]. 杭州市人民政府公报，2023（9）：21-25.

全可控运营环境中使用。三是建立风险预警和应急管控机制。

政府和公共部门需对公共数据授权运营行为进行日常的监督管理，确保相关授权运营严格遵守流程规范。

3. 建立丰富的数据开放模式

建设统一规范、互联互通、安全可控的数据开放网站。丰富公共数据开放格式，提供原始数据集、API、App 开放方式，创新数据加工、处理和 AI 工具集等多种开放模式。

第二节　二级数据要素市场如何"规范"

一、健全数据交易流通规则

以国家在数据领域的相关制度规范为指导，结合省市地方数据资源流通情况，构建数据交易流通、跨境传输、数据安全等基础性规则，明确数据交换、交易界线，制定数据主体、数据控制方、数据使用方的权利与义务，规范数据交易行为，保护数据主体权益，形成有效、便捷、公平、公正的数据汇集、整理、加工、存储、定制等商品化运作机制，激发数据流转活力。

（一）主体登记规则

建立数据产品主体登记规则对推动数据要素流通具有关键性作用，具体体现在以下几个方面：通过数据产品提供方进行主体登记的强制要求，确保其合法性和合规性，防止非法主体参与数据产品交易，保障交易安全；通过公开交易主体的基本信息和资质证明，增强交易双方的信任感，降低交易风险，促进数据产品的交易和流通；强化交易主体的责任和义务，防止不良主体参与数据产品交易，维护市场的良好秩序，促进市场的健康发展；保障用户的合法权益，确保他们与合法主体进行交易，避免因交易主体的问题而造成损失，提高用户的满意度和信任度；能够为监管部门提供有效的监管手段和依据，加强对数据产品提供方的监管和管理，促进数据要素流通的规范和有序发展。

建立主体登记规则包括但不限于以下规范内容，见图2-11。

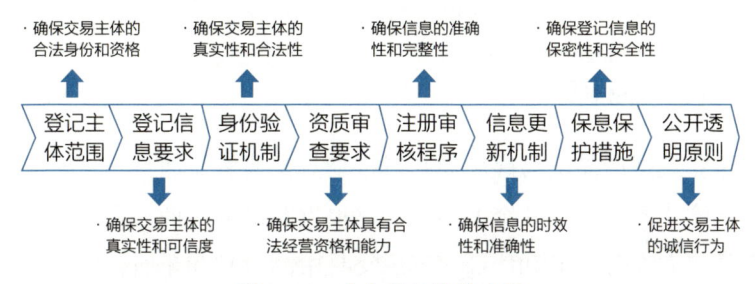

图 2-11　主体登记操作流程

（二）产品审核规则

建立数据产品审核规则对推动数据要素流通具有基石性作用，它是提高数据产品质量和信誉、规范市场秩序、保障用户权益、推动数据要素市场持续发展的保障。具体作用体现在以下几个方面：通过设定数据产品的质量标准和审核要求，确保数据产品的准确性、完整性和可靠性，提升数据产品的质量水平，增强用户的信任度；制定审核流程和指导，帮助数据提供方和需求方了解审核的标准和程序，促进数据产品的顺利交易和流通；防止低质量数据产品和虚假数据产品的出现，维护市场的良好秩序，促进市场的健康发展；保障用户的合法权益，防止用户因购买低质量或虚假数据产品而受到损失；鼓励数据提供方不断创新和改进数据产品，提升数据产品的竞争力和市场价值，推动数据产品的不断更新和优化。

建立产品审核规则包括但不限于以下规范内容，见图2-12。

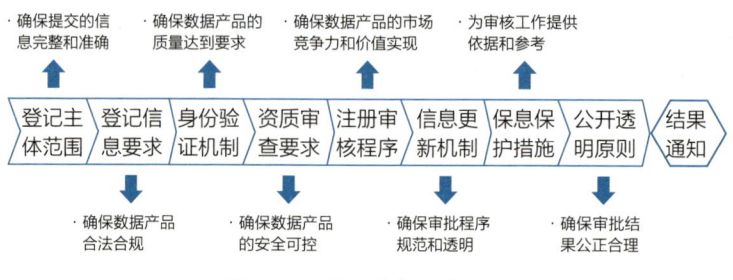

图 2-12　产品审核操作流程

（三）交易磋商规则

建立数据产品交易磋商规则对推动数据要素流通具有重要支撑作用，具体体现在以下几个方面：能够提供明确的磋商流程和指导，帮助交易双方充分沟通和协商，解决交易中的分歧和矛盾，促进交易的顺利达成；能够规范磋商的方式和时间，确保磋商的及时和高效，减少磋商的时间成本和沟通成本，提升交易的效率和顺畅度；能够明确交易双方的权利和义务，规定磋商的内容和范围，确保磋商结果的合法性和有效性，增强交易协议的约束力；能够鼓励交易双方积极参与磋商，建立良好的合作关系和互信机制，共同解决问题，并推动交易的顺利进行；能够及时发现和解决交易中的风险和隐患，提供风险预警和应对措施，减少交易的不确定性和风险，保障交易的安全和稳定；能够促进交易双方充分交流和协商，明确双方的需求和期望，提升交易的品质和价值，满足用户的需求和期待。

建立交易磋商规则包括但不限于以下规范内容，见图 2-13。

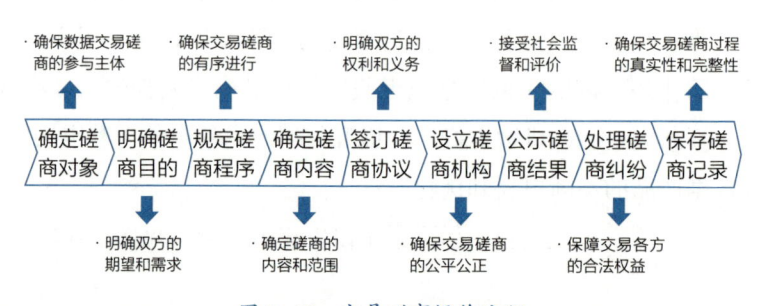

图 2-13　交易磋商操作流程

（四）交易实施规则

建立数据产品交易规则有助于简化交易过程、提高安全性和效率，确保交易双方信任，提升产品质量，维护市场秩序，并促进公平竞争和市场创新。

建立交易实施规则包括但不限于以下规范内容，见图 2-14。

关键控制点	核心内容
确定交易方式和渠道	规定数据产品交易的方式和渠道，确保交易的便捷和高效
确定交易对象和范围	确定参与交易的主体对象和交易范围，包括交易双方、交易产品、交易条件等
确定交易标的和价格	确定数据产品的交易标的和价格，包括数据产品的种类、规格、价格标准等
签订交易合同	签订数据产品交易合同，明确交易双方的权利和义务，包括交易条件、交付方式、服务保障等
确定交易支付方式	确定数据产品的支付方式和支付周期，包括一次性支付、分期付款、预付款等
提供交易履约保障	提供交易履约保障措施，包括交易保证金、履约担保、违约责任等
交易信息披露	对交易信息进行公开和披露，包括交易产品信息、交易价格、交易条件等
交易评价和监督	对交易过程进行评价和监督，包括客户满意度调查、交易监测报告、市场监管等

图 2-14　交易实施关键控制点

（五）交易结算规则

建立数据产品交易结算规则，规范结算方式、流程、周期、费用、标准、币种等结算要件，有助于保障交易资金的安全和稳定，降低交易成本，有效促进数据要素的流通，提高市场的透明度和竞争力，增强交易双方的信任度和满意度，推动数据要素的合理流通和有效利用。同时，防止不良交易行为和欺诈行为的发生，维护市场的良好秩序。

建立交易结算规则包括但不限于以下规范内容：结算方式、结算周期、结算币种、结算费用、结算标准、结算账期、结算凭证、异常处理机制以及监督和审计等。

（六）交易评价规则

推动数据产品交易评价规则的建设能够提供交易双方的评价和反馈机制，让买方和卖方能够了解对方的信用和口碑，从而增加交易双方之间的信任度。同时，卖方可以根据评价结果改进数据产品的质量，提高服务水平。此外，交易评价规则的设立，有助于实现规范市场秩序、促进市场竞争和提高交易效率。

建立交易评价规则包括但不限于以下规范内容：评价对象和范围、评价标准和指标、评价方式和渠道、评价流程和周期、评价权限和责任、评价结果处理、评价奖惩机制、评价信息公开和改进措施等。

二、促进数据交易与跨境流通

地方政府推动促进数据交易与跨境流通对二级数据要素市场的规范有着积极的促进作用。具体表现为地方政府可以通过制定法规和政策、建立数据质量和安全标准、加强数据管理和监管、推动数据共享和开放、促进数据技术创新、提供政策支持和激励措施以及加强国际合作与交流等举措，提升二级数据要素市场的规范化水平和竞争力，促进数据要素市场的健康发展和持续繁荣。

（一）法律法规制定与政策指导

地方政府应制定相关法律法规和政策，明确数据交易和跨境流通的法律地位、规范和要求。这些法律法规和政策应当涵盖跨境数据流通机制、数据标准、数据安全等方面，为数据交易和跨境流通提供法律依据和指导。

（二）政府部门协调与监管

地方政府部门需要加强协调，建立跨部门合作机制，推动数据交易与跨境流通的顺利进行。同时，加强监管力度，确保数据交易和跨境流通活动的合法性、安全性和规范性。

（三）技术支持与标准制定

地方政府可以提供技术支持，推动数据交易平台和跨境数据流通基础设施的建设。制定统一的数据标准和格式，促进不同系统和平台之间的数据交换和共享。

（四）产业支持与政策激励

地方政府可以出台相关产业支持政策，鼓励企业和机构参与数据交易和跨境流通活动。例如，给予税收优惠、提供资金支持、加大科技创新投入等，激发数据产业的发展活力。

（五）国际合作与交流

地方政府可以积极参与国际合作与交流，加强与其他国家和地区的合作，推动跨境数据流通的国际规则和标准制定，促进全球数据治理的协调与发展。主要形式包括：签订国际合作协议或建立框架合作机制以及参与国际标准的制定和修订、确定国际合作项目与计划、建设国际交流与合作平台。

三、培育发展市场运营体系

探索构建数据交易服务生态。发展数据资产评估、登记结算、交易撮合、争议仲裁等市场运营体系。鼓励设立社会性数据经纪机构，规范开展数据要素市场流通中介服务。探索建立数据经纪人资格认证和管理制度，加强对数据经纪人的监管，规范数据经纪人的执业行为。

（一）建设市场基础设施

地方政府需要积极推动二级数据要素市场基础设施的建设，包括数据交易平台、数据标准化平台、信息安全认证平台等。这些基础设施的建设可以提升市场的交易效率、降低交易成本，并为市场运营体系的发展提供支撑。

（二）市场运营体系

健全的市场运营体系可以规范市场行为，提高市场透明度和公平竞争性，减少不规范交易和信息不对称现象，有助于推动数据要素市场的健康、有序发展。通过规范的市场运营体系，可以更准确地评估和定价数据资产，增强数据资产的流动性，吸引更多的数据提供方和需求方参与市场活动，从而提升数据资产的价值和利用效率，降低市场风险和交易成本，推动数据经济的发展。市场运营体系包括数据资产评估体系、登记结算、交易撮合、争议仲裁、信息披露、监管执法、数据安全、隐私保护、行业标准与认证体系以及市场合作与创新机制的建设。

（三）建立数据经纪人资格认证和管理制度

建立数据经纪人资格认证和管理制度的主要目的是推动数据要素市场化配置改革、规范数据流通交易行为、增强数据交易各方的信任以及促进数据价值的挖掘与利用。其作用则体现在提升数据流通效率、保障数据安全、规范市场秩序以及促进数据产业生态发展等方面。数据经纪人资格认证和管理制度的主要内容包括：制定资格认证标准与条件、设立数据经纪人培训机制、建立注册管理系统、建立违规处罚机制以及制定数据经纪人的职业道德准则和行为规范等。

（四）培育市场主体

地方政府可以通过各种方式，包括提供政策支持、开展培训和指导等，积极培育二级数据要素市场的主体，包括数据提供方、数据交易平台、数据服务提供商等。这有助于促进市场的多元化发展和健康竞争，见图2-15。

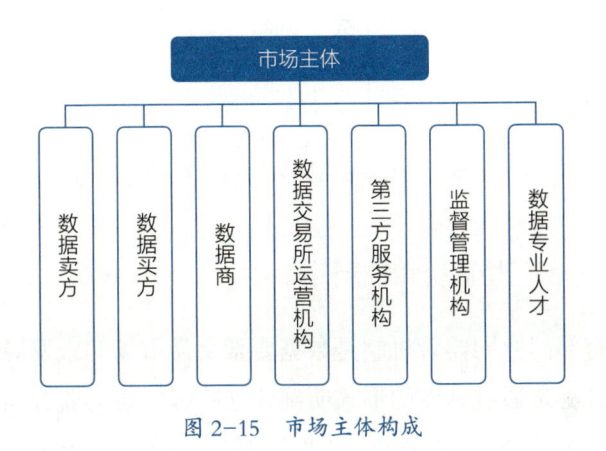

图 2-15　市场主体构成

四、建立健全行业监管体系

通过建立健全行业监管体系，地方政府可以有效规范二级数据要素市场的运行，保护市场参与者的合法权益，促进数据要素市场的健康发展。

（一）制定数据交易监管制度

数据交易监管制度的建立和实施可以规范市场主体的行为，防止不正当竞争、信息不对称等问题的出现，从而维护市场的公平、公正和有序运行，提高市场的透明度，使市场参与者能够更清晰地了解市场情况和交易规则，降低交易风险。

一个健全的数据交易监管制度的主要内容见图2-16。

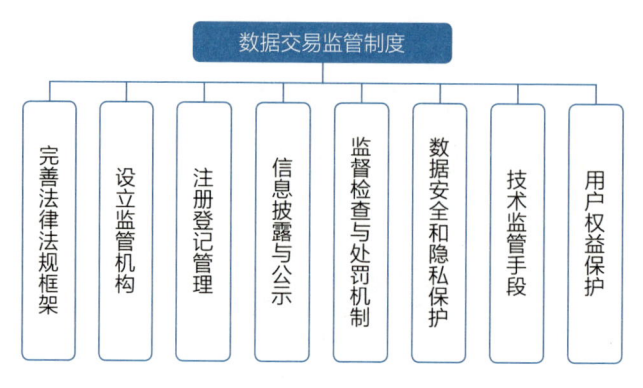

```
                    数据交易监管制度
    ┌──────┬──────┬──────┬──────┬──────┬──────┬──────┐
  完善   设立   注册   信息   监督   数据   技术   用户
  法律   监管   登记   披露   检查   安全   监管   权益
  法规   机构   管理   与公   与处   和隐   手段   保护
  框架                  示    罚机   私保
                              制    护
```

图2-16　数据交易监管制度框架

（二）建立跨部门协同监管机制

建立跨部门协同监管机制是数据要素交易市场健康发展的重要保障。主要目的是通过制度的形式明确建立跨部门协同监管的机制，以此解决数据交易中的"监管难""多头监管"等问题，有助于提升监管效率、保障数据安全和数据主体的权益。

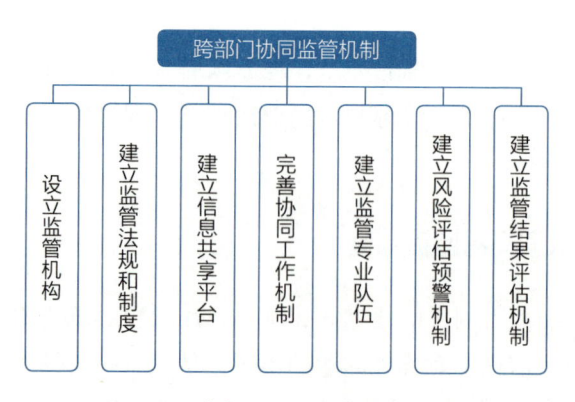

建立跨部门协同监管机制的组成见图2-17。

```
                    跨部门协同监管机制
    ┌──────┬──────┬──────┬──────┬──────┬──────┐
  设立   建立   建立   完善   建立   建立   建立
  监管   监管   信息   协同   监管   风险   监管
  机构   法规   共享   工作   专业   评估   结果
         和制   平台   机制   队伍   预警   评估
         度                          机制   机制
```

图2-17　跨部门协同监管机制的组成

（三）监督检查与处罚机制

建立监督检查与处罚机制是确保市场秩序和规范运行的关键。监督检查与处罚机制的主要内容包括：制订监督检查计划；对监督检查人员进行专业培训；准备必要的检查工具和设备；根据监督检查计划，选择检查对象，并提前通知被检查单位，告知检查事项和时间；对被检查单位进行现场检查和调查，核实其数据要素市场活动是否合规，是否存在违法违规行为；收集、整理涉案证据，确保证据的完整性和可靠性；对发现的违法违规行为进行认定，并根据相关法律法规和监管规定，依法做出相应的处罚决定；执行处罚决定，监督被处罚单位履行处罚义务，记录处罚执行情况，并及时向上级监管部门报告；向被检查单位反馈检查结果，告知发现的问题和违规行为，并要求其整改和改进；根据规定，对严重违规行为进行公示，向市场主体和公众通报违规信息。

（四）健全投诉举报查处机制

健全投诉举报查处机制能够促进监管作用的有效发挥，维护市场秩序和公平竞争环境。投诉查处机制的主要内容包括：设立多种投诉举报渠道，包括电话、邮件、网络投诉平台等；收集和登记投诉举报信息，包括投诉人信息、投诉对象、投诉内容等，确保信息的准确性和完整性；设立投诉举报受理和处理流程，明确投诉举报的受理标准、程序和时限要求，保障投诉举报的及时处理；对收到的投诉举报进行调查和核实，采取必要的调查手段，确保投诉举报的准确性和可信度；在调查核实的基础上，认定投诉举报涉及的违规行为，并依法做出相应的处罚决定；向投诉人反馈处理结果，告知处理意见和结果，增强公众对监管工作的信任度和满意度；对投诉举报人的个人信息进行保密，保护其合法权益和个人隐私；对投诉举报情况进行统计和分析，了解市场热点和问题集中的领域，为监管工作提供参考和依据；加强投诉举报教育宣传，提高市民和市场主体的法律意识和监督意识，促进市场秩序的自律和规范。

（五）搭建数据流通监管平台

在推动二级数据要素市场规范建设中，搭建数据流通监管平台是十分关键的一步，它可以有效监督和管理数据的流通过程，保障数据安全和合规性。该平台的主要功能包括：数据提供方要将提供的数据在平台上进行登记和备案，包括数据类型、来源、用途等信息，确保数据流通的透明性和可追溯性；监控数据交易行为，包括数据买卖、共享等，记录交易双方信息和交易内容，确保交易行为合规、安全；对数据使用方的申请进行审批，确保数据使用符合法律法规和合约约定，保障数据使用安全和合法性；建立数据安全管理机制，包括数据加密、权限管理、访问控制等措施，保障数据在流通过程中的安全性；监测数据流通过程中的违规行为，包括数据泄露、滥用等，设立预警机制，及时发现并处置违规行为；对数据质量进行监控和评估，确保数据的准确性、完整性和可靠性，提高数据流通的质量和可信度；对平台上登记的数据流通信息进行公示，包括交易记录、审批结果等，提高数据流通的透明度和公开性；对平台上的数据流通情况进行统计和分析，了解数据流通的趋势和规律，为监管决策提供数据支持；为数据提供方和使用方提供合规培训和指导，加强其对数据流通规范的理解和遵守；接收和处理与数据流通相关的投诉和举报，对违规行为进行调查和处理，维护数据流通的正常秩序。

（六）建立健全行业自律机制

在推动二级数据要素市场规范建设中，建立行业自律机制是非常重要的一环，可以通过行业内部力量实现监督和管理。以下是该机制的主要构成：成立行业协会或组织，作为行业内部的自律组织，代表行业利益，制定行业规范和标准，推动行业自律建设；制定行业内部准则和规范，包括数据收集、处理、使用等方面的规范，明确行业的行为准则和规范要求；设立监督委员会或机构，负责行业自律机制的监督和管理，对行业成员的行为进行监督和评估；建立行业信用体系，对行业成员的信用状况进行评估和排名，强化诚信意识和行为规范；设立投诉举报渠道，受理行业内部成员和外部投诉举报，对投诉举报进行调查和处理，保障行业秩序；组织行业培训和教育活动，提升行业从业人员的法律意识和职业道德，加强对行业规范的理解和遵守；建立自律行为奖惩机制，对行业成员的良好行为给予表彰和奖励，对违规行为给予惩处和处理，形成良好的自律氛围；促进行业成员之间的交流和合作，共同探讨行业发展的方向和问题，增强行业的凝聚力和自律意识；定期开展行业自查和评估活动，发现问题和隐患，要及时进行整改和改进，提高行业自律水平。

（七）建立数据生产要素统计及会计核算体系

在推动二级数据要素市场规范建设中，数据生产要素统计核算与会计核算体系建设极其重要。

开展数据生产要素统计核算能够帮助监管机构、企业和研究机构更好地了解和评估数据生产要素的贡献和效益。数据生产要素统计核算的关键内容包括：数据生产要素的定义、数据生产投入的统计、数据生产产出的统计、数据生产要素的核算方法、数据生产要素的价值评估、数据生产要素的国际比较、数据生产要素的政策支持。

建设会计核算体系有助于监管机构和企业对数据要素的生产、流通和利用进行规范化和透明化管理。建设会计核算体系的主要构成：会计政策与制度、数据要素分类与确认、会计核算方法与技术、数据要素成本核算、数据要素价值评估、会计报表编制与披露、审计与验证、政府监管与监督、会计核算人才队伍建设等。

第三节　数据安全保障体系如何"构建"

一、落实网络和数据安全制度

推动地方数据资源利用，落实信息安全等级保护、风险评估等网络安全制度，建立健全大数据安全保障体系，能够有效促进数据安全、提高数据信任度、降低数据风险，推动经济社会的可持续发展。

（一）制定地方性的网络和数据安全法规

地方政府可以结合本地实际情况，制定适用于当地的网络和数据安全法规，以确保本地区的网络和数据安全。

制定地方性的网络和数据安全法规与制度的基本流程见图2-18。

图2-18　制定地方性的网络和数据安全法规与制度的基本流程

（二）建立网络和数据安全管理机构

地方政府可以建立专门的机构或部门负责监督和管理本地区的网络和数据安全事务，负责制定政策、规定和标准，并指导各相关单位执行。一个完善的安全管理机构一般主要由安全管理委员会及技术与标准制定、数据安全管理、安全监测预警中心、安全监管执法、安全教育培训和协调沟通等部门组成。

（三）推动企业和机构加强网络和数据安全意识

推动企业和机构加强网络和数据安全意识是网络和数据安全工作中的重要环节。地方政府可以通过宣传教育、培训等方式，提高企业和机构对网络和数据安全的重视程度，增强其安全意识和防范能力。

（四）建立网络和数据安全监督检查机制

建立网络和数据安全监督检查机制是地方政府推进网络和数据安全法规与制度落实的重要举措之一。地方政府可以建立网络和数据安全的监督检查机制，定期对各相关单位的网络和数据安全情况进行检查，发现问题及时整改。

监督检查机制的主要构成见图 2-19。

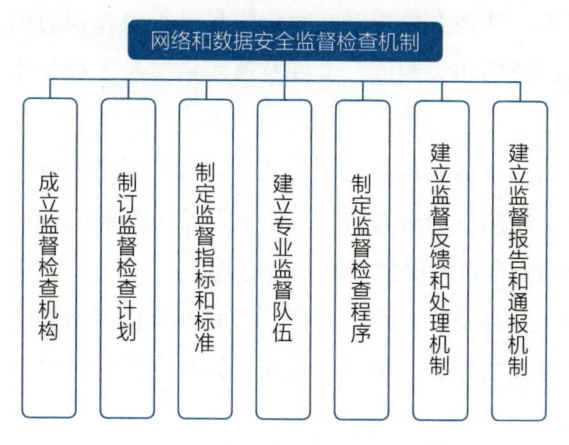

图 2-19 网络和数据安全监督检查机制的主要构成

（五）加强跨部门合作

地方政府可以促进各相关部门之间的合作与协调，形成网络和数据安全工作的合力，共同推动网络和数据安全工作的落实。加强跨部门合作的主要措施包括建立协调机制、共享信息资源、开展联合行动、共同制定政策和规定以及开展联合培训和宣传等。

二、建立数据安全评估体系

（一）数据安全评估过程

1. 评估准备

当前企业与组织实施风险评估工作，更多是从国家法律法规及行业监管、业务需求评估等相关要求出发，从战略层面考量风险评估结果对相关企业的影响。数据安全风险评估准备的内容，主要包括：确定评估对象、评估范围、评估边界、评估团队组建、评估依据、评估工具、评估准则、评估进度，制订评估方案并获得管理层支持。

2. 评估审核

文档审查：评估人员应对在收集资料过程中收到的相关文件进行逐一审查，以评估相关制度、文件及落实情况是否符合评估依据的相关要求。

安全检测：评估人员可对相关实际运行的网络、信息系统和数据信息实施安全检测，通过查看、分析被测系统的响应和输出结果，评估被测系统的安全技术保障措施是否有效。

人员访谈：必要时，作为文档审查和安全检测结果的补充，可对被评估对象涉及的相关人员进行访谈，以核实评估对象数据安全合规的实际情况。

3. 风险分析

在审核过程的执行中，应对审核的实际情况进行及时记录，对发现的问题形成问题记录。通过采取适当的方法与工具对问题可能产生的风险进行分析，可得出企业所面临的合法合规性风险、数据安全事件发生的可能性以及数据安全事件发生对组织的影响度，从而得到数据安全风险值。必要时，评估人员可协助评估对象针对所在组织的问题进行整改计划的制订。

4. 风险评价

评估工作完成后，应形成数据安全合规评估报告，评估报告应包括评估背景、评估声明、评估依据、评估范围、评估流程和评估结论。基于特定目的的数据安全合规评估，可按被评估对象所在组织的要求出具专项分析意见，如发现涉及重大合规性问题，可能对特定目的的达成产生直接影响，可以备忘录的形式进行重大问题说明和风险提示，以供评估对象所在组织快速了解问题并引起重视，更有针对性地实施整改并提高效率。

（二）数据安全评估内容

1. 业务运营模式

评估重点一：应对评估对象或所在组织的业务模式、业务流程进行充分识别，评估内容包括：组织与客户、供应商和其他合作方的合作模式（数据提供、数据接收、共同处理等）；组织在数据处理或是交易链中所处的角色（收集方、使用方、交易中介方等）；组织是数据处理平台的建设者还是运营者，或两者兼有。

评估重点二：对评估对象数据处理所依附的信息系统和网络资产进行识别，形成系统资产清单。包括各类应用系统、网站、移动 App、小程序、云平台及网络系统等，以决定安全检测评估所覆盖的范围。

2. 数据处理主体

评估重点一：评估对象的数据处理资质。即对评估对象所在组织的行政许可及相关证照的完备性、运营主体的一致性、授权范围与实际数据处理相关活动的匹配性以及质量管理体系的健全性进行审查。如营业执照、增值电信业务经营许可证、在线数据与交易处理业务许可证等。

评估重点二：数据来源合法性承诺、数据处理合同或协议的效力及内容、数据处理过程的监督记录、履行数据安全保护义务等。

评估重点三：数据处理主体变更转移的相关评审。

3. 数据处理活动

评审数据处理活动主要包括数据的分类分级和数据处理过程。对数据分类分级评估主要内容包括：数据分类分级的依据对相关评估依据要求的符合性；对不同分级的数据分别实施不同的管理和技术保护措施的合理性。对数据处理过程的评估包括：在数据采集过程中，评估信息收集的合法性基础、个人信息收集是否经过授权同意、信息收集行为是否正当且必要；在数据存储过程中，评估对数据及其副本采取的安全措施、数据及其副本的存储地点是否符合数据本地化存储和数据跨境要求；在数据使用过程中，评估是否获得相关方的授权文件并符合评估要求的证明，以及数据的实际使用和加工方式是否符合约定；在数据传输和提供过程中，评估数据接收方的合规性、数据传输和提供的安全措施和协议约定，以及接口安全检测等；评估数据公开行为；评估删除数据和用户注销后的匿名化处理情况。

4. 管理措施及落实

对数据处理管理措施和落实情况评审的主要内容包括：对评估对象所在组织的数据安全管理责任人和组织架构进行评估，比如责任人评估内容主要包括背景审查、工作职责、绩效考核、履行其对应的工作职能的相关工作记录等；对评估对象所在组织的数据安全管理措施的完整性、一致性、可行性、依从性等方面进行评估，主要包括管理体系、数据处理流程管理、数据分类分级管理、网络及数据安全报送机制等；对评估对象的数据安全保护的技术措施落实情况进行评估，内容包括定期的安全监测、监测网络运行的技术措施、防御措施、数据备份、数据加密、数据去标识化等；对评估对象的人员管理及安全教育落实情况进行评估，内容包括人员签保密协议、人员上岗前的审查、人员在岗期间的安全培训等；对评估对象实施网络安全等级保护情况进行评估；对评估对象数据出境的情况进行评估；对评估对象涉及与数据和网络安全相关的投诉、争议、诉讼、仲裁、行政处罚等情况进行评估。

5. 安全合规跟踪评估

安全合规跟踪评估是指对评估对象数据的安全合规管理的改进和按期执行情况进行持续跟踪监控和评估。内容包括：结合评估依据要求，对外部政策、用户服务协议、合同范本等内容进行定期审查和更新的情况；持续改进和完善内部数据安全管理制度以及流程优化的情况；定期开展员工数据安全合规培训和考核、开展年度安全风险与安全合规评估以及相关的问题整改落实情况。

（三）数据安全评估工具

数据安全风险评估工具从合法、合规角度和技术风险角度，全方位保证了风险评估的全面覆盖，可以帮助组织全面识别、量化、探测和管理数据安全风险，指导安全措施的制定和实施，提高组织对数据安全的管理水平和应对能力。数据安全风险评估工具分为三类：

1. 数据处理活动识别类工具

帮助风险评估实施人员识别待评估系统内进行的数据处理活动，并对数据处理活动要素进行拆分梳理。此类工具侧重流程梳理，利用专家的经验进行数据处理活动识别。主要包括日志管理、数据库审计、行为分析、数据分类和标记和数据遗漏检测等工具。

2. 数据处理活动合法合规判别类工具

对数据处理活动中存在的合法合规性进行识别。此类工具将协助评估人员对数据处理活动合法合规评估要点进行识别与提取，同时提供合法合规要求参考库，帮助评估人员进行判断。主要包括隐私保护与合规检测、合规性审查与自动化、风险评估与合规度量以及合规性报告与监控工具。

3. 数据处理活动安全探测类工具

探测收集数据处理活动中各活动要素的安全现状，评估数据处理活动安全性风险。此类工具主要建立在自动化探测基础上，结合专家经验全面探测数据处理活动安全情况。随着评估工作的经验累积，此种类评估工具可不断丰富、优化检测规则。探测类工具主要包括安全漏洞扫描、数据资产识别、账号权限探测、数据暴露检测、数据流向探测等。

三、加强数据安全管理能力

（一）提升数据安全保护能力

1. 增强数据安全保护意识

（1）加大数据安全政策法规宣贯

以国家、行业数据安全管理法规和制度为准绳依据，推动各类组织机构内部制定清晰明确的数据安全政策和规定，包括数据保护、隐私保护、合规性要求等，并将其文档化。定期开展培训和教育活动，向员工和相关利益相关者介绍数据安全政策和法规，强调其重要性和须遵守要求。建立监督机制，定期审查和评估数据安全政策的执行情况，发现问题并及时进行改进和调整。

（2）落实数据安全主体责任

落实数据安全主体责任的主要措施包括：明确定义各个部门和个人在数据安全管理中的责任和义务，压实各单位法定代表人或主要负责人数据安全第一责任；建立完善的责任倒查机制，确保数据安全责任的执行到位。当发生数据安全事件时，能够追溯责任人员，并对其进行相应的奖惩或处罚；建立专门的监督机构或岗位，负责监督各个部门和个人的数据安全工作执行情况，及时发现和纠正问题；定期对数据安全管理工作进行评估和审核，制定相应的报告，向领导层和利益相关者汇报工作进展和存在的问题，并提出改进建议。

（3）健全数据安全管理工作机制

健全数据安全管理工作机制包括：构建数据安全策略制定流程，明确数据安全的目标、原则和重点，对组织内外部的数据安全风险进行评估和分类，识别潜在的安全威胁和漏洞；建立安全事件的处理流程，包括事件发现、报告、应对和处置，确保能够及时有效地处理安全事件；采用先进的安全技术手段，包括防火墙、入侵检测系统、加密技术、数据加密、访问控制等，加强对数据、系统和网络的保护；建立监控与评估流程，实时监测系统和网络的安全状态，发现异常行为并及时报警，定期进行安全审计和评估；建立完善的安全应急预案，确保在安全事件发生时能够迅速响应和恢复业务；通过定期的培训和教育活动，提高员工的安全意识和技能。

（4）完善考核机制

引导企业贯彻发展与安全并重原则，将数据安全管理要求融入本单位发展战略和考核机制，加强数据安全工作与业务发展同谋划、同部署、同落实、同考核。

2. 开展重要数据安全保护

（1）建立数据安全管理制度

建立健全数据安全管理制度对于企业保护数据资产、降低风险至关重要。指导企业建立健全数据安全管理制度，包括数据安全政策、数据安全责任制度、数据分类分级制度、访问控制制度、加密保护制度、安全培训与教育制度、安全审计与监控制度、安全事件处理制度、合规性管理制度、应急预案和演练制度。通过这些制度的建设，企业可以有效地规范和管理数据安全工作，确保数据资产得到充分的保护，降低数据安全风险。

（2）重要数据识别

制定数据分类标准，根据数据的敏感程度、价值、影响范围等因素对数据进行分类，明确哪些数据属于重要数据；使用数据发现技术，对数据进行全面扫描和识别,发现企业系统中存在的重要数据,包括个人身份信息、财务数据、商业机密等;建立数据资产清单,记录和管理企业所有的重要数据,包括数据的来源、存储位置、访问权限等信息,为后续管理提供基础数据。

(3)建立重要数据备案管理机制

制定重要数据备案管理制度,明确重要数据的备案流程、责任人员和备案内容,确保所有重要数据都能够被及时备案;设立备案审核和审批机制,对备案申请进行审核,确保备案信息的真实性和准确性,防止重要数据被遗漏或错误备案;对已备案的重要数据信息进行定期更新和审查,确保备案信息与实际情况保持一致,并及时更新变更。

(4)建立重要数据目录

借助数据分类和数据发现工具,对企业存储的数据进行扫描和分析,将数据根据其业务价值、敏感程度和关联程度进行分类,定期识别重要数据和核心数据。重要数据可能是支持核心业务运作的数据,如供应链信息、市场营销数据等,核心数据通常是对业务运作至关重要的数据,可能直接影响业务流程、决策和战略的数据,可能包括客户信息、财务数据、知识产权等,应形成重要和核心数据目录并及时报备。此外,还需了解数据目录的形成是一个持续的过程。随着业务需求和环境变化,不断审查和更新数据目录,确保其与企业实际情况保持一致,并根据需求和风险进行调整。

(5)开展数据风险评估

推动企业定期开展数据风险评估是确保数据安全的重要举措。推动企业设立数据安全委员会,负责监督和推动数据风险评估工作的开展。鼓励企业制订定期的数据风险评估计划,将其纳入企业的安全管理制度中,并建立数据风险评估的标准化工具和流程,包括评估表、调查问卷、评估指南等,以便组织内部各部门能够统一、系统地进行评估工作,按要求报送评估报告。

（6）加强数据安全监测

针对企业的重点数据和核心数据，制定安全风险监测与应急处置机制。安全风险监测机制主要包括部署实时监控系统，监测重点数据和核心数据的访问和操作情况，包括数据访问日志、用户行为监测等，及时发现异常活动；应用异常检测技术，对重点数据和核心数据的访问行为进行分析，识别异常访问和潜在风险，如大量数据下载、非授权用户访问等；建立安全事件响应平台，集成安全事件信息，对安全事件进行分析和响应，及时发现和处理安全事件。应急处置机制主要包括制定明确的安全事件响应流程，包括事件报告、鉴定、分析、通知、处置等各个环节的操作步骤和责任人员，确保能够迅速有效地应对安全事件；制定完善的安全事件应急预案，明确安全事件的级别和紧急程度，指导员工在应急情况下的行动，包括灾难恢复、系统重建等；建立紧急通知机制，确保安全事件的及时通知和沟通，包括通信渠道、通知人员名单等，以便在紧急情况下能够迅速组织应对；对安全事件进行追溯和分析，确定事件的原因和影响范围，采取相应的处置措施，并对事件进行记录和总结，为后续防范提供参考。

（7）编制重点企业名录

重点企业即掌握关键核心技术、代表行业发展水平、关系产业链安全稳定或关乎国家安全的企业，地方政府应滚动编制数据安全风险防控重点企业名录。地方政府还可以从多个方面协助企业提升数据安全管理能力：督促其在落实数据安全要求的基础上，着重提升风险监测、态势感知、威胁研判和应急处置等能力；组织专家团队提供数据安全咨询服务，针对重点企业的具体需求和问题，提供专业化的培训和指导，提高企业内部的数据安全管理水平；加强对重点企业的监督检查和督导，确保其落实数据安全保障措施，发现和纠正安全隐患，防范数据泄露和损害；协助重点企业建立健全数据安全应急响应机制，包括应急预案、应急演练等，提高其应对安全事件的能力和效率；定期评估和跟踪重点企业的数据安全保障工作，发现问题并及时提出改进措施，确保数据安全管理工作持续改进和完善。

3. 深化重点场景数据安全保护

（1）重点数据处理场景

指导企业围绕数据汇聚、共享、出境、委托加工等重点数据处理场景，针对数据安全保护薄弱点，实施贴合行业特点的数据保护措施。

数据汇聚场景：对数据汇聚环节进行严格的访问控制，限制只有授权人员可以访问和处理数据，防止未经授权的人员获取敏感信息；对在数据汇聚过程中传输的数据进行加密，防止数据在传输过程中被窃取或篡改；实施数据汇聚过程的审计和监控，记录数据访问和操作行为，及时发现异常情况并采取措施进行处理。

数据共享场景：在数据共享前对敏感数据进行匿名化处理，去除个人身份信息等敏感属性，保护数据主体隐私；设立严格的访问控制和权限管理机制，限制数据共享的对象和范围，确保只有合法授权的用户才能访问共享数据；对共享数据中的敏感信息进行脱敏处理，在保留数据分析价值的同时降低敏感信息泄露的风险。

数据出境场景：对涉及数据出境的行为进行严格的合规审查，确保数据出境符合相关法律法规的要求；对跨境传输的数据进行加密处理，保护数据在传输过程中的安全性，防止数据被未经授权的人员获取；与接收方签订数据安全协议，明确数据的使用目的、保护措施和责任分工，确保数据在接收方处得到妥善保护。

委托加工场景：与加工方签订保密协议，明确数据的保密义务和责任，规定加工方只能按照委托方的要求进行数据处理，并禁止未经授权的数据访问和使用；对加工方进行严格的安全审查，评估其数据安全管理水平和能力，确保其具备足够的能力保障委托数据的安全；对加工过程进行监控和审计，确保加工方按照约定的要求进行数据处理，及时发现和处理违规行为。

（2）多主体衔接场景

针对供应链上下游协作、服务外包、上云上平台等涉及多个主体的业务场景，建立数据安全保护的主要措施：首先，厘清数据安全责任，针对数据的收集、处理、传输和存储等各环节进行划分，明确每个主体在责任边界内的责任范围，避免责任模糊不清的情况发生；其次，建立信息共享与沟通机制，确保各个主体之间能够及时、有效地沟通数据安全相关事项，分享安全信息和经验，并通过缔结合作协议和服务契约，明确各方在数据安全方面的责任和义务，约定数据的使用、保护和监管机制，确保数据安全得到充分保障；最后，建立全链条全方位数据安全保护体系，主要内容包括风险评估与管理、实施安全控制措施、建设应急响应机制和持续改进与监督机制。

（3）风险易发频发场景

针对勒索病毒攻击、漏洞后门、人员违规操作、非受控远程运维等易发频发风险场景，加强风险自查自纠，采取精准的管理和防护措施。

勒索病毒攻击防护措施：定期备份重要数据；及时安装操作系统和应用程序的安全补丁和更新；定期开展安全意识培训。

漏洞后门防护措施：建立完善的漏洞管理制度，及时收集、评估和修复系统和应用程序的漏洞；实施安全审计和监控；强化访问控制措施，限制用户的权限和访问范围。

人员违规操作防护措施：实施严格的权限管理制度；部署行为监控和审计系统，监视员工的操作行为；定期开展安全培训和教育。

非受控远程运维防护措施：使用双因素认证、VPN等安全接入控制技术，限制远程访问的权限；对远程运维操作进行监控和审计；定期审查远程运维的安全措施和操作规范。

（二）提升数据安全监管能力

1. 完善数据安全政策标准

推动区域内有条件的企业建立健全数据安全管理制度，出台风险评估实施细则、应急预案、行政处罚裁量指引等政策文件。加快研制重要数据识别、安全防护、风险评估、产品检测、密码应用等标准。地方政府需根据相关法律法规和监管要求，制定行政处罚裁量指引，明确违反数据安全管理规定的行为和责任，并规定相应的处罚措施和裁量标准。指导试点企业在企业或组织内部设立数据安全管理制度的立项小组或专项工作组，依据企业实际情况和行业标准，主要包括：制定数据安全风险评估的实施细则，明确评估范围、方法、流程、责任等内容；制定数据安全应急预案，包括安全事件的分类、应急响应流程、责任分工、通信渠道等内容，确保在安全事件发生时能够迅速有效地应对。此外，地方政府还需建立健全监督机制，定期对政策文件的执行情况进行监督和检查，发现问题及时整改，并对执行情况进行评估和总结，推动政策文件的落实和执行效果。

2. 加强数据安全风险防控

（1）建立风险信息报送和共享机制

建立风险信息报送和共享机制是确保及时发现、分析和应对安全风险的重要措施。风险报送与共享机制的主要内容包括：报送标准和流程、报送责任、信息分析机制、共享规则、合作机制和安全保障支撑等。

（2）建立风险直报单位库

建设风险直报单位库是指地方政府建立一个集中管理和调度风险报告的数据库，以便及时收集、汇总和分析来自各个单位的风险信息。

（3）建立重大风险事件库

推动建立重大风险事件库是为了记录和管理各类重大风险事件的信息，便于及时监测、分析和应对。

（4）建立协同应急演练机制

推动建立数据安全协同应急演练机制是为了提高数据安全事件的应急处置能力，保障数据系统的安全运行。

3. 推进数据安全技术手段建设

（1）建立数据安全管理平台

推动有条件的企业建设集数据资源管理、态势感知、风险信息报送与共享、技术测试验证、事件应急响应等功能于一体的数据安全管理平台，提升企业数据安全管理的效率和能力，保障数据系统的安全运行。其中，数据资源管理提供数据分类、数据标准化、数据质量管理、数据权限控制等功能，实现对数据资源的全面管理和保护；态势感知通过实时监测和分析网络安全态势，及时发现和识别潜在的威胁和异常行为；风险信息报送与共享提供安全事件报告、信息共享平台等功能，实现对安全风险信息的及时收集、汇总和共享，提高信息共享和应急响应效率；技术测试验证提供漏洞扫描、渗透测试、安全评估等功能，通过技术手段评估系统和网络的安全性，并提供安全改进建议和措施；事件应急响应提供事件报告、应急响应流程、协同调度平台等功能，实现对安全事件的快速响应和有效处置，降低安全事件对系统的影响。

（2）建立技术能力多级联动机制

推动有条件的地方、行业、企业等加快建立数据安全风险监测与应急处置等技术手段，强化技术能力多级联动的具体措施可以包括以下方面：制定数据安全监测与应急处置的技术标准与规范，明确各级单位的技术要求和操作规程；由专业技术团队提供技术支持与培训，向各级单位介绍先进的数据安全监测与应急处置技术，提升技术人员的专业能力；建立数据安全技术交流平台，促进各地区、行业和企业之间的技术交流与合作，分享成功经验和技术成果；政府部门加大对数据安全技术创新和研发的投入，鼓励企业、高校和科研机构开展数据安全技术的创新研究；建立多级联动的数据安全技术支持和应急响应机制，实现各级单位之间的信息共享和协同配合；支持有条件的地方、行业、企业等加快更新技术设备，配备先进的数据安全监测与应急处置设备，提高技术防护能力；定期组织数据安全应急演练和实战训练，提高各级单位的应急处置能力和技术响应速度；建立健全技术监管与评估体系，对数据安全监测与应急处置技术进行定期评估和检查，确保技术设备和技术手段的有效运行。

4. 锻造数据安全监管执法能力

（1）规范数据安全执法程序

地方政府规范数据安全事件调查处置程序是非常重要的，它有助于保护公民和组织的隐私和安全。丰富取证方法和手段的具体措施包括：提供专门的数字取证工具和技术，如数据恢复软件、数字取证工具包等，以确保对数据的准确提取和分析；制定数据采集和保护标准，确保在调查过程中采集的数据受到保护，避免数据篡改或泄露；使用先进的网络安全技术，如入侵检测系统、防火墙等，防止数据安全事件的发生，并提供实时监控和预警功能；对调查人员进行专业的培训，使他们熟悉最新的数字取证方法和工具，提高调查效率和准确性；与相关部门和机构建立合作机制，如公安机关、司法机关等，共同应对数据安全事件，加强信息共享和沟通；为保障数据安全，我们还应采取以下措施：制订并执行定期数据备份计划，确保备份的全面性和及时性；建立清晰的数据恢复流程，设定恢复时间目标和恢复点目标，以快速响应数据丢失或损坏事件。同时，设立数据安全监督团队，负责监控数据操作，确保合规性。此外，我们还应定期对数据安全事件的调查和处置程序进行审查评估，及时识别问题并优化流程。加强员工数据安全培训，提升他们的安全意识和应急处理能力，共同构建一个更加安全、可靠的数据环境。

（2）依法处置数据安全违法行为

将数据安全纳入本地区行政执法事项清单是非常重要的举措，可以加强对数据安全的监管和保护。推动这一举措并指导各行业、各地方依法严格处置数据安全违法行为的措施：制定行政执法指导手册，明确各行业、各地方在数据安全执法中的职责和权利，规范执法程序和处置措施；加强对数据安全法律法规的宣传和教育，提高相关从业人员和公众的法律意识和风险防范意识，组织培训活动，提升执法水平；建立健全监督和评估机制，加强对各行业、各地方数据安全执法工作的监督和评估，发现问题及时纠正，推动执法工作的规范和有效开展；建立跨部门、跨行业的信息共享和合作机制，加强对数据安全违法行为的协同执法和打击，提高执法效率和效果；依法对违法行为进行严厉打击，对违法单位和个人给予适当处罚，并及时公开相关案例，震慑违法行为，形成良好的法治氛围；加强对数据安全技术的支持和引导，推动各行业、各地方建立健全数据安全管理制度和监管体系，防范和化解数据安全风险。通过以上举措为数字经济提供坚实的安全基础。

（3）建立违规投诉举报机制

推动建立数据安全违规投诉举报机制是保障数据安全的重要举措之一。建立这一机制的主要内容包括：设立专门的投诉举报渠道、明确投诉举报受理的范围、对投诉举报人的保密保护机制、设立详细的举报流程、设立专门的调查核实程序、限时对投诉举报结果进行反馈、对提供有效线索的举报人给予奖励或表彰、建立监督和评估机制。

（4）打造规范执法队伍

推动打造专业化、规范化的监管执法队伍，提高数据安全监管的能力和水平，为保护公民和组织的数据安全提供更加有力的保障。具体措施包括：招聘符合专业要求的人才，如法律、计算机科学等相关专业的毕业生，并为他们提供系统的培训，包括法律知识、执法技能、数据安全技术等方面的培训；制定监管执法岗位的职责和评价标准，明确岗位要求和执法标准，为队伍建设的专业化和规范化提供依据；建立健全职业发展通道，为监管执法队伍提供晋升机会和发展空间，激励人员提高专业素养和执法水平；定期组织专业培训和学习交流活动，使监管执法人员不断提升专业知识和执法技能，适应数据安全领域的变化和发展；建立绩效考核制度，将执法效率、执法质量、案件处理能力等作为考核指标，激励监管执法队伍提高工作水平；提供先进的技术支持和装备保障，如数字取证工具、数据分析软件等，提升执法效率和准确性；建立内部和外部监督机制，对监管执法行为进行监督和评估，及时发现问题并加以解决，保证执法工作的公正、规范和效能。

（三）提升数据安全产业支撑能力

1. 加大技术产品和服务供给

（1）加强数据安全共性技术升级

推动数据安全技术产品和服务供给，加强数据智能分类分级、数据库审计、低时延加密传输等共性技术的优化升级，推动措施包括：主管部门可以制定相关政策，鼓励和支持企业加大对数据安全技术产品和服务的研发投入，鼓励企业开展关键技术攻关，推动技术升级和创新；制定数据安全技术产品和服务的技术标准，明确技术要求和性能指标，推动行业向标准化方向发展，提高产品和服务质量；建立数据安全技术产业联盟，整合行业资源，促进技术研发和成果转化，推动共性技术的优化升级；加强数据安全技术人才的培养和引进，建立健全人才队伍，提高技术研发和创新能力。

（2）推动数据安全关键技术攻关

推动企业实现适配业务场景和数据特征的轻量级数据加密、隐私计算、密态计算等关键技术攻关需要从多个方面入手，包括技术研发、人才培养、政策支持等。以下是一些具体的推动措施：主管部门可以出台相关政策，为企业提供资金支持、税收优惠等奖励措施，鼓励企业加大对关键技术攻关的投入和创新；选择一些具有代表性的企业和业务场景，进行技术应用示范，验证技术的可行性和效果，为其他企业提供参考和借鉴；提供针对轻量级数据加密、隐私计算、密态计算等关键技术的培训和支持服务，帮助企业了解技术原理、应用场景和操作方法；鼓励企业与科研机构、高校等开展技术合作，共同攻克技术难题，推动技术的开放创新和应用；提供轻量级数据加密、隐私计算、密态计算等关键技术的咨询服务，为企业解决技术难题，提供定制化的解决方案；鼓励企业引进具有相关技术专业背景的人才，同时加大对内部人才的培训力度，提高企业的技术研发和应用水平；参与相关技术标准的制定和推动工作，促进技术规范化和标准化，提高技术的通用性和适用性；积极参与行业组织和协会，加强企业间的合作与交流，共同探讨关键技术攻关的问题和解决方案。

（3）推动数据安全产品研发

为应对数据泄露、窃取、篡改等风险，为促进企业提升流量异常监测、攻击行为识别、事件追溯和处置等产品研发水平，可采取的措施有：制定相关政策，明确鼓励和支持企业开展流量异常监测、攻击行为识别、事件追溯和处置等产品研发，提供资金支持、税收优惠等激励措施；政府可以促进企业与高校、科研机构等合作开展技术研发，建立产学研合作平台，共同攻克技术难题，提高研发水平；地方政府可以设立创新基金，鼓励企业在流量异常监测、攻击行为识别、事件追溯和处置等领域进行创新研发，提供资金支持；地方政府可以建立专业的技术咨询机构，为企业提供技术支持和咨询服务，帮助企业解决技术难题；地方政府可以组织示范应用项目，提供实际场景和数据支持，帮助企业验证产品的效果和可行性，推动产品市场化；建立完善的知识产权保护机制，保护企业的技术创新成果，提升企业的创新积极性和竞争力。

（4）强化数据安全架构设计

加强面向产业互联网、数据流通交易、产业供应链平台等新兴应用的数据安全技术架构设计是十分重要的，可以通过以下措施实现。

制定技术标准与规范：地方政府可以牵头制定面向新兴应用的数据安全技术标准与规范，明确技术架构设计的要求和指导原则，推动行业技术的规范化和标准化。

推动安全技术创新：鼓励企业和科研机构加大面向新兴应用的数据安全技术研发投入，推动安全技术的创新和突破，满足新兴应用场景下的安全需求。

建立安全技术生态圈：建立产业互联网、数据流通交易、产业供应链平台等新兴应用领域的安全技术生态圈，促进安全技术的交流与合作，形成合力应对安全挑战。

加强数据隐私保护：设计数据安全技术架构时，应注重加强对数据的隐私保护，采用加密、脱敏、权限控制等手段，确保数据在传输、存储和处理过程中的安全性和隐私性。

提升安全防护能力：设计安全技术架构时应考虑全面的安全防护措施，包括网络安全、终端安全、身份认证、访问控制等，提升系统对各类安全威胁的防范能力。

采用多层次安全防护：设计安全技术架构时应采用多层次、多维度的安全防护策略，包括边界防护、网络检测、行为分析等，形成全方位的安全防护体系。

开展安全演练与评估：定期组织安全演练和评估活动，检验安全技术架构的有效性和稳定性，及时发现和解决潜在的安全风险和漏洞。

加强人才培养：加大对安全技术人才的培养力度，培养掌握新兴应用领域安全技术的专业人才，提升企业的安全技术架构设计和实施能力。

（5）推动数据安全供给模式创新

推动市场形成数据安全"产品+服务"供给模式创新，可从以下方面形成突破口。

建立综合服务平台：创建一个综合的数据安全服务平台，包括在线市场、专业咨询和定制化解决方案等。该平台可以提供各种数据安全产品的在线购买和集成，同时又可以提供专业的安全咨询和定制化解决方案，来满足不同企业的需求。

推动行业共享平台：允许数据安全产品提供商、服务提供商和企业用户之间共享资源和技术。这可以包括共享安全技术和算法、共享安全数据和情报、共享安全人才和专业知识等。

打造安全生态圈：建立一个包括企业、政府、学术机构和第三方机构等各方的数据安全生态圈。在这个生态圈中，各方可以共同推动数据安全技术的创新和交流，促进合作与共赢。

建立风险共担机制：在企业与服务提供商之间建立风险共担机制，共同承担数据安全风险。这可以通过合同约定、风险评估和共同应对安全事件等方式来实现，增强合作双方的信任和合作意愿。

加强合作伙伴关系：加强合作伙伴关系，共同推动数据安全产品与服务的创新和发展。这包括与行业组织合作制定标准、与政府部门合作推动政策支持、与其他企业合作开展联合营销等。

2. 促进数据安全应用供需对接

促进数据安全应用供需对接是关键，以确保数据安全技术的有效应用。提升供需对接的方法有：搭建数据安全应用供需对接撮合平台，该平台可以提供搜索和筛选功能，使需求方能够快速找到符合其需求的产品和服务；定期举办数据安全行业的交流会议、主题沙龙和专业展览活动，供应商可以在活动上展示其最新的产品和解决方案，与需求方进行面对面的交流和对接；供应商可以制作数据安全产品的应用案例演示视频或白皮书，展示产品在实际场景中的应用效果和解决方案；政府可以出台相关政策，支持数据安全产品和服务的供给和需求对接。政府可以提供资金支持、税收优惠、创新基地建设等方面的支持，为数据安全产业的发展创造良好的政策环境和市场环境。

3. 建立健全人才培养体系

（1）推动专业化数据安全教材课程开发

要实现面向不同行业、岗位和层级的数据安全工作需求，推动专业化、特色化数据安全教材课程的开发。

（2）建立联合培养人才机制

推动产学研用合作，依托培训中心、实训基地、网络学习平台等联合培养复合型管理人才和实战型技能人才，通过技能竞赛、技术交流、学习进修、岗位练兵等形式持续促进人才知识更新和能力提升。

(3)建立数据安全绩效评价机制

推动企业建立健全数据安全绩效评价机制，全面评估和监控数据安全管理工作的情况，实现数据安全工作的科学管理和持续改进。

第三章

产业数字化难点、要点与场景

第一节　产业数字化的"难点"

当前产业数字化转型过程中，企业面临着进退两难的选择，在技术革命的大浪潮中，以及外部环境的不确定增加的情境下，不进行数字化转型，可能会在市场竞争中被快速淘汰；但是，推动数字化转型，也将面临诸多挑战，需要企业克服技术、组织、财务、安全等方面的困难，才能顺利推进数字化转型，实现持续创新和发展。了解数字化转型中可能存在的问题与挑战，可以使企业在择机进行转型过程中更加从容，提前做好准备。

一、技术难题挑战

（一）新技术引入和应用

产业数字化通常需要引入新技术，如人工智能、物联网、大数据分析等，企业需要理解这些技术的原理和应用场景，并将其应用到实际生产和运营中。

1. 技术选型和理解难

企业需要选择适合自身业务需求的新技术，但新技术繁多，技术选型需要考虑多方面因素，如成本、可靠性、适用性等。同时，企业需要对新技术有深入的理解，以便更好地将其应用于实际业务中。

2. 技术集成难

新技术的引入可能需要与现有的系统进行集成，这涉及系统架构的调整和改变，可能会带来一定的复杂性和风险。

（二）技术人才短缺

由于新技术的不断涌现和发展，企业可能缺乏相关技术人才，如人工智能工程师、数据科学家等，这会成为产业数字化的一大难题。

1. 人才招聘和培养困难

新兴技术领域的人才相对稀缺，企业可能面临招聘和培养技术人才的困难。尤其是在人工智能、大数据分析、物联网等领域，这些技术领域的专业人才需求量大，但市场上的供给相对不足。

2. 技术团队构建和管理复杂

建立和管理技术团队需要一定的经验和技能，企业可能缺乏相关经验，导致技术团队建设和管理方面存在一定困难。

3. 技术知识和经验传承难

技术人才的流动性较大，企业可能面临技术知识和经验传承不足的问题，影响企业的技术积累和创新能力。

4. 跨学科合作困难

数字化转型通常需要跨学科的合作，而不同学科领域的专业人才合作可能存在困难，影响数字化转型的综合效果。

（三）技术基础设施投入不足

产业数字化通常需要依托良好的技术基础设施，包括高速网络、云计算等，一些企业可能由于基础设施投入不足而难以实施数字化转型。

数字化转型是一个复杂的过程，它通常需要大量的数据传输、处理以及依托云计算、存储和数据中心设施等关键资源。然而，如果面临网络带宽不足、云计算和存储资源匮乏以及数据中心设施不完善等问题，将可能严重限制数字化转型的推进。这些不足可能导致数据传输速度缓慢，处理效率低下，无法满足数字化转型对高性能、高可用性和高扩展性的需求，进而影响数字化转型的整体进程、效率和实施效果。除此以外，还有以下因素：

1. 安全设施投入不足

数字化转型增加了企业在网络安全方面的风险，如果安全设施投入不足，可能无法有效保护企业的信息安全，导致信息泄露和安全事件。

2. 数据质量和可靠性

数字化转型需要大量的数据支撑，而企业现有的数据可能存在质量和可靠性问题，如数据不完整、数据不准确等，这会影响数字化转型的效果。

3. 数据来源不确定

企业获取的数据可能来自多个不同的来源，数据质量和可靠性受到数据来源的影响，可能存在数据不一致或不准确的问题。

4. 数据质量问题

（1）数据缺失和不完整。部分数据可能存在缺失或不完整的情况，这会影响数据分析和决策的准确性和可靠性。

（2）数据重复和冗余。数据重复和冗余会增加数据处理和存储的成本，同时也会影响数据分析和应用的效果。

（3）数据质量标准不统一。不同数据来源可能采用不同的数据质量标准，导致数据质量评估和管理困难。

（4）数据一致性和完整性。数据一致性和完整性是数据质量的重要指标，但在实际应用中可能存在一致性和完整性不足的问题。

（5）数据不准确和过时。数据可能存在不准确或过时的情况，这会影响数据分析和应用的效果，甚至导致决策错误。

5. 数据安全和隐私问题

在数字化转型的过程中，企业积累了大量的敏感数据，这些数据的安全和隐私保护变得尤为重要。企业需要采取一系列措施来确保数据的安全性和保密性，以防止数据泄露和不当使用的风险。

（四）系统集成和升级难

企业现有的信息系统可能无法与新技术进行有效集成，或者需要进行系统升级才能支持数字化转型，这需要投入大量的人力和物力。

1. 系统兼容性问题

企业可能使用多个不同厂商或不同版本的系统，系统之间的兼容性需要考虑，否则可能导致系统集成困难和效率低下。

2. 系统集成成本问题

系统集成需要投入大量的人力和物力成本，尤其是在涉及多个系统的集成时，成本可能会更加昂贵。系统集成和升级通常需要较长的时间和大量的资源投入，企业需要合理规划和管理项目，确保项目按时按质完成。

3. 数据迁移和转换问题

系统集成可能涉及数据的迁移和转换，数据格式不一致或数据量大时，可能会增加数据迁移和转换的复杂性和成本。

4. 系统安全问题

系统集成可能会增加系统安全风险，如数据泄露、系统漏洞等，需要加强系统安全管理和防护措施。

5. 系统升级风险问题

系统升级可能会导致系统不稳定或出现故障，影响企业的正常运营，因此需要谨慎规划和实施系统升级。系统集成和升级可能会对企业的业务产生影响，如业务流程调整、员工培训等，需要考虑如何对业务的影响最小化。

二、成本压力挑战

数字化转型需要投入大量资金用于技术更新、人才培养等方面，对企业财务造成一定压力。

（一）投资成本高

数字化转型通常需要大量的投资，包括技术更新、系统集成、人才培养等方面，这些投资可能会给企业带来较大的财务压力。

（二）运营成本增加

数字化转型后，企业可能需要增加运营成本，如维护系统的费用、购买软件和硬件设备的费用等，这可能会增加企业的经营成本。

（三）人力成本增加

数字化转型可能需要引进新的技术人才或培训现有员工，这会增加企业的人力成本。

（四）变革管理成本

数字化转型通常需要对组织结构和业务流程进行调整和优化，这需要投入一定的变革管理成本。

（五）风险管理成本

数字化转型可能会增加企业的风险，如安全风险、数据隐私风险等，需要投入一定的风险管理成本来应对这些风险。

（六）回报周期长

数字化转型的回报周期通常较长，企业需要在投入大量成本后才能看到明显的经济效益，这可能会增加企业的财务压力。

（七）资金来源问题

数字化转型需要大量的资金支持，企业可能面临资金来源不足或资金调配不当的问题，影响数字化转型的推进。

三、组织转型挑战

数字化转型通常需要对组织结构进行调整和优化，以适应新的业务模式和技术应用，这可能会引发内部的阻力和不适应。

（一）文化转变

数字化转型需要员工接受新的工作方式和技术应用，而组织文化的转变需要时间和精力，企业可能面临文化转变的困难和挑战。

（二）领导力和管理能力

数字化转型需要领导层具备前瞻性和决策能力，能够有效推动组织转型，缺乏有效的领导力和管理能力可能会影响数字化转型的效果。

（三）员工技能培训

数字化转型可能需要员工具备新的技能和知识，而培训员工需要投入一定的时间和资源，企业可能面临员工技能培训的挑战。

（四）沟通和协作

数字化转型需要各部门之间的紧密协作和信息共享，而组织内部的沟通和协作可能存在问题，影响数字化转型的推进。

（五）变革管理

数字化转型是一项复杂的变革过程，需要进行有效的变革管理，而缺乏有效的变革管理可能会导致转型过程中的混乱和不确定性。

（六）员工抵触情绪

一些员工可能对数字化转型持抵触态度，担心自己的工作岗位受到影响，企业需要妥善处理员工的抵触情绪，确保数字化转型的顺利进行。

四、安全风险挑战

数字化转型增加了企业在网络安全方面的风险，需要加强信息安全管理。

（一）数据泄露和数据完整性风险

内部威胁：员工、合作伙伴或供应商可能通过盗窃、滥用权限或不当处理数据等方式导致数据泄露。

外部威胁：黑客、病毒和勒索软件等网络攻击可能导致数据泄露或破坏数据完整性。

（二）网络安全风险

未经授权访问：未经授权的用户可能访问系统或数据，对系统安全构成威胁。

恶意软件攻击：恶意软件如病毒、间谍软件和僵尸网络可能对系统进行攻击，导致数据损坏或丢失。

（三）物联网安全风险

设备漏洞：物联网设备可能存在漏洞，利用被攻击者来获取未经授权的访问权限。

数据篡改：攻击者可能篡改物联网设备传输的数据，影响系统正常运行。

（四）身份认证和访问控制风险

弱密码：弱密码可能被猜测或暴力破解，导致未经授权的用户获得访问权限。

访问控制不当：不当配置访问权限可能导致未经授权的用户获得系统访问权限。

（五）供应链安全风险

供应商安全漏洞：供应链中的任何一个环节存在安全漏洞，都可能导致整个供应链系统的崩溃。

数据共享问题：与供应链合作伙伴的数据共享可能导致数据泄露或数据被滥用。

五、数据隐私挑战

数字化转型涉及大量数据的收集、处理和存储，如何保护用户数据隐私成为一个重要问题。

（一）数据收集和存储挑战

合规性要求：企业需要遵守相关的数据保护法规和标准，如 GDPR、CCPA 等，确保数据的合法性和合规性。

数据准确性和完整性：确保收集和存储的数据准确、完整，避免因数据不准确或不完整而导致的信息泄露或错误决策。

（二）数据使用和共享挑战

数据访问控制：建立严格的数据访问控制机制，确保只有经授权的人员才能访问和使用数据。

数据共享权限：明确数据共享的权限和范围，确保数据只在必要的情况下共享，并采取安全措施保护数据安全。

（三）数据传输和交换挑战

安全传输：采用加密等安全传输方式，确保数据在传输过程中不被窃取或篡改。

数据安全协议：建立安全的数据交换协议，确保数据在不同系统之间安全地进行交换和传输。

（四）数据处理和分析挑战

数据匿名化：对个人身份进行匿名化处理，保护个人隐私。

数据安全处理：确保数据处理过程中的安全性和隐私性，避免数据被不当使用或泄露。

（五）数据保留和销毁挑战

合规性保留：根据法律法规和业务需求制定数据保留政策，确保数据合规性保留。

安全销毁：确保数据在不再需要时能够安全地销毁，避免数据被不当使用或泄露。

（六）法律法规合规挑战

数据保护法规：遵守各种数据保护法规和标准，如欧盟的 GDPR、美国的 CCPA 等，确保数据处理活动符合法律法规要求。

隐私政策：制定和实施隐私政策，明确数据使用和处理的规则和标准，保护数据主体的隐私权益。

（七）数据主体权利保护挑战

数据主体权利保护：确保数据主体能够行使其数据控制权和访问权，保护数据主体的权益。

六、法律法规挑战

数字化转型需要遵守相关的法律法规，如数据保护法规等，企业需要花费精力来保证合规性。

（一）数据隐私和安全法规

数据收集和处理：根据《中华人民共和国民法典》《中华人民共和国个人信息保护法》等法律法规规定，企业需要获得数据主体的明确同意才能收集和处理其个人数据，同时还需要确保数据的安全性和隐私性。

数据保护措施：法规要求企业采取合适的技术和组织措施，确保数据的安全和隐私，包括加密、访问控制、数据备份等措施。

（二）知识产权保护

软件和数据的保护：数字化转型可能涉及软件和数据的开发和使用，企业需要保护自己的软件和数据不被未经授权访问和使用。

合同和许可证管理：企业需要遵守软件许可协议和合同，确保软件和数据的合法使用。

（三）电子商务法规

电子合同和电子签名：企业需要遵守电子合同和电子签名法规，确保在数字化转型过程中的合同和签名的合法性和有效性。

消费者权益保护：企业需要保护消费者的权益，如提供明确的产品信息、保护消费者的个人信息等。

（四）网络安全法规

网络安全管理：根据网络安全法规规定，企业需要建立和实施网络安全管理制度，保护网络和系统的安全性。

事件通报和应急响应：法规要求企业发生网络安全事件时及时通报和采取应急措施，保护关键信息基础设施的安全。

（五）跨境数据传输法规

数据出境要求：根据相关法规规定，企业在跨境数据传输时需要符合一定的要求，如数据保护措施、数据主体同意等。

数据安全标准：企业需要遵守目的国家或地区的数据安全标准，确保数据传输的安全性和合法性。

（六）竞争法规

反垄断法：数字化转型可能影响市场竞争格局，企业需要遵守反垄断法规，确保自身的竞争行为合法。

反不正当竞争法：企业需要遵守反不正当竞争法规，不得采取不正当手段获取竞争优势。

第二节　产业数字化推进"要点"

产业数字化的推进是一个全方位、多层次的过程，涉及技术创新、制度创新、管理升级和文化变革等多个方面。为了有效推进产业数字化，各国和企业通常会聚焦于以下几个主要数字领域的着力点。

一、增强基础设施建设

产业数字化的基础设施建设（见表 3-1）是支持数字化转型和创新的根基，涵盖了从物理网络建设到数据处理能力、从安全保障到标准规范的一系列关键要素。它不仅为企业提供了必要的技术支撑，也是推动社会进步和提升民众生活质量的重要因素。基础设施建设在产业数字化中扮演着多重角色。通过高速互联网、云计算和数据中心等基础设施的建设，企业可以实现资源的高效利用和管理，降低运营成本。云服务使得企业无须大量投资于本地硬件和软件，便能享受到强大的计算能力和存储空间，极大地提高了工作效率和数据处理能力。物联网、大数据、人工智能等技术的应用，依赖于强大且可靠的基础设施支持。这些技术为企业提供了前所未有的业务创新机会，如实现智能化生产、提供个性化服务、优化供应链管理等，促进了业务模式的根本转变。大数据分析能力的提升，使得企业能够从海量数据中提取有价值的信息，支持更准确的市场预测、客户行为分析和决策制定。这种基于数据驱动的决策模式，为企业提供了更为科学和精准的管理手段。随着产业数字化的深入，网络和数据安全成为企业关注的焦点。通过建立全面的安全保障体系，包括数据加密、入侵检测、安全审计等，基础设施建设为企业和用户的信息安全提供了坚实的保障，增强了消费者对数字服务的信任度。

表3-1 基础设施建设重点着力点

建设领域	建设内容
高速互联网网络	宽带和5G网络：部署高速宽带网络和5G无线通信技术，提供快速、稳定的数据传输能力，支持大数据、云计算和物联网等技术的应用
	网络覆盖与可靠性：确保网络覆盖广泛，包括城市、乡村和偏远地区，同时提高网络的可靠性和抗干扰能力
云计算和数据中心	云服务平台：建设和扩大云计算平台，提供弹性、可扩展的计算和存储资源，支持企业的灵活使用和成本优化
	数据中心建设：发展高效能、低能耗的数据中心，支持大规模数据的存储、处理和分析，为数字化服务提供基础支撑
物联网基础设施	传感器和终端设备：部署各种传感器和智能终端，收集和传输数据，支持智能制造、智慧城市、智能交通等应用
	物联网平台：建设物联网管理和服务平台，实现设备连接管理、数据收集分析和应用服务开发
大数据分析能力	数据处理技术：发展高效的数据处理、分析和可视化技术，提供实时数据分析和深度学习能力，支持决策优化和业务创新
	数据共享和开放：建立数据共享机制和平台，鼓励数据的开放和交流，促进数据资源的集成利用和价值最大化
人工智能技术平台	人工智能算法和工具：开发和优化人工智能算法，提供机器学习、自然语言处理、图像识别等工具和服务，支持业务智能化升级
	人工智能应用开发平台：建立人工智能开发和应用平台，降低人工智能技术应用的门槛，促进人工智能在各行各业的广泛应用

续表

建设领域	建设内容
安全保障体系	网络和数据安全：建立全面的网络和数据安全防护体系，包括防火墙、入侵检测、加密技术和安全审计等，保护企业和用户的信息安全
	隐私保护和合规：确保数字化基础设施的建设和运营符合相关的隐私保护和数据合规要求，增强公众对数字化转型的信任
标准化和规范	技术标准和协议：制定和推广技术标准和互操作协议，确保不同厂商和系统之间的兼容性和互操作性，支持产业生态的健康发展
	服务和操作规范：建立服务质量和操作规范，提高服务的可靠性和一致性，保障用户体验和服务质量

二、推动技术研发和应用

产业数字化的技术研发和应用（见表3-2）是推进数字化转型的核心，涉及多个层面的创新和实践。这一过程不仅包括新技术的开发，还包括现有技术的优化和跨界应用，以及技术与业务需求之间的有效结合。它们是推动产业转型、提升经济效益和增强国际竞争力的关键力量。通过持续的技术研发与创新，企业和行业能够掌握先进的数字技术，如人工智能、大数据、云计算、物联网和区块链等，这些技术的应用可以极大地提高生产效率、降低运营成本、增强产品和服务的竞争力，以及开拓新的市场和业务模式。

技术研发使企业能够在激烈的市场竞争中保持创新能力，通过开发新技术或改进现有技术，企业可以提供差异化的产品和服务，满足消费者日益增长的个性化需求。此外，技术创新还有助于企业优化内部管理流程，通过数字化工具提高决策效率和精确性，实现资源的优化配置。

技术应用则是将研发成果转化为实际生产力的关键步骤。通过将新技术应用于生产、管理和服务等各个环节，企业可以实现业务流程的自动化和智能化，提升产品质量和服务水平，增强客户体验。例如，利用大数据分析可以帮助企业洞察市场趋势，精准定位目标客户，优化营销策略；应用物联网技术可以实现设备的远程监控和维护，提高运营效率；而云计算服务则为企业提供了弹性的计算资源，支持企业快速扩展其业务。

此外，技术研发与应用还促进了产业间的融合与创新，形成了新的产业生态系统。数字技术的跨界应用使得传统行业与新兴技术领域之间的界限变得模糊，促进了新业态和新模式的生成，如数字医疗、智能制造、金融科技等，这些新兴领域的发展不仅为社会带来了更多便捷和福利，也为经济增长提供了新的动力。

表 3-2　技术研发与应用的重要着力点

研发着力点	建设内容
技术创新与开发	前沿技术研究：聚焦于人工智能、大数据、云计算、物联网、区块链等前沿技术的基础研究和创新开发，探索新的算法、架构和解决方案
	跨学科融合：促进不同学科领域之间的交叉融合，如信息技术与生物科学、材料科学等的结合，开拓技术创新的新方向
技术优化与升级	性能提升：通过算法优化、系统设计改进等手段，提高技术的性能，如加快数据处理速度、提高算法准确率、降低能耗等
	安全性增强：加大对技术安全性的研究，包括数据加密、访问控制、安全协议等，以保护企业和用户的信息安全
应用场景开发	行业需求分析：深入分析各行业的特定需求和痛点，定制化开发适合的数字化解决方案，如智能制造、智慧医疗、金融科技等
	场景化应用：将技术应用于具体的业务场景中，如利用物联网技术进行设备监控和管理，使用人工智能进行客户服务和产品推荐等
跨界整合应用	技术融合创新：推动不同技术之间的融合应用，如将人工智能与物联网结合，开发智能物联网解决方案，提高其自动化和智能化水平
	产业链协同：促进上下游产业链的技术整合和应用，通过数字技术连接供应商、制造商、分销商和消费者，优化产业链运作
生态系统构建	开放平台与应用程序编程接口：构建开放的技术平台和提供应用程序编程接口，鼓励外部开发者和合作伙伴共同参与到技术的开发和应用中
	创新生态培育：通过孵化器、加速器等方式支持科技创新和初创企业，形成创新的技术应用生态系统

续表

研发着力点	建设内容
持续学习与适应	技术培训与普及：组织技术培训和教育，提高企业和社会的数字技术应用能力，促进技术的快速普及和应用
	反馈机制建立：建立有效的用户反馈和市场反馈机制，不断根据反馈调整和优化技术应用，确保技术创新与市场需求紧密结合

三、加强数据资源开发和利用

在产业数字化的浪潮中，数据资源的开发和利用（见表3-3）成为推动企业和行业转型升级的关键动力。数据不仅是新时代的"石油"，更是促进创新、优化决策、提升效率和增强竞争力的核心资产。

第一，促进个性化服务与产品创新。通过深度分析消费者行为数据、市场趋势数据和用户反馈，企业能够设计和提供更加个性化的服务和产品。这种基于数据的洞察使企业能够更好地满足消费者需求，提升用户体验，并在市场中脱颖而出。例如，推荐系统通过分析用户过往的浏览和购买行为，为用户推荐其可能感兴趣的商品，显著提高了销售转化率。

第二，优化运营效率与成本控制。数据资源的有效利用可以帮助企业在生产、物流、库存管理等方面实现精准预测和动态优化，降低资源浪费，减少不必要的成本开支。例如，通过分析生产数据和市场需求数据，企业可以优化生产计划，减少库存积压，提高供应链的灵活性和响应速度。

第三，加强决策支持与风险管理。数据分析和挖掘技术使企业能够基于实时数据和历史数据进行科学决策，提高决策的准确性和效率。同时，通过对市场动态、竞争对手行为和潜在风险因素的分析，企业能够更好地识别和管理风险，做出更为稳健的战略规划。

第四，推动业务模式和价值链创新。数据资源的开发和利用为企业提供了探索新业务模式和价值创造途径的可能性。基于数据的服务和解决方案，如数据驱动的市场营销、基于结果的服务模式等，不仅开辟了新的收入来源，也促进了产业价值链的重构和优化。

第五，构建竞争优势与市场地位。在数字化时代，掌握和有效利用数据资源成为企业构建核心竞争力的关键。企业可以通过数据资源的深度开发和应用，洞察市场趋势，快速响应市场变化，保持创新活力，从而在竞争中保持领先地位。

总而言之，数据资源的开发和利用是产业数字化不可或缺的组成部分，它不仅能够为企业带来经营效率和效益的提升，还能够深刻影响企业的竞争战略和发展路径。

表 3-3 数据资源开发和利用的关键着力点

开发领域	建设内容
数据收集与整合	多源数据集成：整合来自不同渠道和平台的数据，包括内部运营数据、社交媒体数据、物联网设备数据等，形成统一的数据资源池
	数据预处理：通过数据清洗、格式化、标准化等预处理方法，提高数据的质量和可用性，为后续的数据分析和应用奠定基础
数据存储与管理	高效数据存储：利用云存储、分布式数据库等技术，实现数据的高效存储和管理，保证数据的安全、稳定访问
	数据治理：建立健全的数据治理体系，包括数据质量控制、数据安全保护、数据隐私合规等，确保数据资源的有效管理和合法使用
数据分析与挖掘	高级数据分析：应用统计分析、机器学习、深度学习等技术，对数据进行深入分析和挖掘，提取有价值的信息和洞察
	实时数据处理：利用流数据处理技术，实现对实时数据的分析和响应，支持快速决策和动态优化
数据驱动的决策支持	决策分析工具：开发和应用数据可视化工具和决策支持系统，将复杂的数据分析结果以直观的方式展现，辅助决策者做出更加科学和精准的决策
	预测模型构建：基于历史数据和分析模型，构建业务预测模型，帮助企业预测市场趋势、消费者行为等，指导企业的战略规划和运营调整
数据产品与服务创新	数据产品开发：基于数据分析的结果，开发新的数据产品和服务，如个性化推荐、智能诊断服务等，为客户提供更高附加值的解决方案
	数据驱动的业务模式创新：利用数据资源和分析能力，探索新的商业模式和服务模式，如基于数据的订阅服务、数据交易平台等

续表

开发领域	建设内容
跨界合作与生态构建	数据共享与交换：通过构建数据共享平台和生态，促进不同企业和行业之间的数据资源共享和交换，实现资源互补和协同增效
	合作伙伴协同：与供应链合作伙伴、研究机构、行业组织等建立合作关系，共同开发和利用数据资源，推动产业链整体的数字化升级

四、推进产业链升级改造

　　产业链升级改造（见表3-4）在产业数字化中扮演着至关重要的角色，通过深度融合先进的数字技术与传统产业，能够推动产业结构的优化、增强产业竞争力、促进经济增长方式的转变。通过引入智能制造系统、自动化生产线和精准的数据分析，产业链升级改造能显著提高生产效率，降低人力成本，同时通过精确控制生产过程，可以提高产品质量和一致性。这种效率和质量的双重提升，为企业带来了更高的市场竞争力。数字化技术的应用推动了产业之间的融合与创新，使得高技术服务业和智能制造业等新兴产业得到快速发展。产业链升级改造通过优化资源配置，促进了产业向更高附加值、更环保、更可持续的方向发展，加快了产业结构的调整和优化，实现了产业链上下游的紧密连接和协同，提高了整个产业链的运行效率和灵活性。企业可以更好地协同合作伙伴，优化供应链管理，减少库存积压，降低成本，提升整体竞争力。

　　数字化改造使企业能够实时监控市场和生产情况，快速响应市场变化。通过大数据分析，企业可以精准预测市场需求，快速调整生产策略和产品方案，缩短产品上市时间，提高市场竞争力。产业链升级改造促进了以数据为核心的新业务模式的发展，如平台经济、共享经济、按需经济等，这些新模式不仅为消费者提供了更加丰富多样和个性化的服务，也为企业开辟了新的增长点和利润空间。此外，通过智能化和自动化技术减少资源消耗和废弃物排放，实现绿色生产。同时，优化的产业结构和增加的高附加值产业对环境的压力较小，有助于实现经济发展和环境保护的双赢。

表 3-4　产业链升级改造的主要着力点

升级领域	建设内容
智能化改造	引入智能制造：通过应用物联网、大数据、人工智能等技术，实现生产自动化和智能化，提高生产效率和灵活性，降低人力成本，提升产品质量
	构建智能供应链：利用数字技术优化供应链管理，实现实时监控、预测分析和动态调整，提高供应链的响应速度和适应性
数字平台构建	建设产业互联网平台：通过构建行业级的数字平台，整合产业链上下游资源，促进信息共享、业务协同和资源高效配置，降低交易成本，提升产业链整体竞争力
	开发服务化平台：将传统产品向服务转变，如将设备销售向设备服务转变（设备即服务，EaaS），增加附加值服务，提升客户体验
数据驱动优化	加强数据分析应用：收集和分析产业链各环节的数据，通过数据驱动的决策支持系统，优化生产计划、库存管理和物流配送等环节，提高运营效率
	实现精准营销：利用消费者数据进行深入分析，实现精准营销和个性化推荐，提高销售转化率和客户满意度
生态系统协同	构建产业生态：围绕核心企业，通过开放合作，吸引更多的合作伙伴加入产业生态，形成创新共享、资源互补的产业生态系统，促进产业链的整体创新和价值提升
	跨界融合：推动与其他产业的融合发展，如制造业与信息技术、新材料、生物科技等的融合，开拓新的市场和应用领域
标准制定与合规	推进标准化建设：制定和推广产业标准，促进产业链各环节的标准化、规范化管理，提高产业互操作性和兼容性
	加强知识产权保护：强化知识产权保护机制，鼓励创新，保护企业和个人的创新成果和商业秘密，促进产业健康发展

五、强化商业模式创新

在产业数字化的背景下，创新商业模式（见表 3-5）发挥了重要作用，它不仅推动了企业和行业的变革，也对经济社会发展产生了深远影响。创新商业模式利用数字技术，如大数据、云计算、人工智能等，来探索和开拓新的市场空间。例如，基于数据分析的个性化推荐系统可以帮助企业精准定位消费者需求，提供定制化服务，从而开辟新的市场机遇。通过数字化手段改造传统业务模式，企业能够以更低的成本、更高的效率运营，从而在激烈的市场竞争中占据优势。例如，通过在线平台实现的直接销售模式减少了中间环节，降低了销售成本，提高了企业的竞争力。

创新商业模式通常更加注重用户体验，通过数字化手段收集用户反馈和行为数据，快速迭代产品或服务，以满足用户的个性化需求。这种以用户为中心的商业模式能够显著提升用户满意度和忠诚度。数字化商业模式的创新促进了产业链和价值链的重构，通过整合上下游资源，优化供应链管理，提高了整个产业链的效率和价值创造能力。同时，跨界合作模式的出现也打破了行业壁垒，促进了不同产业间的协同发展。创新商业模式的广泛应用加速了经济结构的转型升级，特别是推动了服务业和高技术产业的发展。

通过数字化转型，传统产业得以升级，新兴产业得以快速发展，从而推动了整个经济结构向更高效、更环保、更智能的方向发展。许多创新商业模式注重环境保护和社会责任，如共享经济减少了资源消耗，绿色能源和可持续发展项目有助于环境保护。这些模式的推广有助于实现经济增长与环境保护的双赢目标，促进社会可持续发展。

表 3-5 商业模式创新的主要着力点

建设领域	建设内容
技术驱动的创新	应用最新数字技术：充分利用大数据、云计算、人工智能、物联网、区块链等先进技术，开发新的产品和服务，提高企业的运营效率和市场竞争力
	技术跨界融合：探索不同技术领域之间的融合可能，如将人工智能应用于传统制造业，通过技术创新开拓新的业务模式和市场

续表

建设领域	建设内容
市场需求导向	用户体验优先：以用户需求为中心，通过数据分析深入了解用户偏好和需求，定制化提供产品和服务，提升用户体验和满意度
	灵活响应市场变化：快速响应市场变化和消费趋势，灵活调整商业模式和策略，以满足市场和用户的动态需求
商业模式创新	探索新的收益模式：从传统的产品销售模式转变为服务化、订阅化、共享化等新型收益模式，开辟新的收入来源
	平台化经营：构建或加入行业平台，通过平台聚合资源、连接用户和服务提供者，形成生态系统，实现价值共创和共享
组织结构和文化的转变	促进组织灵活性：优化组织结构，推动扁平化管理，提高决策效率和执行力，创建快速响应市场变化的组织环境
	培育创新文化：鼓励创新思维和容错失败，建立开放的交流和协作氛围，激发员工的创新潜力和动力
生态系统构建	合作与共赢：与合作伙伴共建生态系统，通过合作共赢策略，整合上下游资源，提高产业链的整体竞争力和价值创造能力
	开放创新：鼓励跨行业合作和开放创新，吸纳外部资源和智慧，共同推进商业模式的创新和迭代

六、加大人才培养和引进

在产业数字化转型的过程中，人才培养与引进（见表3-6）起到了至关重要的作用，这是推动数字化创新、实现产业升级和维持竞争力的关键因素。

数字化时代的核心是技术创新，包括云计算、大数据、人工智能、物联网等新兴技术的研发和应用。具备相关技能的人才是实现这些技术创新和有效应用的主要动力。他们不仅能够开发出新技术、新工具和新平台，还能将这些技术有效地应用于产业实践中，推动产业升级和转型。数字化转型能够显著提高企业的运营效率，包括优化供应链管理、提升生产效率、改善客户服务等方面。

这一过程需要大量懂得如何利用数字工具和数据分析来优化业务流程的专业人才。通过人才的引进和培养，企业能够更快地适应数字化时代的要求，提升整体运营效率。数据是数字化时代的关键资产。拥有数据分析和处理能力的人才能帮助企业从大量的数据中提取有价值的信息，支持制定基于数据的决策。这种数据驱动的决策方式能够提升企业的市场响应速度和决策精确度，增强企业的竞争力。

数字化时代的商业模式创新往往需要跨学科的知识和技能。人才的多样性和跨界能力是推动商业模式创新的重要因素。通过引进具有前瞻性视野和创新思维的人才，以及通过培养现有员工的数字化能力，企业能够在激烈的市场竞争中探索出新的增长点。成功的数字化转型不仅仅是技术上的改变，更是文化和思维方式的转变。通过引进和培养懂得数字化价值和文化的人才，企业能够更快地构建出一种鼓励创新、快速响应、敢于尝试的组织文化，为数字化转型提供强有力的文化支撑。

表 3-6　数字人才培养与引进的着力点

建设领域	建设内容
技能培训和终身学习	建立终身学习体系：鼓励员工持续学习，通过在线课程、研讨会、工作坊等方式提供学习资源和机会，帮助员工掌握最新的数字技术和业务知识
	定制化培训计划：根据企业转型需求和员工个人发展需要，设计定制化的培训计划，包括技术技能、软技能（如团队合作、创新思维）等方面的培训
招聘和引进数字化人才	吸引顶尖人才：通过提供有竞争力的薪酬福利、职业发展机会和创新工作环境，吸引具有高级数字技术和管理经验的顶尖人才
	多渠道招聘：利用社交媒体、行业会议、高校合作等多种渠道，拓宽人才招聘渠道，寻找具备数字化转型所需技能的人才
培养数字化领导力	高层管理培训：为企业高层管理者提供数字化培训和领导力发展计划，帮助他们理解数字化转型对企业战略和文化的影响，培养其引领数字化转型的能力
	领导力梯队建设：通过内部培训和职业发展路径规划，培养具有数字化思维和领导力的中青年管理人才，为企业未来的发展储备关键领导力资源

续表

建设领域	建设内容
构建合作伙伴关系	与教育机构合作：与高校、职业技术学院等教育机构建立合作关系，共同设计培训课程，定向培养符合企业需求的数字化人才
	行业联盟和共享平台：参与或建立行业联盟和人才共享平台，与其他企业共同解决人才短缺问题，通过资源共享和人才流动，提高整个行业的数字化水平
营造创新和包容的企业文化	鼓励创新和容错：建立一个鼓励创新、容忍失败的企业文化，为员工提供实验和创新的空间，激发员工的创造力和积极性
	强化跨部门协作：打破部门壁垒，促进不同部门间的交流和合作，通过项目团队等方式，集合不同背景和技能的员工共同解决数字化转型中的挑战

七、推动政策法规和标准制定

在产业数字化转型中，政策法规和标准制定（见表3-7）发挥着至关重要的作用，为数字化进程提供了必要的指导和保障。这些政策法规和标准不仅为企业的数字化转型提供了明确的方向和框架，也保护了消费者的利益，促进了健康、有序的行业发展。政策法规为数字化转型的各个方面提供了明确的规范和引导，包括数据保护、网络安全、数字交易、知识产权保护等，帮助企业了解法律责任和合规要求，确保其数字化实践符合国家法律法规。

同时，这些政策也明确了数字化转型的发展方向和重点领域，引导企业和行业聚焦关键技术和市场。标准制定是实现产业数字化高效发展的基础，包括技术标准、数据格式标准、安全标准等。这些标准促进了不同系统和设备之间的互操作性，降低了企业间交流和协作的成本，加速了技术的推广和应用。标准化也为小型企业和新入市企业提供了清晰的技术路径和市场接入指南，促进了公平竞争。随着大数据、云计算等技术的广泛应用，数据安全和个人隐私保护成为数字化转型中的重要议题。通过制定严格的数据保护政策和法规，如欧盟的

《通用数据保护条例》，为个人数据提供了强有力的法律保护，增强了公众对数字化服务的信任。

通过提供税收优惠、资金支持、研发补贴等激励措施，政府可以鼓励企业投入数字化和技术创新，推动产业升级。同时，政府还可以通过政策支持跨行业合作、创新孵化中心建设等，促进知识和技术的交流，加速新技术的商业化进程。在全球化的背景下，国际合作和标准的协调对于推进产业数字化尤为重要。通过参与国际标准组织、签订跨国协议等方式，各国可以在数据治理、网络安全、电子商务等领域推动政策和标准的一致性，减少国际贸易的障碍，促进全球市场的发展。

表 3-7 政策法规和标准制定的着力点

建设领域	建设内容
网络安全	制定全面的网络安全政策和法规，包括对网络攻击的定义、预防措施、应对机制和法律责任
	鼓励企业建立健全网络安全管理体系，定期进行安全评估和漏洞检测，提高抵御网络攻击的能力
技术标准和互操作性	制定和推广行业技术标准，包括数据格式、接口规范、通信协议等，确保不同系统和设备之间的兼容性和互操作性
	参与国际标准组织，推动全球技术标准的统一，促进国际贸易和技术合作
促进技术创新和产业发展	制定政策支持研发投资和技术创新，如税收优惠、资金补贴、知识产权保护等，激励企业和研究机构的创新活动
	推动产学研合作，建立创新孵化中心，加速新技术的研发和产业化过程
电子商务和数字交易	制定电子商务法律和政策，规范在线交易行为，保护消费者权益，打击网络诈骗和侵权行为
	推广数字签名和电子支付等技术，简化数字交易流程，提高交易效率和安全性
跨境数据流动和国际合作	制定跨境数据流动政策，平衡数据自由流动和数据安全、隐私保护的需求
	参与国际对话和合作，推动形成国际数据治理的共识和标准，促进全球数字经济的发展

续表

建设领域	建设内容
数据保护和隐私	制定严格的数据保护法律和政策，确保个人数据的安全和隐私在数字化转型中得到保护
	强化数据加密、匿名化处理等技术要求，保障数据在收集、存储、处理和传输过程中的安全

八、推进安全与合规建设

在产业数字化转型过程中，安全与合规（见表3-8）是保障企业持续稳定发展的基石。它们不仅是企业应对外部威胁、内部风险管理的必要条件，也是企业在竞争激烈的市场中建立信誉、获得客户信任的重要因素。随着企业越来越多地依赖数据驱动的决策和运营，数据成为企业最宝贵的资产之一。安全与合规措施能有效保护企业的数据资产免受黑客攻击、避免数据泄露和其他安全威胁的侵害，确保企业核心竞争力不被侵蚀。客户对企业的信任建立在数据安全和隐私保护的基础之上。企业通过实施严格的安全与合规措施，可以有效防止客户信息泄露和滥用，从而维护客户信任和企业品牌的良好声誉。随着数字化转型的深入，企业面临的法律和合规要求也日益复杂。遵守相关的数据保护法律、行业标准和国际合规要求，如欧盟的《通用数据保护条例》或中国的《网络安全法》，不仅是企业合法经营的需要，也能避免因合规问题导致的法律诉讼和高额罚款。在面临自然灾害、网络攻击或系统故障等紧急情况时，健全的安全与合规体系能够确保企业重要业务的连续性和快速恢复。通过制定有效的灾难恢复计划和应急响应机制，企业能够最小化意外事件对业务运营的影响。对于有意向拓展国际市场的企业来说，满足目标市场的安全与合规要求是基本门槛。通过建立符合国际标准的安全合规体系，企业能够更顺利地进入外部市场，参与国际竞争。安全与合规的需求促使企业不断审视和优化内部管理流程，引入先进的安全技术和管理理念。这种内部驱动可以激发企业在产品、服务和运营上的创新，提高企业的整体竞争力。

表 3-8　安全与合规建设的着力点

建设领域	建设内容
建立和完善安全架构	技术安全措施：部署先进的安全技术和工具，如防火墙、入侵检测系统、加密技术、数据泄露防护等，构建多层次的安全防护体系
	物理安全措施：确保数据中心、服务器和网络设施的物理安全，包括访问控制、监控系统等
制定和执行合规政策	合规框架：根据行业标准和适用的法律法规（如 GDPR、HIPAA 等），建立全面的合规框架，确保企业操作的合法性
	数据保护政策：制定严格的数据管理和保护政策，包括数据收集、存储、处理和传输的规范，保障个人隐私和商业秘密的安全
加强人员培训和意识提升	安全培训：定期对员工进行网络安全和数据保护的培训，提高他们对安全威胁的认识和自我保护能力
	合规意识：强化合规文化，确保员工了解相关法律法规和公司政策，明确个人在合规管理中的责任和义务
实施风险评估和管理	风险评估：定期进行安全风险评估，识别潜在的安全威胁和弱点，分析风险的可能性和影响
	风险管理计划：基于风险评估的结果，制定和实施风险管理计划，包括风险缓解措施、应急响应计划和灾难恢复计划
监控和响应	持续监控：实施实时安全监控，及时发现和响应安全事件和威胁，防止数据泄露和系统入侵
	事件响应机制：建立有效的安全事件响应机制，包括事件报告、分析、处理和后续改进措施，以减少安全事件的影响
合作与信息共享	行业合作：与行业组织、监管机构和其他企业合作，共享安全威胁信息和最佳实践，共同提升行业安全水平
	合规信息共享：与合作伙伴和供应链中的其他企业共享合规要求和经验，确保整个生态系统的合规性和安全性

第三节　产业数字化的重点场景

一、产业数字化的重点业务场景

数字化对产业的赋能体现在多个层面，它不仅改变了企业的运营方式，还重塑了产品和服务的创新路径，以及与客户的互动模式。数字化对产业赋能主要体现在以下几个关键方面。

（一）提升运营效率

数字化技术如云计算、大数据、物联网等能够优化企业的生产流程、供应链管理、库存控制等，可以实现更高效的资源配置和流程自动化。这些技术减少了人为错误，提高了运营效率，同时降低了运营成本。

案例：通用电气公司（GE）开发了工业互联网平台 Predix，利用机器学习和大数据分析技术，该平台对工业设备进行实时监控和维护预测。通过预测性维护，通用电气公司帮助客户减少了意外停机时间和维护成本，显著提高了运营效率和设备利用率。

（二）促进产品和服务创新

数字化推动了产品和服务的创新。通过数据分析、人工智能等技术，企业能够更好地理解消费者需求，快速迭代开发新产品或服务。数字技术还支持虚拟化和定制化服务的提供，为用户带来更加丰富和个性化的体验。

案例：特斯拉不仅是电动汽车的制造商，还通过其软件更新和数据分析，不断推出新功能，如自动驾驶能力的逐步实现。特斯拉的汽车通过无线网络接收软件更新，持续提升车辆性能和用户体验，这种模式为汽车行业带来了革命性的产品创新。

（三）优化客户体验

数字化转型使企业能够通过各种在线平台和社交媒体与客户进行实时互动，收集反馈，提供个性化服务。此外，利用数字技术如增强现实（AR）和虚拟现实（VR），可以为消费者提供更加沉浸式的和创新的购物体验。

案例：腾讯的微信小程序为用户提供了一个轻量级、高效的应用生态。用户无须下载安装即可使用各种服务，从出行、餐饮到娱乐、购物等，极大地丰富了用户的数字生活体验。

（四）加强数据驱动决策

企业可以利用大数据分析和人工智能技术，从海量数据中提取洞察，支持基于数据的决策。这种数据驱动的决策方式可以帮助企业更准确地预测市场趋势，优化产品策略，提高市场响应速度和精准度。

案例：中车青岛四方机车车辆股份有限公司通过建立数字化车间，实现了轨道交通装备的智能制造。公司利用物联网、大数据分析等技术，对生产过程进行实时监控和数据分析，优化生产计划，提高生产效率和产品质量，同时也降低了能耗和成本。

（五）开辟新的市场渠道

数字化使企业能够通过电子商务、移动应用等新渠道触达消费者，拓展市场。同时，数字化也为企业提供了进入全球市场的机会，通过网络销售和数字营销，小型企业也能够与全球消费者建立联系。

案例：海尔通过其 U+ 智能生活平台，实现了家电产品的智能化和网络化。海尔不仅在产品设计和制造上进行了数字化转型，还通过物联网技术将智能家电与消费者的日常生活紧密连接，开辟了智能家居市场渠道。此外，海尔还通过用户参与的人单合一模式（RenDanHeYi，简称 RDHY），直接连接用户，收集用户需求，实现了从传统制造到定制化服务的转变。

（六）促进可持续发展

数字化技术支持企业实现更加环保的运营方式，如通过智能能源管理减少能耗，通过数字化监测和管理系统优化资源利用。这不仅有助于企业降低运营成本，还符合全球可持续发展的趋势。

案例：比亚迪作为新能源汽车的领先制造商，通过整合数字化技术和新能源技术，推动了汽车行业的绿色转型。比亚迪不仅在电动汽车生产中实现了高效率和低碳排放，还通过建立电池回收体系，促进了电池的循环利用，推动了整个行业的可持续发展。

（七）构建生态系统和合作网络

数字化促进了不同行业和领域之间的合作，企业可以通过构建数字化平台和生态系统，与合作伙伴共享资源、数据和客户，实现共赢。这种跨界合作的生态系统增强了企业的创新能力和市场竞争力。

案例：大疆创新（DJI）作为全球领先的民用无人机制造商，通过开放的技术平台和开发者生态，鼓励全球开发者和合作伙伴共同开发基于大疆无人机的应用程序和解决方案。大疆创新通过这种方式，不仅拓展了无人机的应用场景，还促进了无人机技术和相关产业的创新和发展。

总之，数字化对产业的赋能是全方位的，它通过提升效率、促进创新、优化体验、强化决策、拓展市场、支持可持续发展和构建合作网络等多个维度，为产业的发展带来了深刻的变革和广阔的机遇。

二、产业数字化的典型新型业务模式

产业数字化推动了多种业务模式创新，这些模式通过利用先进的数字技术，重塑了企业的价值创造和交付方式，为客户提供了新的价值主张。以下是一些典型的业务模式创新及其特征和案例。

（一）平台经济模式

特征：构建一个中介平台，连接不同的用户群体（如供应商和消费者），通过网络效应创造价值。平台通常提供交易撮合、信息交流和服务集成等功能。

案例：亚马逊（Amazon）通过其在线平台连接了全球的买家和卖家，提供从书籍到电子产品等各种商品，同时通过云计算服务（Amazon Web Services）为企业提供强大的技术支持。在国内，拼多多通过社交电商模式，连接了制造商和消费者，以团购等形式提供低价商品，迅速崛起为中国电商市场的重要力量。

（二）订阅服务模式

特征：通过定期订阅的方式提供产品或服务，让消费者享受持续的价值，同时为企业带来稳定的收入流。这种模式在内容服务、软件和消费品等领域尤为流行。

案例：网飞（Netflix）提供基于订阅的视频流媒体服务，允许用户通过缴纳月费访问大量电影和电视节目，实现了个性化的内容推荐和无限观看的体验。在国内，京东为其 PLUS 会员提供了包括免费快递、专属折扣在内的多项订阅服务，增强了用户黏性并为企业带来了稳定的收入来源。

（三）数据驱动的服务模式

特征：利用大数据分析和人工智能技术，收集用户行为数据，以提供更加个性化、高效的服务或产品。这种模式强调数据的价值，在广告、金融、零售等行业特别常见。

案例：阿里巴巴利用用户数据和购买历史，为消费者推荐商品，同时帮助商家优化库存和营销策略，提高了销售效率和用户满意度。

美团则通过大数据分析，优化配送路线，提高快递小哥的配送效率，同时又为消费者提供更加准确的送达时间预测。

（四）共享经济模式

特征：通过共享闲置资源（如房屋、汽车、办公空间）给需要的用户，实现资源的最大化利用。这种模式强调减少浪费、提高效率和可持续性。

案例：爱彼迎（Airbnb）通过其平台让房东能够出租空闲房间或房产给短期旅客，提供比传统酒店更多样化和经济的住宿选择。在国内，美团的共享单车服务通过共享闲置的自行车资源，为城市居民提供了便捷、环保的出行方式。

（五）作为服务（XaaS）模式

特征：将传统的产品转变为通过互联网提供的服务，包括软件即服务（SaaS）、平台即服务（PaaS）和基础设施即服务（IaaS）等。客户无须大额前期投资即可使用最新的技术和服务。

案例：赛富时（Salesforce）提供基于云的客户关系管理（CRM）软件服务，允许企业通过订阅的方式使用其CRM工具，而无须自行建设和维护IT基础设施。在国内，阿里云提供了包括云服务器、数据库在内的多种基础设施即服务，帮助企业降低IT成本，快速响应市场变化。

（六）个性化与定制服务模式

特征：利用数字技术收集用户偏好和需求信息，提供定制化的产品或服务。这种模式通过满足用户的个性化需求来提升产品或服务价值。

案例：耐克公司的"Nike By You"让顾客能够定制个性化运动鞋，包括颜色、材料和设计，实现了产品的个性化和差异化。在国内，京东的"京品家电"提供了定制化的家电产品，根据消费者的具体需求和偏好进行生产和配送,提升了用户体验感和满意度。

这些业务模式创新展示了产业数字化如何使企业能够以新的方式创造和交付价值,同时又能满足消费者的个性化需求。

第四章

产业数字化转型实施要点

当前，产业数字化是一个全球性的重要趋势，不同国家与智库对其有不同理解，尚未形成统一的定义。

美国将产业数字化视为数字经济的核心部分，重点关注技术创新和数据驱动的经济增长。它强调利用云计算、大数据、人工智能、机器学习和物联网等技术来提升产业效率、促进创新和增强竞争力。美国政府和私营部门在推动这一进程中都扮演着重要角色。其关键着力点有以下几个方面：鼓励私营部门的技术创新和创业，通过硅谷等技术创新中心促进新技术和商业模式的发展；制定有利于技术发展和数据保护的政策，以支持数字经济的健康发展；强调STEM教育和终身学习，以培养未来的数字化人才。

欧盟的数字单一市场战略旨在利用数字技术推动经济增长并实现市场整合。它强调数字技能的提升、数字基础设施的建设、数据的开放和流通以及数字服务的跨境交易。欧盟也特别注重保护个人数据和隐私，以及促进数字包容性和公平性。欧盟的产业数字化战略重点关注以下内容：数字单一市场推动数字服务和商品在欧盟内部的自由流通，包括简化跨境电子商务的规则；通过《通用数据保护条例》等法规保护个人数据和隐私；投资数字技能培训和教育，以减少数字鸿沟并促进就业。

德国的"工业4.0"战略是其产业数字化的核心，着重于制造业的智能化转型。该战略强调智能工厂、智能生产和网络化制造，利用互联网、数据分析和物联网技术实现生产过程的自动化、柔性化和个性化。"工业4.0"战略聚焦于三个方面：①智能制造：利用物联网、大数据和人工智能技术优化生产流程，提升企业生产效率和灵活性。②标准化和安全：推动行业标准的制定，以确保技术的互操作性和数据安全。

③研发投资：政府和私营部门共同投资于相关研发项目，以加速技术创新。

OECD关注数字化对经济和社会的影响，包括工作方式、教育需求和政策制定的变化。它定义产业数字化为利用数字技术（如人工智能、大数据、云计算和物联网）来改造产业结构、生产方式和商业模式，以促进经济增长和社会福祉。

站在国内研究机构视角，中国科学院将产业数字化定义为利用数字技术，包括互联网、大数据、云计算、人工智能等，来改造和升级传统产业，同时促进新兴产业的发展，实现产业结构的优化和升级。中国信通院对产业数字化的定义强调：传统产业由于应用数字技术所带来的生产数量和生产效率提升，其新增产出构成数字经济的重要组成部分，实现经济效益和社会效益的双赢。

虽然以上国家及智库对产业数字化内涵的理解各有侧重点，但从本质上而言基本近似，综上所述，本文对产业数字化的理解为：产业数字化是指传统产业与数字技术全方位深度融合，提升产业的效率、增强创新能力、优化经济结构，并促进经济的高质量发展。它是一种深刻改变产业运作模式、价值创造过程和商业生态的根本性变革。产业数字化研究框架见图4-1。

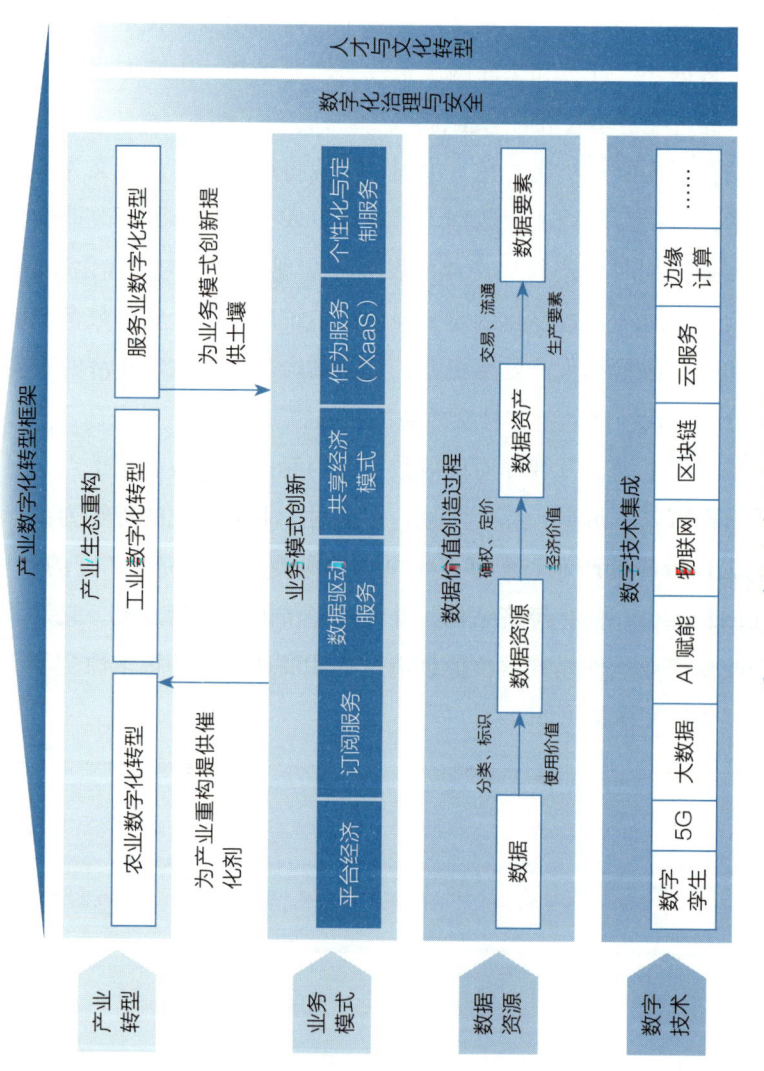

数据驱动
数字经济的产业路径和治理

图 4-1 产业数字化转型框架

第一节　三大产业数字化价值链和能力体系比较

一、三大产业数字化转型价值链分析

由于行业本质、技术应用、业务流程、市场环境等方面的差异，工业、农业、服务业的数字化转型呈现出显著的差异性，见表 4-1。

表 4-1　三大产业数字化转型的差异性

对比项	工业	农业	服务业
行业本质和核心需求不同	注重提高生产效率、降低成本、优化供应链、提升产品质量。数字化转型侧重于自动化、智能化、数据驱动的决策等	受自然条件影响较大，关注提高产量、节约资源、环境可持续性。数字化转型侧重于精准农业、气候监测、土壤分析等	以人为本，关注客户体验、服务效率、个性化服务。数字化转型侧重于客户关系管理、服务流程自动化、大数据分析等
技术应用和创新重点不同	重点应用机器人技术、物联网、数字孪生等，创新重点在于智能制造和工业互联网	重点应用遥感技术、无人机、物联网传感器等，创新重点在于精准农业和智能农机	重点应用人工智能、大数据、移动互联网等，创新重点在于服务个性化和在线服务平台
业务流程和组织结构的差异	生产流程相对固定，组织结构较为稳定，数字化转型需要重组生产线和优化管理流程	生产流程受自然条件影响较大，组织结构分散，数字化转型需要考虑农业生产的特殊性和地域差异	业务流程多样，直接面向客户，数字化转型需要强调客户互动和服务体验的改善
市场环境和竞争压力的不同	面临全球化竞争和产业升级的压力，数字化转型是提升竞争力的关键	面临资源约束和环境保护的挑战，数字化转型是实现可持续发展的途径	面临客户需求多样化和服务创新的挑战，数字化转型是提升服务质量和效率的手段

（一）农业数字化价值链的关键环节和价值体现

近年来，我国农业现代化进程明显加快，但也面临着资源、环境与市场环境的多重约束，保障粮食安全、食品安全、生态安全的压力

依然较大。利用数字技术手段与农业发展相结合，是解决这些问题的一大抓手。利用数字技术在农业生产、加工、物流、消费、服务以及运营管理环节中，可以实现农业的增产、增效和增值。农业数字化的价值链见图 4-2。

1. 农业经营决策

农业经营决策的数字化主要价值体现：利用历史产量数据、天气数据、土壤数据等，通过数据分析模型预测未来的农作物产量；通过分析消费者购买数据、市场价格波动、季节性需求等，预测特定农产品的市场需求；根据土壤条件、气候特征、病虫害发生概率等数据，分析不同品种的适应性和收益潜力；利用土壤养分数据、作物生长需求模型、天气预报等，制订精准施肥和灌溉计划；通过分析气象数据、作物生长数据、病虫害发生记录等，建立病虫害预警模型；利用农业生产数据、天气数据、历史保险赔付数据等，分析农业风险，制定保险产品和定价策略。

2. 农产品数字化生产

农产品生产管理的数字化主要价值体现：利用物联网传感器和遥感技术监测土壤湿度、光照强度、温度等环境因素，实现精准种植、灌溉和施肥，优化作物生长条件；通过无人机和卫星遥感技术进行病虫害监测，利用大数据和人工智能技术进行病虫害预测和早期预警，指导农药的精准施用；利用物联网技术对农业设备（如温室、灌溉系统、收割机械等）进行实时监控和远程控制，提高农业生产的自动化和智能化水平；利用传感器、自动控制系统等技术对温室内的温度、湿度、光照等环境因素进行实时监控和调节，优化作物生长环境；应用自动化和智能化农机设备，如无人驾驶拖拉机、智能收割机等，提高农业机械化水平。

3. 农产品数字化加工

农产品加工环节的数字化主要价值体现：利用物联网传感器和数据收集设备监控农产品加工过程中的关键参数（如温度、湿度、压力

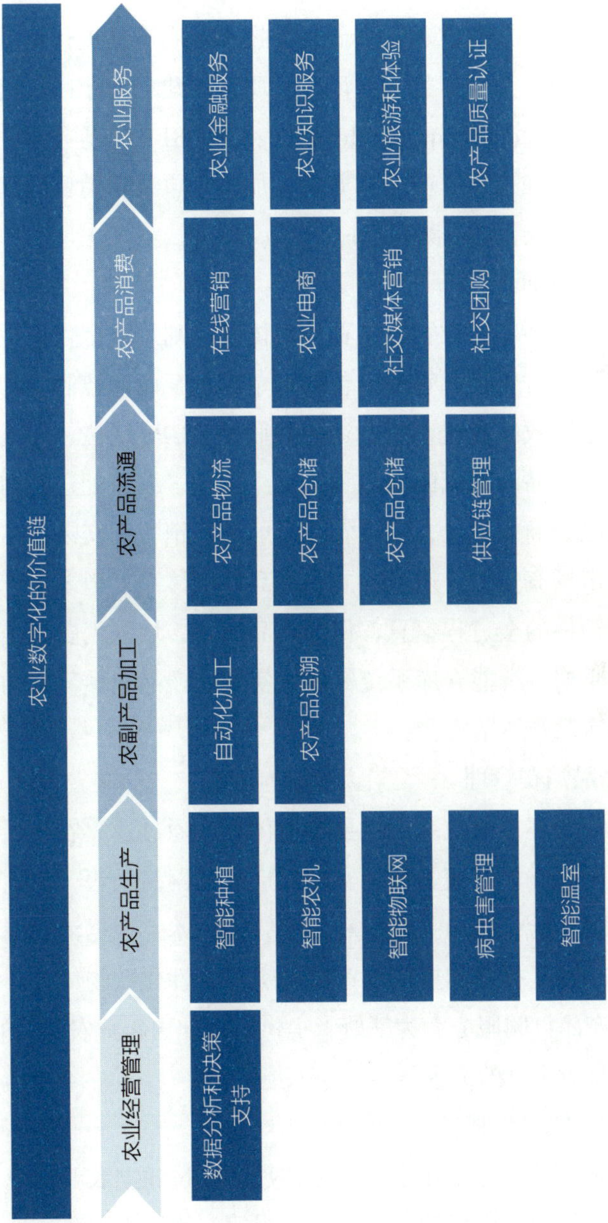

第四章
产业数字化转型实施要点

农业数字化的价值链:

- **农业经营管理**
  - 数据分析和决策支持
- **农产品生产**
  - 智能种植
  - 智能农机
  - 智能物联网
  - 病虫害管理
  - 智能温室
- **农副产品加工**
  - 自动化加工
  - 农产品追溯
- **农产品流通**
  - 农产品物流
  - 农产品仓储
  - 农产品仓储
  - 供应链管理
- **农产品消费**
  - 在线营销
  - 农业电商
  - 社交媒体营销
  - 社交团购
- **农业服务**
  - 农业金融服务
  - 农业知识服务
  - 农业旅游和体验
  - 农产品质量认证

图 4-2 农业数字化的价值链

129

等），确保加工过程符合标准，保障产品质量；采用自动化控制系统和机器人技术，实现农产品加工过程的自动化，提高加工效率，降低人工成本；运用机器视觉、光谱分析等技术对农产品进行自动化质量检测，及时发现不合格产品，保证产品质量；建立基于区块链、二维码或射频识别（Radio Frequency Identification，RFID）等技术的农产品追溯系统，记录和追踪农产品从原料、加工、包装到销售的全过程信息，提高食品安全和可追溯性。

4. 农产品流通管理

农产品流通环节的数字化主要价值体现：利用数字化平台实现农产品供应链的实时监控和管理，包括订单管理、库存控制、物流跟踪等，提高供应链效率和透明度；运用物联网、GPS定位、无人机配送等技术优化农产品的物流配送过程，减少损耗，缩短配送时间；通过建立农产品电子商务平台，实现农产品的在线销售和交易，拓宽销售渠道，提升市场竞争力；通过建立农产品追溯体系，记录农产品从生产、加工到销售的全过程信息，保证产品质量，增强消费者信任；利用物联网传感器、智能仓库系统等技术实现农产品仓储环境的智能监控和管理，确保产品品质。

5. 农产品消费管理

农产品消费环节的数字化主要价值体现：通过建立农产品在线销售平台或利用第三方电商平台，实现农产品的网络销售，为消费者提供便捷的购物体验；利用大数据和人工智能技术，根据消费者的购买历史和偏好，为其推荐相应的农产品，提升个性化购物体验；发展社区团购和农产品订阅服务，为消费者提供定期配送新鲜农产品的服务，满足其对高品质生鲜的需求。

6. 农产品数字化服务

农产品服务环节数字化主要价值体现：通过建立农业信息服务平台，提供种植指导、市场动态、政策法规等在线咨询服务，帮助农民获取实时信息和专业知识；提供数字化的农业金融服务，如农业保险、贷款、支付等，解决农民的融资需求，降低交易成本；结合数字化技术，开展农业旅游和体验活动，如在线预订、虚拟体验等，拓展农业产业链，增加农民收入；通过数字化的质量认证体系，对农产品进行质量检测和认证，提升产品信誉，增强市场竞争力；运用人工智能和大数据技术，提供病虫害智能诊断服务，推荐防治措施，提高病虫害防治效率。

（二）工业数字化价值链的关键环节和价值体现

工业数字化的价值链可分为六个关键环节：包括数字化研发、数字化供应、数字化生产、数字化营销、数字化服务和可持续发展，详见图 4-3。

以下是关于工业数字化的重点环节中的主要应用场景的介绍。

1. 数字化研发

数字化研发的主要价值体现：通过计算机辅助设计（CAD）软件和三维建模技术，加速设计过程，减少手工绘图的时间和错误；数字化工具能够提供更多的设计自由度和灵活性，支持复杂和创新的产品设计，促进产品创新；通过虚拟仿真和数字样机，减少物理样品的制作和测试成本，降低研发阶段的总体成本，并缩短产品开发周期，使产品能够更快地从设计阶段转入生产和上市；此外，利用数字仿真和分析工具进行性能测试和优化，可以提前发现设计缺陷，提高产品设计的准确性和可靠性。

2. 数字化供应

数字化供应的主要价值体现：利用物联网、区块链等技术实现供应链的实时可视化，提高供应链各环节的透明度，便于监控和管理；通过数据分析和预测模型，实现库存的精准管理，减少库存积压，降低库存成本，以及评估供应链中的潜在风险，制定应对策略，提高供应链的韧性和抗风险能力；通过数字化平台，实现供应链各参与者之间的信息共享和协同工作，缩短响应时间，提高整体效率；通过电子

数据驱动
数字经济的产业路径和治理

工业数字化的价值链

数字化研发	数字化供应	数字化生产	数字化营销	数字化服务	可持续发展
研发设计	供应链管理	生产制造	数字化营销	智能客服	循环经济
	区块链平台	产品质量管理	物流配送		
		制造工艺优化	大数据舆情		
		生产看板			

图 4-3　工业数字化的价值链

132

采购系统，实现采购流程的自动化和标准化，提高采购效率，降低采购成本。通过供应商管理系统，建立供应商评估和绩效管理机制，促进供应商的持续改进，建立稳定的供应商关系；利用数字化工具，支持供应链网络的快速设计和调整，适应市场变化和客户需求的多样化；通过数字化平台，促进新技术、新模式在供应链中的应用和创新，提升供应链的竞争力。

3. 数字化生产

数字化生产的主要价值体现：通过自动化和智能化技术，如工业机器人、自动化生产线等，加速生产流程，减少人力需求，提高生产效率；利用数字化技术实现生产过程的快速调整和优化，适应多样化和定制化的生产需求，提高生产灵活性；通过实时监控和质量控制系统，精确控制生产参数，及时发现和纠正生产过程中的缺陷，提升产品质量；数字化技术有助于优化资源配置、减少浪费和提高能源效率，降低生产成本，促进生产过程的可持续发展；收集和分析生产数据，提供数据支持，为生产计划、设备维护和库存管理等决策提供依据；通过数字化平台实现供应链的各环节信息共享和协同工作，提高整个供应链的响应速度和透明度；利用物联网和远程监控技术，实现对生产设备和过程的远程监控和管理，提高运营效率。

4. 数字化营销

数字化营销的主要价值体现：利用大数据分析和数据挖掘技术，深入了解市场趋势、竞争对手和客户行为，为营销策略提供数据支持；通过客户细分和目标定位，利用个性化的营销信息和推广活动，精准触达目标客户群体，提高营销效果；利用自动化营销工具和平台，实现营销活动的自动化执行和管理，降低人力成本，提高营销效率；通过线上品牌传播和社交媒体营销，提升品牌知名度和美誉度，建立和维护品牌形象；利用电子商务平台和在线销售渠道，拓展市场覆盖范围，增加销售渠道，提高销售额；通过在线客户服务、社交媒体互动和移动营销，加强与客户的沟通和互动，提升客户体验和满意度；收集和分析客户反馈和市场需求，为产品和服务的创新提供灵感和方向；通过数字化营销工具和指标监控，实时跟踪营销活动的效果，评估投资回报率，优化营销策略。

5. 数字化服务

数字化服务的主要价值体现：利用数字化工具和平台，如在线客户服务系统、移动应用等，实现服务流程的自动化和标准化，提高服务响应速度和处理效率；通过数据分析和智能技术，如人工智能客服、智能诊断系统等，提供更准确、专业和个性化的服务，提升服务质量和客户满意度；利用数字化手段，如远程监控、虚拟现实技术等，提供远程服务、在线培训、虚拟体验等新型服务，拓展服务范围和内容；结合最新的数字化技术和业务模式创新，开发新的服务产品和解决方案，满足市场的新需求，提升竞争力；通过社交媒体、移动应用等渠道加强与客户的沟通和互动，收集客户反馈和建议，提高客户参与度和忠诚度；通过数字化系统记录服务过程和结果，提供服务的可追踪性和透明化，增强客户信任；通过数字化服务降低人力成本、物流成本等，优化成本结构，提高服务的成本效益。

6. 可持续发展

可持续发展数字化的主要价值体现：利用物联网和数据分析技术对废弃物进行分类、追踪和管理，优化回收流程，提高回收效率和资源利用率；通过数字化工具监控产品从设计、生产、使用到废弃的整个生命周期，实现产品的可持续设计和生产，延长产品使用寿命；建立数字化的资源共享平台，实现设备、原材料和能源等资源的共享和循环利用，减少资源浪费；利用区块链等技术建立数字化追溯系统，追踪产品和材料的来源和流向，确保资源循环的透明性和可追溯性；通过数字化技术将废物转化为新的原材料或能源，实现废物的再利用和资源化；推广服务化和产品即服务模式，将产品转变为服务提供，延长产品使用周期，减少资源消耗和废弃物产生；利用数字孪生和虚拟仿真技术模拟物理系统和过程，优化资源配置和生产过程，降低物理试验和生产的资源消耗。

（三）服务业数字化的价值链主要环节和价值体现

服务业可分为市场型服务业和非市场型服务业。市场型服务业指市场机制决定资源配置与价格水平的服务业，包括批发与零售业，住宿与餐饮业，房地产业，租赁与商务服务业，居民服务与其他服务业，体育、娱乐业等。非市场型服务业指政府较大程度地利用行政手段与直接调控措施干预价格水平、市场准入、提供的规模与竞争行为的服务业。非市场型服务业包括垄断性服务行业、事业性服务行业、公共服务行业等。在本处的服务业数字化主要指市场型服务业的数字化。

市场型服务业的资源配置和价格确定受市场因素的不确定性影响巨大，通过数字化技术可以有效地为其发展提供助力。服务业数字化价值链的主要环节见图4-4，其作用主要体现于：服务业面向的客户需求多样且变化快速，数字化技术能够提供个性化、灵活的服务，满足不同客户的需求；依赖大量的市场信息和数据，通过数字化应用可以有效地管理和利用这些信息，有助于支持数据驱动的决策和服务优化；数字化技术能够提供多种服务模式和渠道，如在线服务、移动服务等，使得服务业能够灵活适应市场变化；服务业竞争激烈，企业需要不断创新和优化服务以保持竞争力，数字化技术是实现服务创新的重要手段；服务业强调客户体验和品牌建设，数字化技术能够提升客户体验感和品牌影响力，增强客户忠诚度；服务业需要兼顾全球市场和本地特色，数字化技术在帮助企业实现全球化服务的同时还能够满足本地化需求。

1. 服务需求发现

服务需求发现环节的数字化价值主要体现于：市场趋势预测——利用时间序列分析、趋势预测模型等技术，预测市场发展趋势和服务需求变化；社交媒体监听——运用社交媒体分析工具监测客户在社交平台上的讨论和评价，及时发现潜在的服务需求和市场机会；客户画

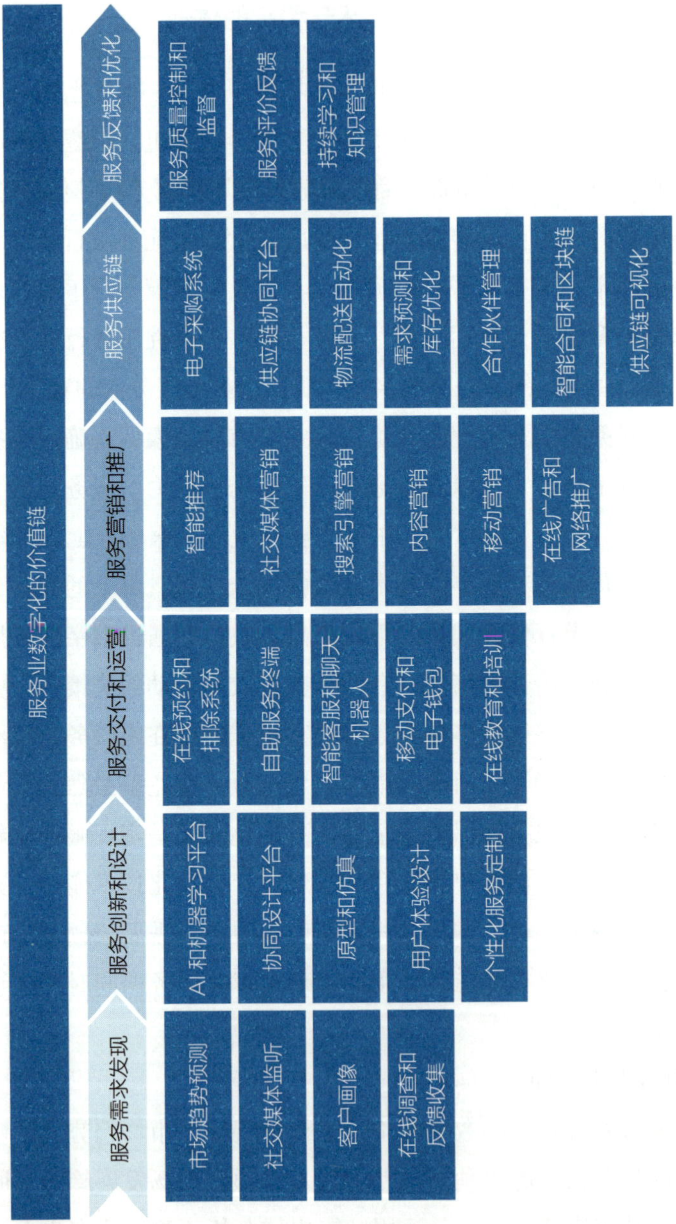

数据驱动
数字经济的产业路径和治理

服务业数字化的价值链

服务需求发现	服务创新和设计	服务交付和运营	服务营销和推广	服务供应链	服务反馈和优化
市场趋势预测	AI和机器学习平台	在线预约和排除系统	智能推荐	电子采购系统	服务质量控制和监督
社交媒体监听	协同设计平台	自助服务终端	社交媒体营销	供应链协同平台	服务评价反馈
客户画像	原型和仿真	智能客服和聊天机器人	搜索引擎营销	物流配送自动化	持续学习和知识管理
在线调查和反馈收集	用户体验设计	移动支付和电子钱包	内容营销	需求预测和库存优化	
	个性化服务定制	在线教育和培训	移动营销	合作伙伴管理	
			在线广告和网络推广	智能合同和区块链	
				供应链可视化	

图 4-4 服务业数字化的价值链

136

像——通过收集和分析客户数据，构建客户画像，深入了解客户特征和偏好，为精准服务提供依据；在线调查和反馈收集——通过在线问卷、客户反馈表等方式收集客户意见和需求，利用数据分析技术挖掘客户需求和市场趋势。

2. 服务创新和设计

服务创新和设计环节的数字化价值主要体现于：用于分析用户行为、预测需求和个性化服务设计，如张量流（TensorFlow）[1]、IBM 沃森（Watson）等；建立在线协同设计平台，允许跨部门、跨地域的团队共同参与服务设计过程，提高设计效率和创新能力；利用虚拟现实（VR）和仿真技术创建服务流程的数字化原型，进行模拟和测试，优化服务设计；运用用户研究方法和工具，如用户访谈、观察、用户旅程图等，深入了解用户需求和体验，指导服务设计；运用人工智能和机器学习技术，根据用户的个人特征和需求，提供定制化的服务设计。

3. 服务交付和运营

服务交付和运营环节的数字化价值主要体现于：通过在线平台提供预约服务，减少客户等待时间，提高服务效率，如医疗预约、餐厅订位等；在银行、酒店、机场等场所设置自助服务终端，提供自助办理、信息查询等服务，减轻人工服务压力；运用人工智能技术提供24小时在线客服，自动回答常见问题，提高客户服务效率；利用移动支付技术，如微信支付、支付宝等，提供便捷的支付方式，简化交易流程；通过在线教育平台提供远程教学和培训服务，拓展教育资源的覆盖范围。

4. 服务营销和推广

服务营销和推广环节数字化价值主要体现于：运用人工智能和机器学习技术，根据客户的历史行为和偏好，提供个性化的服务推荐；

---

[1] 由 Google 开发的开源机器学习框架，广泛用于深度学习和机器学习任务。

利用社交媒体平台，如微信、微博、脸书（Facebook）等，进行品牌宣传、内容营销和互动交流，增强品牌影响力；通过优化网站结构和内容，提高在搜索引擎中的排名，吸引更多潜在客户访问网站；制作高质量的内容，如文章、视频、图文等，吸引和留住目标客户，提升品牌认知度；通过移动应用、短信、移动广告等方式，针对移动设备用户进行营销推广，提高覆盖范围；利用网络广告平台，如谷歌广告、百度推广等，进行在线广告投放，吸引潜在客户。

5. 服务供应链

服务供应链管理环节的数字化价值主要体现于：利用在线平台进行供应商选择、采购订单管理、电子支付等，提高采购效率和透明度；建立供应链各方之间的协同平台，实现信息共享、需求预测、库存管理等，优化供应链资源配置；利用物流自动化技术，如无人车配送、智能仓储系统等，提高物流配送的效率和准确性；利用大数据分析和人工智能技术，进行精准的需求预测和库存优化，减少库存成本，提高响应速度；通过数字化平台管理供应商和合作伙伴的关系，进行绩效评估和风险管理，提升合作效率；利用智能合同和区块链技术，实现供应链合同的自动执行和交易的不可篡改记录，提高供应链的安全性和信任度；通过供应链可视化工具，展示供应链全流程的状态和数据，帮助管理者做出及时决策。

6. 服务反馈和优化

服务反馈和优化环节的数字化价值主要体现于：运用数据分析和监控系统实时跟踪服务质量指标，如响应时间、解决率等，及时发现并解决问题；通过在线调查、社交媒体监听、客户评价系统等方式收集客户反馈，利用数据分析工具提取改进点，持续优化服务；建立数字化的知识管理系统和在线学习平台，促进知识共享和员工持续学习，从而提升团队的整体能力。

二、三大产业数字化能力体系的对比分析

（一）数字化基础设施比较

由于工业、农业、服务业的发展过程中在行业特性和应用场景、技术发展和创新速度、行业投资水平以及政策和监管环境等因素的影响作用存在显著差异，导致三大产业的数字化过程对数字基础设施的要求也存在差异，其对比见表 4-2。

表 4-2 三大产业的数字基础设施要求差异对比

差异点	工业	农业	服务业
网络连接需求	需要高速、低延迟的网络连接来支持实时数据传输和工业自动化控制	由于农业生产通常发生在偏远地区，因此更侧重于广覆盖、低成本的网络连接解决方案，如利用卫星通信或低功耗广域网（LPWAN）技术	对于高速宽带和移动互联网的需求较高，以支持在线服务、电子商务和移动支付等应用
数据处理和存储	强调大规模数据处理和实时分析能力，以及对数据安全和可靠性的高要求，因此对于边缘计算和工业数据中心的需求较大	需要有效处理大量来自传感器和卫星遥感的数据，侧重于数据的集中存储和云端分析	对云计算和分布式数据存储技术的需求较高，以支持大规模的客户数据管理和服务个性化
智能终端和设备	侧重于智能工业设备、自动化机器人和物联网传感器的应用，以实现智能制造和生产过程控制	重点在于智能农机、无人机和环境监测传感器，以提高农业生产效率和精准度	更多依赖于智能手机、平板电脑和自助服务终端等设备，以提供便捷的服务接入和客户互动
安全和隐私保护	对网络安全和工业控制系统的安全性有严格要求，需要采取多层次的安全措施	安全关注点较为分散，但需要保护农业数据的隐私和确保数据传输的安全性	对客户数据的保护尤为重要，需要强调数据加密、访问控制和隐私合规等措施

（二）数字技术应用比较

三大产业根据其行业特性、技术成熟度和可靠性、投资回报率、可扩展性和灵活性等影响因素在选择数字技术时也会有不同的侧重点，详见表4-3。

表4-3　三大产业选择数字技术的侧重点

产业类型	数字技术
工业	·工业互联网：连接机器、设备和系统，实现数据交换和流程化 ·智能制造：利用自动化、机器人技术和人工智能，提高生产效率和质量 ·边缘计算：在数据产生的地点进行数据处理，减少延迟，提高响应速度 ·数字孪生：创建物理系统的虚拟副本，用于模拟、分析和预测 ·工业物联网：将传感器、设备和机器连接到网络，收集和分析数据，实现设备监控和远程控制 ·人工智能和机器学习：比如：智能诊断系统、自适应控制算法、质量检测AI等
农业	·精准农业：利用GPS、遥感技术和地理信息系统（GIS），进行精确的农田管理和作物监测 ·农业物联网：部署传感器和设备，实时监测土壤、气候和作物状况 ·无人机技术：用于空中监测、病虫害防治和喷洒农药 ·大数据分析：分析气象数据、作物数据等，指导农业生产和决策 ·人工智能：利用机器学习和深度学习技术，对农业数据进行分析，实现智能诊断和预测
服务业	·移动互联网：通过移动应用和平台，提供便捷的服务接入和客户互动 ·云计算：利用云服务支持业务运营，降低成本，提高灵活性 ·大数据与人工智能：利用大数据分析和人工智能技术，提供个性化服务和智能推荐 ·区块链：在金融服务、供应链管理等领域，提高透明度和安全性 ·虚拟现实技术和增强现实技术：实现产品的仿真和展示，可以提高产品的用户体验和市场认可度 ·物联网技术：将各种服务设备连接到互联网，实现远程控制和监测

（三）数据资源特征比较

三大产业受行业特性和需求、技术基础和发展水平、数据共享和协作机制、法律法规和政策环境等因素影响，决定了不同的行业在数据资源管理中有不同的侧重点，详见表4-4。

第四章　产业数字化转型实施要点

表 4-4　三大产业在数据资源管理中的侧重点

比较项	工业	农业	服务业
数据来源	主要来源包括机器数据、传感器数据、生产日志、工业控制系统等	主要来源包括气象数据、土壤数据、作物生长数据、遥感数据、农业物联网传感器等	主要来源包括客户数据、交易数据、行为日志、社交媒体数据、在线服务平台等
数据处理	强调实时数据处理和分析，以支持生产过程控制和设备维护	侧重于空间数据处理和时序数据分析，以支持精准农业和资源管理	需要高效的数据查询和分析能力，以支持个性化服务和客户关系管理
数据治理	注重数据的标准化、质量控制和安全管理，以确保生产系统的稳定性和安全性	关注数据的准确性、一致性和可访问性，以支持决策和合作	重视数据的隐私保护、合规性和数据共享，以保护客户信息和提升服务效率
数据分析	应用预测性维护、质量控制、生产优化等分析方法，利用机器学习和深度学习技术	利用遥感数据分析、作物模型、产量预测等方法，支持农业规划和管理	应用客户画像、市场分析、行为分析等方法，利用大数据和人工智能技术
数据安全	·要求重点：强调生产数据和工业控制系统的安全性，防止生产中断、设备损坏和技术泄露 ·具体措施：实施网络隔离、入侵检测、实时监控等，保护工业自动化和智能制造系统免受攻击	·要求重点：关注农业生产数据的保护，以及农业物联网设备和传感器的安全性 ·具体措施：加强数据加密、访问控制和设备安全更新，防止数据泄露和设备被恶意操作	·要求重点：重视客户数据的隐私保护和交易安全，防止信息泄露和金融诈骗 ·具体措施：采用数据加密、安全认证、隐私合规审查等措施，保障在线服务和电子商务的安全性
	·所有行业：都需要遵守相关的数据保护法律法规，如数据安全法 ·风险管理：定期进行安全风险评估，制订应急响应计划，以应对数据泄露和安全事件		

（四）数字人才要求比较

三大产业对数字化人才从数字技能、业务理解、创新和解决问题能力、团队协作和沟通、持续学习和适应五大方面提出了不同的要求，详见表4-5。

表4-5　三大产业对数字化人才的要求

比较项	工业	农业	服务业
数字技术技能	需要具备自动化控制、机器人技术、工业物联网、数据分析等方面的技能	需要掌握精准农业技术、遥感技术、农业物联网、大数据分析等方面的技能	需要熟悉云计算、大数据分析、人工智能、移动应用开发等方面的技能
业务理解能力	需要理解生产流程、供应链管理、质量控制等工业业务	需要了解农业生产、作物管理、农业经济等农业业务	需要掌握客户服务、市场营销、金融服务等服务业务
创新和解决问题能力	需要能够运用数字技术解决生产效率、设备维护等问题，推动智能制造和工业升级	需要能够利用数字技术提高农业生产精准度，解决资源利用和环境保护等问题	需要能够创新服务模式，运用数字技术提升客户体验和服务效率
团队协作和沟通能力	需要能够与工程师、技术人员和管理层有效沟通协作，推进项目实施	需要能够与农民、农业专家和政府部门协作，传播和推广数字农业技术	需要能够与客户、同事和合作伙伴沟通协作，提供高质量的服务
持续学习和适应能力	需要适应快速变化的技术环境，持续学习新的工业技术和工具	需要适应不断发展的农业科技，掌握新的农业管理和生产技术	需要跟踪最新的服务趋势和技术创新，不断提升服务能力和技术水平

第二节　农业数字化转型实施重点

一、农业数字化规划要点

（一）如何确定农业转型目标

对现有的农业生产模式、技术水平、资源利用情况、市场需求等进行全面分析，识别现有系统中的痛点和挑战，例如生产效率低、成本高、产品质量不稳定等；同时，调研当前的农业技术发展趋势，包括物联网、大数据、人工智能、遥感技术等在农业领域的应用情况，以确定改进的空间和潜在的机会，确定数字化转型的具体目标，如提高作物产量、降低生产成本、提高农产品质量、增强农业可持续性等。从事农业相关业务的企业可以根据自身的战略发展目标、发展阶段、资源禀赋以及外部环境等综合情况，选择单一转型目标或者多项目标同步转型，并且将农业数字化转型目标具体化，即将抽象的目标转化为具体、可量化的指标和预期成果，这有助于明确转型的方向和重点，也便于后续的执行和评估。以下是一些具体的农业数字化转型目标的例子，见表4-6。

表 4-6　农业数字化转型目标例子

数字化目标	具体目标	预期效果
提高作物产量	使用精准农业技术（如遥感监测、智能灌溉系统）提高小麦产量，目标增产率为10%	在试验田块中，小麦平均产量从每公顷8吨提高到每公顷8.8吨
降低生产成本	通过引入智能农业设备和优化农业管理系统，减少化肥和农药的使用量，目标降低成本15%	在一个生产周期内，化肥和农药的总使用成本从10万元降低到8.5万元
提高农产品质量	利用物联网技术监测作物生长环境，实现果蔬品质提升，目标提高优等品率20%	在果蔬基地，优等品果蔬的比例从原来的30%提高到50%
增强农业可持续性	通过精准灌溉和智能肥料管理减少水资源和化肥的使用，目标减少用水量和化肥使用量各20%	在一个灌溉季节内，农田的总用水量从100万立方米减少到80万立方米，化肥使用量从50吨减少到40吨
提升市场竞争力	通过建立农产品溯源系统和在线销售平台，提高农产品的市场竞争力，目标增加市场份额10%	农产品在目标市场的份额从20%增加到22%

在该阶段需要重点关注的事项是：目标应基于企业现实情况制定，既要具有挑战性，又要确保可实现。避免设定过于理想化的目标，导致计划执行中遇到困难。目标应具体明确，避免模糊不清的表述。

明确目标的具体数值和时间节点，便于后续的执行和评估。目标应可量化，以便于监测进展和评估成效。目标还应与农业生产的实际需求和企业的发展战略紧密相关，避免脱离实际情况。同时，还要预留一定的灵活性，以应对转型过程中可能出现的变化和挑战。

此外，在明确目标阶段还需特别规避一些关键问题：避免过度追求高科技解决方案，而忽视农业生产的实际需求和成本效益。数字化转型不仅是技术的变革，还涉及人员的培训和管理模式的调整，忽视这一点可能会导致转型难以落地。另外，单纯关注某一方面的目标，而忽略整体规划，也可能会导致资源分配不均和效率低下。

（二）如何推动农业数字化规划

通过编制农业数字化转型规划，政府可以系统、科学地推动农业现代化，实现农业生产方式的转变，提升农业生产效率和农产品质量，增加农民收入，从而促进农村经济的可持续发展。在编制农业数字化转型规划过程中，需要全面考虑宏观环境现状与趋势、区域性农业现状与"真实"需求、技术条件、资源态势与能力支撑、目标与实现路径以及保障机制等多方面的因素。此外，还需要充分考虑技术、市场、政策、人才和社会文化等多方面的挑战和问题，并采取相应的措施加以解决和应对，例如：政府应确保所选技术具备足够的成熟度，并能有效解决农业生产中的实际问题，避免盲目追求新技术而忽略其实际适用性；需拓展农产品销售渠道，特别是电子商务平台等新型渠道，确保数字化农产品能够顺利进入市场；数字化转型需要较大的资金投入，政府需制定合理的投资计划，确保资金的有效利用，并考虑如何平衡投资与回报；在数字化转型过程中可能涉及不同利益主体的冲突和矛盾，政府需加强利益协调和分配工作，确保各方利益能够得到兼顾。

农业数字化转型规划的编制和实施需要多个政府部门的协同配合和共同努力。通常农业农村局作为农业数字化转型的主要推动者和实施者，负责规划的具体编制工作，包括确定转型目标、制定实施方案、监督执行进度等；发改委将参与规划中的宏观经济分析和政策制定部分，确保农业数字化转型规划与国家及地方的经济发展战略相协调；科技局将负责提供技术支持和创新引导，推动农业数字化关键技术的研发和应用；工信局将关注农业数字化转型中的信息化和工业化融合问题，推动信息技术与农业生产的深度融合；财政局将负责农业数字化转型过程中的资金保障工作，包括预算编制、资金拨付和监督管理等。此外，根据地方实际情况和规划需要，还可能涉及其他相关政府部门如商务局、市场监管局、自然资源局、生态环境局、水利局等部门的参与。

编制农业发展规划需要综合考虑农业发展的全局和农民的实际需求，确保规划的科学性、可操作性和可持续性。以下是注意事项：

1. 基于实地调查和数据分析

规划前需深入分析规划区的资源和市场条件，挖掘潜在的比较优势，并识别可能的发展瓶颈。规划目标应既先进又符合实际，考虑当地特色和市场需求。

2. 坚持可持续发展原则

在生态保护的基础上，规划应旨在提高土地产出率、资源利用率、劳动生产率。推动农业发展与生态环境保护协调发展，实现农业可持续发展。

3. 注重产业布局的合理性

产业布局应考虑资源条件、区块大小和交通等因素，实现产业间的合理衔接与融合。规划应结合农业的生态和休闲功能，并考虑生产单元的组织结构和规模。

4. 确保资金有效利用

规划应重点谋划重大项目，确保资金的有效利用。项目选择应基于资源、市场和技术等多方面的调研，并能够带动农业发展。

5. 明确责任人和制订实施计划

规划实施计划应明确分步实施的原则，制定具体的实施步骤和责任人。确保规划的顺利执行，并对实施过程进行监督和评估。

6. 注重农民参与和利益保障

在规划编制和实施过程中，应充分听取农民的意见和建议，保障农民的知情权、参与权和受益权。加大对农民的扶持力度，提高农民参与农业发展的积极性和主动性。

7. 加强政策支持和保障措施

制定和完善相关政策措施，为农业发展规划的实施提供有力保障。加强农村金融服务，为农民提供贷款、保险和金融工具等服务，解决农民资金需求问题。

（三）制定农业数字化保障政策

政府政策通过制定农业数字化转型的顶层规划，明确了农业发展的方向和目标。这些规划通常包括提升农业生产效率、优化农业产业结构、增强农业创新能力等方面的具体目标，为农业数字化转型提供了清晰的发展蓝图。这些宏观目标的实现需要各级政府出台相应的政策来提供保障和监管支持。以下是一些政策参考措施，见图4-5。

```
农业数字化保障政策
├── 基础设施建设政策
│   ├── 农村宽带网络升级政策
│   └── 农业物联网建设政策
├── 技术创新与应用政策
│   ├── 关键技术研发支持政策
│   └── 智能装备推广政策
├── 产业融合发展政策
│   ├── 农业电子商务发展政策
│   └── 农业物联网金融政策
├── 人才培养与引进政策
│   ├── 数字农业人才培养政策
│   └── 高端人才引进政策
├── 政策保障与监管政策
│   ├── 财政补贴政策
│   ├── 税收优惠政策
│   └── 监管与服务政策
└── 国际合作与交流政策
    ├── 国际合作项目政策
    └── 标准互认与对接政策
```

图4-5 农业数字化保障政策

二、加强重点基础设施建设

（一）夯实农业基础设施建设

加快农村地区宽带网络、移动互联网、物联网、电力设施等新型信息基础设施的建设和升级，提高农村地区的网络覆盖率和接入能力。推进 5G 网络和千兆光网在农村地区的建设，提升农村生产作业区、农产品直播基地等重点场所的网络覆盖深度。

在建设这些基础设施时，应考虑农业生产的特点和需求，进行科学规划和合理布局，以确保基础设施的有效性和可持续性。在农业数字化转型中，关键的基础设施建设主要内容及其相应的解决方案见表 4-7。

表 4-7 农业数字化转型中关键的基础设施建设内容及解决方案

农业基础设施	作用	解决方案
网络通信基础设施	提供稳定、高速的网络连接，支持数据的实时传输和远程控制	部署 4G/5G 基站，建立卫星通信系统，或使用 LoRa、NB-IoT 等低功耗广域网络技术，确保农田和农业设施的网络覆盖
数据存储和处理中心	存储和处理大量农业数据，支持数据分析和智能决策	建设云数据中心或本地数据中心，采用高性能服务器和大数据处理平台，确保数据的安全存储和高效处理
传感器和监测设备	收集农田环境、作物生长、畜禽健康等数据，为精准农业提供支持	部署土壤湿度传感器、温湿度传感器、光照传感器、植物生长监测设备等，实现对农田环境和作物生长的实时监测
电力供应系统	稳定的电力供应是农业数字化设施正常运行的重要保障	主要包括农村电网建设升级、电力设施优化与升级等
农业物联网平台	连接和管理农业中的各种设备和传感器，实现数据的集成和应用	部署传感器收集温湿度、土壤湿度、光照等数据，通过无线网络传输到数据中心，实现远程监控和智能控制，支持智能灌溉、病虫害防治等应用
安全防护系统	保护农业基础设施和数据的安全，防止网络攻击和数据泄露	部署防火墙、入侵检测系统、数据加密技术等，建立数据备份和恢复机制，确保农业数字化系统的安全

（二）提升农业数字化设施建设

建设和完善农业物联网、智能农机装备、农业传感器与专用芯片等数字化设施，可以为农业生产提供精准化、智能化的技术支持。加强农业气象、水文、土壤等监测网络建设，有助于提高农业生产的预警和应对能力。

选择合适的数字化技术对于实现转型目标至关重要。不同的技术有不同的适用场景和效果，正确的选择可以大幅提高生产效率和产品质量。在农业数字化转型中，引入不同技术可以有针对性地实现各种转型目标。以下是一些常见技术及其在实现转型目标方面的应用，见表4-8。

表4-8 常见技术及其在实现转型目标方面的应用

技术类型	农业数字化转型目标	解决方案
大数据分析	分析农业生产的大量数据，提供决策支持，优化生产管理	收集历史和实时数据，利用数据分析工具预测作物产量、分析病虫害发生规律，指导农民进行精准种植和病虫害防治
遥感技术	监测大范围农田的生长状况和环境变化	利用卫星或无人机搭载的遥感设备获取农田图像，分析作物长势、识别病害、评估灾害影响等
智能农业设备	实现农业生产的自动化和智能化，提高生产效率和质量	引入智能农业机器人、无人机、智能灌溉系统、自动化种植和收割设备等，实现精准作业和自动化管理
农业信息化平台	集成农业数据和资源，提供决策支持和服务	开发农业信息化平台，整合数据采集、处理、分析、展示等功能，提供农情监测、生产指导、市场信息、供应链管理等服务
人工智能和机器学习	智能化决策、自动化管理、提高生产效率	使用机器学习模型处理农业数据，实现病虫害识别、产量预测、智能推荐施肥方案等。利用人工智能技术开发智能农业机器人进行自动化种植、收割、除草等作业
区块链技术	提高农产品供应链的透明度和追溯性	构建基于区块链的农产品追溯系统，记录农产品从生产、加工到销售的每一个环节，保证信息的不可篡改性，提高消费者信任度
精准农业技术	实现资源的精准投入和管理，提高农业生产的效率和可持续性	结合GPS、传感器、地理信息系统（GIS）等技术，实现对农田的精确作业，如精准播种、定位施肥、精确喷药等
移动和云计算技术	提高数据处理能力，实现远程管理和协作	利用云平台存储和处理大量农业数据，通过移动设备让农民和管理者随时随地访问信息，进行远程监控和管理

由于受农作物生活的环境影响，农业数字化的相关农业系统部署也相应有其特殊性要求，导致系统的集成和测试需要满足农业生产的特殊需求，以提高系统的稳定性、可靠性和效率。以下展示了农业数字化过程中系统的集成与测试的一些特定需求，见图4-6。

农业特征	影响因素	特定需求
环境适应性	农业相关系统必须能够适应这些变化，确保在各种环境下都能稳定可靠地运行	农业系统往往需要在各种环境条件下运行，包括不同的气候、土壤类型和地形
地理信息系统（GIS）集成	GIS数据对于精准农业的实施至关重要，可以帮助优化种植计划，管理土地资源和监测作物生长	农业系统集成通常需要将GIS与其他系统（如作物管理系统、灌溉系统等）集成，以支持空间数据的处理和分析
生物技术集成	生物技术在现代农业中扮演着重要角色，可以提高作物产量、抗性和品质	农业系统可能需要与生物技术相关的系统集成，如基因编辑技术、病虫害检测系统等
实时数据处理和分析	实时数据分析对于及时做出决策、优化农业操作和提高生产效率非常重要	农业系统需要能够实时处理和分析大量数据，如气象数据、土壤数据、作物生长数据等
远程监控和控制	远程监控和控制可以提高农业管理的效率和灵活性，减少人力需求	农业系统往往需要支持远程监控和控制，以便在不同地点管理农场和农业设备

图4-6　农业数字化过程中系统的集成与测试的特定需求

三、推动农业大数据资源整合

（一）明确政府在资源整合中的角色

政府在数据资源整合中扮演了政策法规制定者、数据资源整合者、安全与市场监管者、创新应用推动者和服务提供者等多重角色。这些角色共同构成了政府推动数据资源整合的强大动力和支持体系，为数据资源的有效利用和经济社会的发展提供了有力保障。

1. 政策法规制定者

政策制定：政府通过出台一系列与数据资源整合相关的法律法规、政策文件和发展规划，为数据资源整合提供法律保障和政策支持。这些政策文件明确了数据资源整合的目标、原则、任务和措施，为各级政府和相关部门提供了工作指导和依据。

规划引导：政府通过制定数据资源整合的中长期发展规划，明确发展方向和重点任务，引导社会各方积极参与数据资源整合工作，推动数据资源的优化配置和高效利用。

2. 数据资源整合者

资源整合：政府利用其行政权力和资源调配能力，整合各类数据资源，打破信息孤岛，实现数据的互联互通。政府通过建立数据共享平台、数据中心等基础设施，为数据资源的集中存储、处理和应用提供支撑。

协调机制：政府建立跨部门、跨领域的数据资源整合协调机制，加强部门之间的沟通与协作，解决数据资源整合过程中出现的各种问题，确保数据资源整合工作的顺利开展。

3. 安全与市场监管者

数据安全监管：政府建立健全数据安全监管体系，制定严格的数据安全保护法规和标准，加强对数据资源的监管和管理。政府通过加强数据安全防护、隐私保护等方面的监管，确保数据资源在整合和利用过程中的安全性和合法性。

市场秩序维护：政府通过建立健全数据市场规则和加强对数据市场的监管，打击数据造假、数据垄断等不正当竞争行为，维护市场秩序和公平竞争，推动数据市场的健康发展。

4. 创新应用推动者

技术创新支持：政府通过设立创新基金、支持科研项目等方式，鼓励企业和科研机构在数据资源整合领域进行技术创新和应用创新。政府通过提供资金、技术等方面的支持，推动数据资源整合技术的不断进步和应用拓展。

应用推广：政府积极推广数据资源整合在各个领域的应用，如农业、工业、交通、医疗等。政府通过示范项目、案例分享等方式，展示数据资源整合的成效和价值，提高社会各方对数据资源整合的认识和重视程度。

5. 服务提供者

服务体系建设：政府建立完善的数据资源整合服务体系，为数据资源的整合和利用提供全方位的服务。政府通过提供政策咨询、技术指导、培训等服务，帮助企业和个人更好地利用数据资源。

国际合作与交流：政府加强与国际组织和其他国家的合作与交流，引进先进的数据资源整合技术和经验。政府通过参与国际合作项目、举办国际论坛等方式，推动数据资源整合领域的国际合作与发展。

明确政府在大数据资源整合中的角色对于推动大数据产业健康发展、提升政府治理能力、促进经济发展与社会进步以及强化数据安全与隐私保护等方面都具有重要意义。

（二）推动农业数据资源整合的要点

1. 明确农业重要数据资源

影响农业发展与规划的重要数据资源包括农业生产数据、农业资源数据、农业市场数据、农业政策数据、农业科技数据和农业生态环境数据等多个方面，这些数据资源在提升农业生产效率、优化资源配置、保障农产品质量安全以及推动农业产业升级等方面发挥着重要作用。以下是一些关键的农业数据资源及其应用：

（1）农业生产数据

作物生长数据：包括土壤湿度、温度、光照强度等环境参数，以及作物生长周期、病虫害发生情况等。这些数据对于精准农业至关重要，可以通过分析这些数据为作物提供个性化的生长方案，提高作物产量和质量。

农事活动数据：如播种、施肥、灌溉、收割等农事活动的具体时间、方式和效果。这些数据有助于优化农事安排，提高农业生产效率。

（2）农业资源数据

土地资源数据：包括土地类型、面积、肥力、酸碱度等。这些数据对于合理规划土地利用、提高土地利用率和产出率具有重要意义。

水资源数据：包括降水量、地下水位、水质等。这些数据对于制定节水灌溉方案、保障农业用水安全至关重要。

农业设施设备数据：如农业机械、温室大棚、灌溉设施等的数量、性能和使用情况。这些数据有助于优化农业设施设备的配置和使用，提高农业生产效率。

（3）农业市场数据

农产品价格数据：包括各类农产品的市场价格、波动趋势等。这些数据对于农民制订种植计划、调整种植结构、规避市场风险具有重要指导意义。

农产品销售数据：包括销售量、销售渠道、消费者偏好等。通过分析这些数据，可以制定更加精准的市场策略，提高农产品的市场竞争力。

（4）农业政策数据

国家农业政策：包括补贴政策、扶持政策、产业规划等。这些数据对于农民了解政策导向、争取政策支持、调整农业生产方向具有重要作用。

（5）农业科技数据

农业科技研发数据：包括新品种、新技术、新装备的研发进展和应用效果。这些数据有助于农民及时了解和采用先进的农业科技，提高农业生产效率和产品质量。

（6）农业生态环境数据

农业面源污染数据：包括化肥、农药使用量、废弃物排放量等。

这些数据对于制定农业生态环境保护措施、推动农业绿色发展具有重要意义。

农业气象数据：包括气温、湿度、风力、降雨等气象信息。这些数据对于制定农业防灾减灾措施、保障农业生产安全具有重要作用。

2. 推动农业大数据平台建设

建立农业大数据平台对数据资源整合的作用包括促进农业数据标准化与共享、提高农业大数据利用效率、推动农业精细化管理和助力农业可持续发展等。

（1）促进农业数据标准化与共享

农业大数据平台通过制定统一的数据标准和规范，如数据格式、命名规则、编码方式等，为农业数据的整合提供了基础。这有助于解决农业信息系统中数据格式不统一、难以共享的问题。标准化处理能够确保数据的准确性和一致性，减少因数据格式差异导致的错误和误解，提升数据的整体质量。平台通过整合来自不同部门、不同领域的数据资源，打破了信息孤岛现象，实现了数据的互联互通。这有助于各方在农业生产、科研和政策制定等方面形成合力，共同推动农业发展。共享的数据资源可以被广泛应用于农业生产的各个环节，如种植、养殖、加工、销售等，为农业生产提供更加全面、准确的信息支持。

（2）提高农业大数据利用效率

农业大数据平台运用先进的数据分析技术，如数据挖掘、机器学习等，对海量数据进行深度挖掘和关联分析。这有助于发现数据背后的规律和趋势，为农业生产提供更加科学的指导。通过对历史数据的分析，平台可以预测未来的农业生产趋势和市场变化，为农民和农业企业提供决策支持。同时，平台还可以根据实时数据调整农业生产方案，优化资源配置，提高生产效率。基于平台提供的数据支持，农民和农业企业可以更加精准地制订生产计划、采购决策等。例如，根据土壤营养成分和作物生长情况的数据，为农民推荐最适合的种植品种和施肥方案，提高土地和水资源的利用效率。通过数据分析和预测，平台可以帮助农民和农业企业及时发现并解决生产过程中的问题，减少资源浪费和损失。

（3）推动农业精细化管理

农业大数据平台通常与物联网技术相结合，实现对农业生产环境的实时监测。通过传感器等设备收集的数据，平台可以实时反映农田的土壤湿度、温度、光照强度等环境参数以及作物的生长情况。基于实时监测数据，平台可以及时发现农业生产中的异常情况，如病虫害暴发、干旱等，并提供预警信息。农民和农业企业可以根据预警信息采取相应的应对措施，减少损失。平台根据作物的生长需求和环境条件，为农民提供个性化的种植方案和管理建议。例如，根据气象数据和作物生长情况预测病虫害发生趋势，为农民提供精准的防控建议。

（4）助力农业可持续发展

农业大数据平台可以实现农产品的全程追溯管理。通过记录农产品的生产、加工、运输和销售等环节的数据信息，消费者可以通过扫描商品上的二维码或查询数据库了解农产品的生产过程和质量信息。这有助于保障食品安全，提高消费者对农产品的信任度。平台还可以协助政府监管部门对农产品进行质量检测和监管工作，确保农产品符合安全标准和质量要求。基于平台提供的数据支持，政府和企业可以更加科学地制定农业发展规划和政策措施。通过分析市场需求、资源分布和生态环境等因素，合理规划农业产业布局和结构调整方向。

四、促进产业升级与融合发展

政府在推动农业产业链整合过程中，起着政策制定者、标准制定者、基础设施建设者、技术创新推动者、市场开拓者、金融支持者、监管服务提供者等多重角色。通过综合运用这些手段，政府可以有效促进农业产业链的全面整合，提升农业生产效率，增强农业竞争力，实现农业的现代化和可持续发展。

（一）制定产业链整合政策与规划

推动将农业产业链整合作为乡村振兴战略的重要组成部分，强调其在优化农业产业结构、提升农产品附加值、增强农业可持续发展能力等方面的重要作用，并以提升农业产业竞争力、促进农民增收、推动农业现代化为核心目标，明确农业产业链整合的短期与长期目标。针对大宗农产品、畜牧养殖业、地方特色农产品等不同类型，制定差异化的整合策略。例如，大宗农产品可通过农民合作组织实现产业链延伸；畜牧养殖业可依托龙头企业构建"龙头企业＋合作社（基地）＋农户"模式；地方特色农产品则可发展"交易市场（电商企业）＋产业集群"的融合模式。同时，加大财政投入力度，设立农业产业链整合专项资金，支持关键技术研发、基础设施建设、市场开拓等环节。同时，通过补贴、奖励等方式，激励企业和农户积极参与农业产业链整合。引导金融机构创新金融产品和服务方式，满足农业产业链整合的多元化融资需求。对参与农业产业链整合的企业和农户给予税收减免等优惠政策，降低其经营成本，提高其参与整合的积极性。

（二）建设农业基础设施

政府在推进农业产业链整合过程中，通过加强交通物流基础设施建设、建设冷链物流体系和发展信息化基础设施等措施，可以显著提升农业产业链的整体竞争力和现代化水平。

1. 加强交通物流基础设施建设

结合国家冷链物流骨干通道网络建设，依托农产品优势产区、重要集散地和主要销区，优化交通枢纽布局。推动铁路专用线进入物流园区、港口码头，提升物流枢纽的冷链运输支撑保障能力。加强干支线冷链运输网络建设，提高冷链干线与支线衔接效率。支持农产品流通企业、冷链物流企业等改扩建冷链集配中心和低温配送中心，集成流通加工、区域分拨、城市配送等功能。推动物流信息化建设，建立物流信息平台，实现物流信息的互联互通和共享。

2. 建设冷链物流体系

在农产品产地和销地建设冷链物流设施，包括预冷、冷藏保鲜、移动仓储、低温分拣等设施设备。鼓励生鲜电商、寄递物流企业加大城市冷链前置仓等"最后一公里"设施建设力度，在社区、商业楼宇等设置智能冷链自提柜等。推广使用先进的冷链运输装备和技术，确保农产品在运输过程中的新鲜度和安全性。加强冷链运输的监管和检测，建立冷链运输质量追溯体系。探索创新冷链物流模式，如多式联运、共同配送等，提高冷链物流的效率和灵活性。推动冷链物流企业与生产企业、销售企业等建立紧密的合作关系，形成稳定的供应链条。

3. 发展农业信息化基础设施

整合农业气象观测站点、农田水利监测站点的信息资源，建立耕地基本信息数据库和农产品市场信息监测体系。推广使用物联网设备，实现农业生产环境的实时监测和数据分析。推广贯通全产业链的订单农业、农产品期货、大宗农产品电子交易等交易形式，建立农产品智能供应链。通过信息化手段实现农产品生产、加工、销售等环节的无缝对接和协同管理。建立农业信息服务平台，提供农产品市场信息、政策法规、技术指导等服务。

（三）促进跨产业融合发展

1. 推进一二三产业融合[1]

树立大农业观，推动农村一二三产业融合发展，坚持"产业兴农、质量兴农、绿色兴农"[2]的发展思路，加快构建粮经饲统筹、农林牧渔并举、产加销贯通、农文旅融合的现代乡村产业体系。加强农村产业融

---

[1] 国务院办公厅关于推进农村一二三产业融合发展的指导意见[J].中华人民共和国国务院公报，2016（2）：41-45.

[2] 余欣荣.构建精准高效的支持农业绿色发展政策体系[J].农村工作通讯，2024（7）：48.

合发展与国民经济发展规划、城乡规划等的有效衔接，合理安排农村生产空间、生活空间和生态空间布局，构建一二三产业融合、新旧动能转换、中心外围产业链耦合的产业体系。利用工业工程技术、装备、设施等改造升级传统农业，运用信息、数据、技术等要素支撑现代农业，统筹推动初加工、精深加工、综合利用加工协同发展，建设一批农业产业园区、产业强镇、产业集群。以文旅融合、农旅融合为驱动，融通农业、旅游业、服务业和加工业等产业，创新"乡村旅游+""+乡村旅游"产业融合模式，打造覆盖乡村全要素的品质化产业链。

2. 发展农业龙头企业

支持和培育农业龙头企业，发挥其在产业链整合中的带动作用。切实加大资金投入，强化龙头企业原料生产基地基础设施建设，支持龙头企业带动农户发展设施农业和规模养殖，开展多种形式的适度规模经营。鼓励龙头企业引进先进适用的生产加工设备，改造升级贮藏、保鲜、烘干、清选分级、包装等设施装备，提升农产品加工转化增值空间。积极创建农业产业化示范基地，支持农业产业化示范基地开展物流信息、质量检验检测等公共服务平台建设，引导龙头企业向优势产区集中，推动企业集群集聚。鼓励龙头企业加大科技投入，建立研发机构，加强与科研院所和大专院校合作，培育一批市场竞争力强的科技型龙头企业。

（四）建立农业合作机制

1. 构建农业合作网络

政府结合地区农业资源禀赋和产业特点，制定明确的农业合作政策和规划，推动建立多层次、宽领域的农业合作网络，包括国内外农业合作、区域间农业合作以及农业产业链上下游之间的合作。政府应定期举办农业合作论坛、博览会、对接会等交流活动，为农业经营主体提供展示产品、交流经验、洽谈合作的平台，推动农业合作的深入开展。推动形成"风险共担、利益共享"的合作机制，确保合作各方利益得到有效保障，并设立专门的纠纷调解机构或依托现有法律途径，及时解决合作过程中出现的矛盾和纠纷。

2. 培育新型农业经营主体

政府通过财政资金支持、政策扶持与激励、服务体系建设、市场拓展与品牌建设以及金融支持与保险等多种举措，全面培育和支持新型农业经营主体的发展。这些举措有助于提升新型农业经营主体的生产经营能力、市场竞争力和带动能力，推动农业现代化和乡村全面振兴。例如，上海市试点建设新型农业经营主体服务中心，通过政府购买服务方式加强新型农业经营主体辅导服务供给。构建由"服务中心＋辅导员"组成的基层指导服务体系，厦门市鼓励新型农业经营主体流入承包地经营权，对符合申报条件的给予流转双方补助。支持新型农业经营主体开展农业生产托管模式，提升农业生产效率，吉林省支持新型农业经营主体打造农产品品牌，对获得绿色食品、有机食品和地理标志农产品品牌认证的主体给予补助。这有助于提升农产品的市场竞争力和附加值。

3. 建立联合体经营机制

创新联合体以解决制约产业发展的关键核心技术问题为目标，有助于促进新技术产业化规模化应用、延伸农业产业链、提升价值链和完善创新链，实现农业资源的优化配置和高效利用，联合体内部成员可以共享技术、设备、信息等资源，降低数字化转型的成本和风险。同时，联合体还可以整合市场需求和供应链资源，建立农产品质量追溯体系、创新新型营销模式等方式，提高农业生产经营者的收入水平，破解"增产不增收"的难题，提高农产品的市场竞争力和附加值。政府在推动农业数字化转型过程中，可以通过政策支持、资金扶持、技术支撑、优化资源配置、提升产业层级、人才培养与引进以及完善服务体系等措施，积极推进建立联合体经营机制，以推动农业产业的高质量发展。如福建省引导各类新型农业经营主体创建数字农业创新应用基地，山东省强调建好智慧农业试验区等，这些政策为联合体经营机制的建立提供了有力支持。

（五）推进绿色可持续发展

1. 推动绿色农业发展

通过加大对农业数字化技术研发的投入，支持科研机构和企业开展关键核心技术攻关。加强推动农业数字化技术与生物技术、信息技术等交叉融合，形成一批具有自主知识产权的农业数字化技术成果，再以农业数字化技术示范区和示范点为平台，展示数字化技术在绿色农业中的应用效果和推广价值。同时，通过政策引导，鼓励企业和农民采用数字化技术，对采用数字化技术进行绿色农业生产的企业给予财政补贴，或实施税收优惠政策，如减免相关税收或提供税收返还，降低其初期投入成本。通过数字化技术优化资源配置，实现农业资源的高效利用。例如，通过精准农业技术减少化肥和农药的使用量，降低对环境的污染；通过智能灌溉系统提高水资源利用效率，减少水资源浪费。此外，还需加强建立健全农业数字化和绿色发展的监管机制，加强对农业生产过程的监管和质量控制，发展循环农业、可持续农业，提升农业生产的可持续性。

2. 发展绿色供应链

各级政府可通过制定农业绿色供应链发展的战略规划，明确发展目标、重点任务和保障措施，为农业绿色供应链的发展提供战略指导和政策支持，并出台配套的税收优惠、财政补贴、金融支持等政策措施，鼓励农业企业积极构建绿色供应链体系，降低绿色供应链转型成本，提高绿色供应链发展的积极性。统筹推动农村水利、公路、电力、冷链物流等传统基础设施的数字化建设，为绿色供应链的构建提供坚实的基础。同时，积极推进农业大数据中心建设，整合相关数据资源，打破地区、行业和部门限制，消除"数字鸿沟"，为绿色供应链的精细化管理提供数据支持。推动农业企业采用绿色生产工艺和技术，鼓励企业开展绿色供应链技术创新，支持企业与高校、科研院所等合作，共同攻克绿色供应链发展的关键技术难题，降低生产过程中的资源消耗和污染物排放。同时，评定一批绿色供应商名单，引导供应链上下游企业共同推进绿色发展。推动包装减量化、可回收和可降解材料的使用，推广使用可循环运输包装。推动选择基础条件好、代表性强的农业企业作为绿色供应链的试点单位，通过政策扶持和资金支持等方式，支持其率先构建绿色供应链体系。此外，构建全过程动态智慧监管体系，有助于加强对绿色供应链各环节的监管力度，确保绿色供应链的有效运行。

五、推动技术创新与应用

（一）农业科技创新

当前，农业的发展一方面面临农村劳动力老龄化和流失问题、资源约束、环境污染、全球农业市场的竞争等外部环境恶化的压力；另一方面，还面临消费者对于食品安全、绿色生态、品质优良的农产品需求日益增长的内在驱动。在这样的背景下，借助快速发展的信息技术、物联网、大数据、人工智能等技术，推动农业由传统农业向现代农业转型升级是解决农业发展困局的重要抓手。政府通过政策引导和资金扶持，推动市场人才、技术、资金等资源向农业现代化转型领域进行优化配置，有助于促进农业数字化的发展。

依托国家重点研发计划和农业关键核心技术攻关项目，加快智能设计育种、智能农机装备、农业传感器等技术和装备的研发。建设国家智慧农业创新中心和分中心，开展基础性、前沿性智慧农业技术研究。

（二）农业新技术应用推广

推广无人机巡田、农田机器人、智能农机等新技术在农业生产中的应用，提高农业生产效率和质量。鼓励农业企业加强与科研机构、高校的合作，共同推动农业数字化转型的技术创新和应用推广。

农业数字化转型中的推广阶段能够将数字化的成果推广到更广泛的应用领域，实现农业生产和管理的整体提升和创新发展。在该阶段主要包括成功案例总结、推广计划制订、利益相关者沟通、培训和技术支持、推广实施和监督、成效评估和反馈以及持续优化和调整7个部分，见图4-7。

在农业数字化的推广阶段还需要考虑农业行业发展的特殊性。

首先，农业生产通常分布在广阔的农村地区，这使得数字化技术的推广需要覆盖更广的地理区域，面临更多的物流和通信挑战。

其次，农业从业者的教育背景、技术熟悉度和接受能力存在较大差异，这要求推广策略更加灵活，更加注重用户培训和技术支持。

再次，农业数字化推广不仅要考虑经济效益，还要特别重视对生态环境的影响和农业可持续发展。

最后，农业数字化推广受到政府政策、农村社会结构和文化传统等因素的影响较大，需要与地方政府和社区紧密合作。

通过了解这些独特点，可以更好地制定适合农业领域的数字化推广策略，促进农业数字化转型的成功实施。

推广和创新是农业数字化发展的两个重要方面，通过推广可以使农业数字化技术和应用得到广泛应用，提高农业生产的效率和质量；通过创新可以不断推动农业数字化向更高水平发展，以满足农业可持续发展的需求。

在农业数字化过程中，各级政府是关键的推手。在实践过程中，地方政府通常采用在局部地区试点"农业数字化"转型，再"以点带线，以线成面，以面扩体"的方式更深入、更广泛地推动农业数字化进程。在推广过程中，农民和农业企业对数字化技术的实际需求和反馈可以激发新的创新点和改进方向，促使技术提供者不断优化和创新以满足市场需求。加速数字化技术的迭代更新，通过不断的应用和反馈，推动技术快速迭代，加速创新成果的应用和普及。扩大数字化创

数据驱动
数字经济的产业路径和治理

农业数字化转型推广阶段关键环节						
成功案例总结	推广计划制订	利益相关者沟通	培训和技术支持	推广实施和监督	成效评估和反馈	持续优化和调整
项目选择	明确推广计划目标	利益相关者识别	培训需求分析	推广活动策划	设定评估指标	结果分析与识别改进点
数据收集和分析	资源评估和分配	需求和期望分析	培训材料准备	资源调配和分配	推广数据收集和分析	制订优化计划
经验提炼和总结	利益相关者分析	沟通策略制定	培训方式选择	推广活动执行	用户反馈收集	调整技术方案和策略
成果展示和传播	传播策略制定	信息传递和交流	培训实施	监督和跟踪	成效评价	实施优化措施
反馈收集和评估	培训和支持计划	反馈收集和处理	技术支持体系建立	成效评估	问题识别和分析	监测优化效果
	风险管理和应对措施	持续沟通和更新	反馈收集和评估	推广经验总结		反馈收集与沟通
	监测和评估机制		技术更新和进阶培训	推广策略持续改进		进行迭代优化

图 4-7 农业数字化转型推广阶段关键环节

162

新的影响力，通过展示创新成果的实际效果，吸引更多的关注和投资，为创新的进一步发展提供支持。

六、农业数字化人才培养

（一）培养农业数字化人才体系

健全农业数字化人才培养体系，加强农业院校、科研机构与农业企业的合作，共同培养农业数字化领域的复合型人才。

数字化人才培养的途径可以采用如下措施：通过分析农业数字化转型的人才需求，确定所需的技能和知识体系，包括数据分析、智能农机操作、信息技术应用等；同时根据人才需求，开发相应的培训课程和教材，涵盖理论知识和实践技能，通过定期更新课程内容，确保与技术发展和市场需求保持同步。采用多种培训方式，包括线上教育、线下工作坊、实地考察、实习实训等，来提高培训的效果和趣味性。其间，建立一支专业的教师团队，包括行业专家、学者和实践经验丰富的农业技术人员至关重要，可以与高校、研究机构、企业等建立合作关系，共同开展人才培养项目，实现资源共享和互补。数字人才的培养强调实践教学和技能培训相结合，通过提供充足的实验、设施和项目实战实训，使学员能够将理论知识应用于实际问题解决中。通过上述措施，可以有效培养出适应农业数字化转型需求的专业人才，从而推动农业数字化的发展和应用。

（二）日常数字化系统用户培训

在农业数字化转型的实施阶段，用户培训和支持是确保技术被有效采用并发挥其最大潜力的关键环节。该环节包括制订培训计划、准备培训材料、组织培训活动、提供技术支持和咨询以及收集用户反馈和分析等重要环节。在该环节，由于农业的行业发展特性，用户的培训和支持也需要根据其特性"因地制宜"：

1. 用户多样性因素

农业系统的用户群体非常多样，包括不同教育背景、技术熟练度和年龄段的农民和农业从业者。需要设计不同层次和形式的培训内容，以满足不同用户的需求，确保所有用户都能有效理解和使用农业技术。

2. 场地和环境限制因素

农业生产往往在偏远和分散的农村地区进行，这给组织培训和提供支持带来挑战。需要考虑交通、通信和设施等条件，采用灵活的培训方式，如移动培训车、远程培训、现场指导等。

3. 季节性和时效性因素

农业生产具有明显的季节性，技术的应用和支持需求也随之变化。培训和支持计划需要考虑农业生产的周期和时序，及时提供相关技术和管理知识，以便帮助用户应对不同季节的生产任务。

4. 生态和环境保护因素

农业生产与生态环境密切相关，用户培训和支持需要强调可持续发展和环境保护的重要性。通过培训和指导，提高用户对生态保护和资源可持续利用的意识，推广环保型农业技术和方法。

第三节　工业数字化转型实施重点

一、工业数字化规划要点

（一）明确工业数字化转型目标

在企业明确数字化转型过程中，需要企业高层领导深度参与和推动。通过分析企业的内部资源和能力，以及外部的市场趋势、技术发展和竞争环境，了解企业的优势和劣势，把握市场机会和挑战，为

制定有针对性的转型目标和愿景提供依据。在转型过程中持续沟通转型目标和愿景，并根据实际情况进行必要的调整。在确定转型目标过程中，还需要了解工业行业特性，主要体现在以下四个方面，见图 4-8。

关注生产效率和自动化	工业数字化转型通常更加注重提高生产效率、实现生产过程的自动化和智能化，以及降低制造成本
强调供应链整合和协同	工业数字化转型的目标和愿景中往往包括加强供应链的整合和协同，提高供应链的透明度和响应速度
注重产品质量和创新	工业数字化转型往往强调通过数字化技术提升产品质量，加快新产品的开发和创新
对技术应用的侧重点不同	工业数字化转型可能更侧重于物联网、工业自动化、机器人技术和数字孪生等技术的应用

图 4-8 转型目标过程中的关注点

在确定区域的工业数字化转型目标过程中，调研市场需求和技术发展态势是前提之一，同时，了解工业行业标准和竞争对手的动态，评估不同技术的成熟度和适用性。在对工业领域的市场与技术研究中，需要重点关注的是工业数字化转型中的技术研究更侧重于制造技术的创新和应用，如自动化、机器人技术、智能制造系统等；还需要深入分析供应链的整合和管理问题，评估数字化技术在供应链优化中的应用潜力。此外，评估数字化技术可行性在提高产能和降低资源消耗方面的作用也是重要考量的因素之一。

在把握市场的需求和趋势基础之上，评估现有资源和能力，企业能够明确自身在数字化转型中的基础条件，对数字化能力建设需求有更清晰的认知和准确评估。评估的关键内容见图 4-9。

工业数字化转型目标是一个多维度、多层次的体系，通常包括总

数据驱动
数字经济的产业路径和治理

工业企业"评估现有资源和能力"的关键内容						
技术基础评估	人力资源能力分析	组织结构和文化审查	财务状况评估	业务流程分析	数据管理能力评估	供应链和合作伙伴关系审查
硬件设施评估	技能和知识水平	组织结构分析	资金状况审查	流程梳理和文档化	数据收集和整合	供应链结构评估
软件系统审查	培训和发展需求	文化适应性评估	成本结构分析	效率和效果评估	数据质量管理	供应链数字化水平
网络架构和安全性评估	组织文化和态度	沟通机制审查	投资回报预测	与数字化目标对齐	数据存储和备份	合作伙伴技术能力
数据管理和分析能力评估	领导力和管理能力	领导风格和管理方式分析	预算制定和分配	技术应用潜力分析	数据分析和应用	供应链协同和整合潜力
技术兼容性和集成能力	人才梯队和继任计划	奖励和激励机制评估	风险管理和缓解措施	变革需求和挑战识别	数据安全和隐私保护	风险管理和应对机制
	激励和绩效管理	变革管理和培训需求	财务监控和评估机制	制订优化和改造计划	数据治理架构	合作伙伴合作意愿和文化契合度

图 4-9 工业企业"评估现有资源和能力"的关键内容

166

体目标和具体目标。工业数字化转型的总体目标设计，强调向高端化、智能化、绿色化方向发展，提升产业整体竞争力和可持续发展能力。具体目标重点体现在基础设施建设、技术创新与应用、企业数字化转型、产业集群发展和生态体系建设几个方向上。

（二）制定区域工业转型重点领域

工业企业确认重点领域是数字化转型的关键活动之一。需要审查企业的业务需求和长期战略目标，比如：业务增长点、竞争优势、市场定位、客户需求等，来确定数字化转型需要支持的核心业务领域。在此过程中，需要研究行业趋势、技术创新、市场需求变化、竞争格局、竞争对手的动态以及新兴技术的发展，识别可能的机会和威胁。与此同时，需要对企业的现有技术基础、人力资源、财务状况等进行评估，确定数字化转型的起点。通过综合分析业务需求、市场趋势、资源能力和影响因素，确定数字化转型的优先领域。工业企业最典型的优先领域及其具体目标见表4-9。

表4-9　工业企业最典型的优先领域及其具体目标

重点领域	具体目标	关键指标
智能制造	实现生产过程的自动化和智能化，提高生产效率和灵活性	·生产周期时间 ·设备效率 ·产品合格率 ·生产成本降低比例
供应链优化	通过数字化技术优化供应链管理，提高供应链的透明度和响应速度	·库存周转率 ·供应链成本降低比例 ·订单履行时间 ·供应链可靠性
产品质量控制	利用数字化技术提高产品质量控制的精确度和实时性	·不良品率 ·返工率 ·客户满意度 ·质量成本降低比例

续表

重点领域	具体目标	关键指标
客户体验提升	通过数字化手段提升客户体验增强客户满意度和忠诚度	·客户满意度 ·客户留存率 ·市场份额 ·客户反馈响应时间
数据驱动决策	建立数据驱动的决策机制，提高决策的效率和准确性	·数据分析应用范围 ·决策周期时间 ·决策正确率 ·数据利用率
创新能力提升	利用数字化技术加速创新过程，推动新产品和服务的开发	·新产品开发周期 ·研发投入回报率 ·市场新产品占比 ·创新项目数量
环境可持续性	通过数字化手段减少能源消耗和废物排放，实现生产的环境可持续性	·能源消耗降低比例 ·废物减少比例 ·碳足迹减少比例 ·环境合规率

（三）强化政策引导与政策保障

在全球化背景下，各国都在积极推进工业数字化转型。政府在推进工业数字化转型过程中，通过出台引导政策，可以有效推动产业升级、协调资源配置、支持中小企业发展，促进产业链上下游的协同创新，形成具有自主知识产权的核心技术，提高国家在全球产业链中的地位，并培养数字化人才。而保障政策则在确保数据安全、规范市场行为、推动标准化建设和维护知识产权等方面发挥着关键作用。这些政策共同构成了数字化转型的支撑体系（见图4-10），既引导企业积极参与数字化转型，又保障了转型过程的顺利、安全和可持续性，从而促进国家经济的高质量发展。

```
工业数字化政策支撑体系
├── 引导政策
│   ├── 产业政策引导
│   │   ├── 数字化转型规划
│   │   ├── 重点行业支持政策
│   │   └── 技术应用推广政策
│   ├── 财政和金融支持政策
│   │   ├── 财政补贴与奖励
│   │   ├── 金融支持与贷款政策
│   │   └── 风险投资和基金支持
│   ├── 人才培养和教育政策
│   │   ├── 人才培养计划
│   │   ├── 在职培训与教育
│   │   └── 引进高端人才
│   └── 示范项目与试点政策
│       ├── 数字化示范工程
│       └── 试点项目和创新试验区
└── 保障政策
    ├── 标准化和规范政策
    │   ├── 技术标准制定
    │   └── 数据管理规范
    ├── 数据安全与隐私保护
    │   ├── 数据安全保护政策
    │   ├── 隐私保护法规
    │   ├── 工业互联网安全保障
    │   └── 应急响应与灾难恢复
    ├── 知识产权保护
    │   ├── 技术创新保护政策
    │   └── 打击侵犯知识产权行为
    └── 法律与监管保障
        ├── 监管框架与执法保障
        └── 风险管理与合规政策
```

图 4-10 工业数字化政策支撑体系

（四）确定数字化转型效能评估指标

在数字化转型过程中，通过设定推进工业数字化转型的效能指标对于明确转型目标、量化评估成效、促进资源优化配置、激励企业积极参与以及持续优化转型策略具有重要意义。

设定工业数字化转型效能评估指标体系的重点在于全面性、科学性、可操作性、动态性以及合理的重点指标选择。确保评估体系能够全面、准确地反映工业数字化转型的成效，并为制定政策和做出决策提供有力支持。指标体系应涵盖工业企业的全生产流程，从研发设计、生产制造到供应链管理、销售服务等各个环节，确保数字化转型的效能评估不留死角。尽可能采用量化指标来评估数字化转型的成效，如数字化研发设计工具普及率、关键工序数控化率、工业互联网平台数量和服务能力等，以便客观、准确地反映转型效果。随着工业数字化转型的不断深入和技术的快速发展，指标体系应具有一定的灵活性和可调整性，以适应新的评估需求和变化。部分工业数字化转型的关键性能指标见表4-10。

表4-10 部分工业数字化转型的关键性能指标

评估维度	重点
技术维度	·基础设施投入：评估企业转型过程中，对硬件、软件、网络、数据中心等基础设施的投入情况 ·技术应用水平：评估先进技术在生产、管理、销售等环节的应用深度和广度 ·技术创新能力：评估转型过程中，自主创新能力、技术研发投入以及技术成果产出情况
业务维度	·生产模式变革：评估企业是否实现了从传统生产模式向智能制造、网络化协同、个性化定制等新型生产模式的转变 ·业务流程优化：评估企业在数字化转型过程中，对业务流程的梳理、优化和再造情况，以及流程自动化、智能化水平 ·市场拓展能力：评估企业数字化转型后，在产品开发、市场营销、客户服务等方面的能力提升情况
管理维度	·组织模式变革：评估企业是否建立了适应数字化转型的组织架构、管理模式和决策机制 ·人才队伍建设：评估企业在数字化转型过程中，对数字化人才的培养、引进和激励机制建设情况 ·企业文化塑造：评估企业是否形成了支持数字化转型的企业文化氛围和价值观
效益维度	·经济效益：评估企业数字化转型后，在成本降低、效率提升、收入增长等方面的实际成效 ·社会效益：评估企业数字化转型对产业链上下游企业、行业生态以及社会经济发展的带动作用 ·可持续发展能力：评估企业在数字化转型过程中，在环境保护、资源节约、社会责任等方面的贡献和表现

二、推动技术创新与应用

（一）加大支持关键技术研发

各级地方政府应根据本地的实际情况，制定长远的工业数字化转型战略规划，明确关键技术的研发方向和重点领域，如工业互联网、大数据、人工智能、区块链等。出台一系列扶持政策，包括财政补贴、税收优惠、研发经费资助等，鼓励企业和科研机构加大对工业数字化关键技术的研发投入。通过设立产业投资基金、风险投资基金等方式，引导社会资本投向工业数字化关键技术的研发项目，形成多元化的资金投入机制。同时，搭建产学研用合作平台，促进企业与高校、科研机构之间的紧密合作，共同开展工业数字化关键技术的研发和应用。加强高校和职业院校在工业数字化领域的人才培养，设立相关专业和课程，培养具有创新意识和实践能力的人才，并制定优惠政策，吸引国内外顶尖人才和团队参与工业数字化关键技术的研发工作，提升整体研发水平。此外，加强与国外在工业数字化领域具有先进技术和经验的国家和地区的合作，共同开展技术研发和应用示范项目，实现互利共赢。

（二）推动工业数字化升级优化

工业数字化技术与应用的升级优化对企业的持续发展和竞争力提升具有重要意义（其步骤见图 4-11）。通过对数字化系统的持续优化，提高系统的性能和效率，保障生产和业务流程的连续性，避免因系统故障造成损失，降低运营成本，提升生产力。通过优化系统的易用性和功能，提升用户体验，增强用户满意度和忠诚度。企业通过持续优化，使数字化系统能够灵活适应市场需求和技术发展的变化，还可以优化企业的数据管理和分析能力，支持更准确和及时的数据驱动决策。

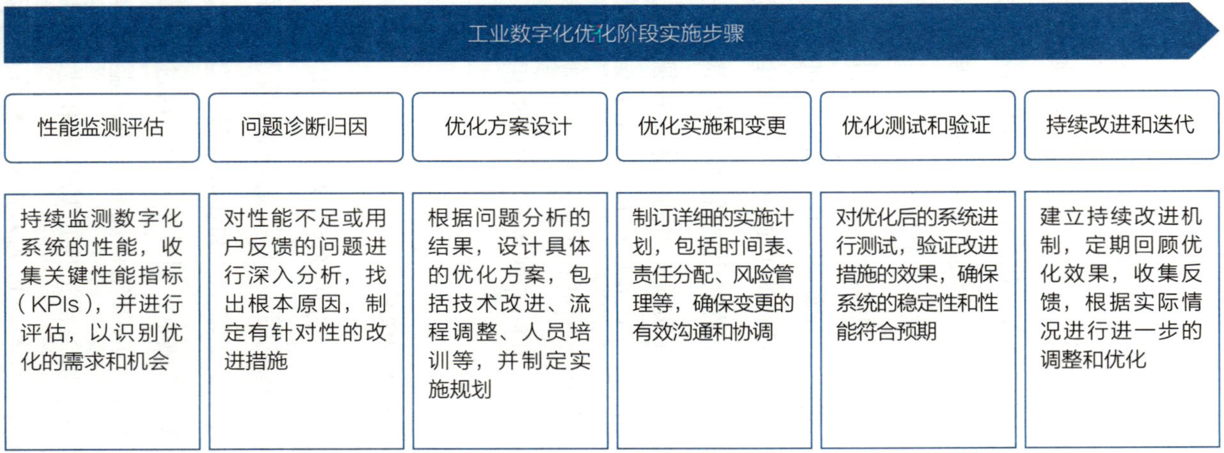

工业数字化优化阶段实施步骤					
	性能监测评估	问题诊断归因	优化方案设计	优化实施和变更	优化测试和验证	持续改进和迭代
	持续监测数字化系统的性能，收集关键性能指标（KPIs），并进行评估，以识别优化的需求和机会	对性能不足或用户反馈的问题进行深入分析，找出根本原因，制定有针对性的改进措施	根据问题分析的结果，设计具体的优化方案，包括技术改进、流程调整、人员培训等，并制定实施规划	制订详细的实施计划，包括时间表、责任分配、风险管理等，确保变更的有效沟通和协调	对优化后的系统进行测试，验证改进措施的效果，确保系统的稳定性和性能符合预期	建立持续改进机制，定期回顾优化效果，收集反馈，根据实际情况进行进一步的调整和优化

图 4-11 工业数字化优化阶段实施步骤

（三）推广先进数字技术应用

推动制定和发布关于人工智能、机器人、大数据分析等先进技术在工业中的应用规划，明确发展目标、重点领域和实施路径。重点加快5G网络、工业互联网、数据中心等新型基础设施的建设和升级，实现设备互联、数据互通、系统互操作，为人工智能、机器人等技术的应用提供有力支持。这些基础设施将为企业提供高速、低延迟的网络环境和大容量的数据存储及处理能力。加大对人工智能、机器人、大数据分析等关键技术的研发投入，支持企业和科研机构开展联合攻关，突破技术瓶颈，提升技术创新能力。选取重点行业和领域，实施一批工业数字化转型和先进数字技术应用的示范项目。通过示范项目的实施，展示技术应用的实际效果和潜在价值，带动更多企业参与工业数字化转型。例如：广东省政协通过组织调研、协商等活动为人工智能产业发展"集智聚力"，提出了多项有针对性的建议并得到了省直有关部门的认可和支持。广东省还积极建设智能制造平台和工业互联网平台来推动制造业的数字化转型。

三、支持中小企业数字化转型

（一）提供中小企业专项支持

随着数字经济的发展，市场需求不断变化，中小服务业企业在市场上面临大型企业的竞争压力，特别是在数字化时代，大型企业拥有更多资源和技术优势。专项支持有助于中小企业通过数字化转型提升服务质量和运营效率，从而增强其市场竞争力。数字化转型有助于提升产业链供应链的协同配套能力，推动中小企业与大企业、平台服务商的合作，形成良好的产业生态。此外，数字化转型能够帮助中小服务业企业打破地域限制，将业务拓展到更广阔的市场，尤其是在偏远和欠发达地区，通过专项支持，推动这些地区的中小企业数字化，缩小城乡和区域发展的差距。

各级政府可以统筹本地的资源，并制定财政与金融支持、技术服务、人才培训、政策引导以及数据支持等多方面的专项措施，帮助中小服务业企业克服数字化转型过程中的困难，实现创新发展，进而推动整个经济的高质量转型升级。

（二）建立公共数字化服务平台

中小企业通常面临技术资源不足、信息化投入成本高等问题。公共数字化服务平台通过提供共享资源，可以有效降低企业在数字化转型过程中的资金和技术门槛。公共数字化服务平台还可以为中小企业提供标准化的数字化工具和服务，使其能够快速部署和应用现代信息技术，提升整体数字化能力，增强市场竞争力。

在建设公共数字化服务平台过程中，政府需要明确公共数字化服务平台的建设目标、服务对象和预期效果。平台应主要服务于中小企业的数字化需求，建设集信息咨询、技术支撑、人才培养、市场开拓等功能于一体的综合性公共数字化服务平台，旨在为中小企业提供一站式、全链条的数字化服务。服务平台成功建设和运营的一个关键保障因素，是成立由政府主导或统筹，技术公司、行业协会和科研机构共同参与的组织机构，确保平台具备高质量的技术支持和稳定的运营环境。政府还可以通过设立财政补贴或税收优惠的方式，鼓励中小企业积极使用公共数字化服务平台。对于首次接入平台的企业，可以提供一定的财政补助，降低其初期投入。政府应鼓励技术公司、咨询机构、软件服务商等各方参与平台建设和服务提供，形成多方协作的生态系统，丰富平台功能和服务内容。允许第三方开发者基于平台进行应用开发和服务集成，提供更多的个性化和行业化解决方案，以满足中小企业的多样化需求。同时，制定相关的配套政策，推动企业之间的数据共享与合作，同时确保数据的安全性和隐私保护，构建可信的数字化服务环境。

四、建立工业互联网平台和服务体系

（一）推动工业互联网平台建设

工业互联网平台作为连接人、机、物的关键基础设施，能够实现工业全要素、全产业链、全价值链的全面连接，为工业企业提供数据采集、分析、应用等多种服务，推动生产方式和商业模式的变革。各级政府应落实国家、省级部门出台的工业互联网相关政策文件精神，并结合区域特色，制定本地支持工业互联网平台建设的专项政策。政府统筹规划关键基础设施和产业支撑能力，根据不同区域的制造业发展水平，结合国家新型工业化产业示范基地建设，遴选一批具有鲜明产业特色的地区，因地制宜开展产业示范基地建设。推动不同产业和领域的企业、科研机构、技术公司进行协作，整合各方资源，共同开发和推广工业互联网平台，提升平台的综合服务能力；构建覆盖广泛、连接稳定的工业互联网网络，包含 5G 网络、光纤宽带、物联网等基础设施，以支持工业数据的实时传输和高效互联；平台应具备强大的设备接入能力，支持多种工业设备的接入和管理，实现设备数据的实时采集、监控和远程维护；具备强大的数据集成与分析引擎，实现对多源异构工业数据的汇聚、清洗、分析和应用，提供数据驱动的生产优化和决策支持；构建丰富的工业应用服务生态，提供包括生产管理、质量控制、供应链管理、设备维护、能效管理等多种应用服务，帮助企业实现全面数字化转型。

（二）加强工业数字化服务支撑

推动工业信息工程服务商的培育和发展，支持系统集成能力强、售后服务优的专业化服务商向行业性工业互联网平台服务商转型发展。

规划建设区域型新型数据中心和算力中心，创建省级工业大数据分中心和边缘中心，构建"引进+创新+生态创建"的运营模式。根据不同行业的特点，建设有针对性的行业应用平台，提供符合行业需求的数字化解决方案，加强推广一批成熟的数字化应用场景，揭榜挂帅攻关一批应用场景需求。例如，打造智能制造示范工厂和无人工厂，培育智能工厂。鼓励龙头企业强化软件开发、系统集成和信息服务，提供数字化解决方案，并优化"数转智改"服务资源开展"千员万企"数字化诊断专项行动，组织专家对企业数字化转型现状进行评估，并为企业提供定制化的解决方案。此外，支持通过各级政府购买服务的形式为工业企业开展数字化转型咨询诊断服务。

五、推动产业链协同与集成

（一）促进产业链上下游协同

在工业数字化转型过程中，政府采取了多种措施来促进产业链上下游的协同合作。这些措施包括：通过加快工业互联网平台在产业链中的布局，推动信息共享与交换，鼓励制造业企业加入工业互联网共享产业信息，推动数字赋能涵盖全生产要素、全产业链和全生命周期；引导龙头企业带动下游中小企业"上云"发展[1]，探索建设产业链工业大数据中心；筛查重点产业链缺链、断链环节，制定招商目录，加强与周边城市的产业协同发展，统筹协调产业链关键节点布局；培育一批生态主导型产业链"链主"企业，基于产业链协作平台开展协同采购、制造、销售和配送等应用，提高产业链协作效率，同时，鼓励龙头企业携手上下游企业，建立联合培训和标准共享的

---

[1] 重庆市人民政府办公厅关于提升制造业产业链供应链现代化水平的实施意见[J].重庆市人民政府公报，2021（24）：32-35.

协同管理体系，提升整体数字化水平；依托重点区域统筹推进数字基础设施建设，探索建立跨区域、跨平台协同新机制，促进创新要素整合共享。

（二）推动智能制造与柔性生产

通过云计算和数字孪生技术，将产品信息数字化、可视化，模拟分析产品状态并获取参数数据，实现跨企业、跨部门、跨区域、跨学科的多主体协同设计，缩短研发周期、降低试错成本、提升研发效率和产品质量。政府可以支持企业在装备、生产线智能化的基础上，通过智能化技术改造工程外包，建设车间、工厂信息物理系统（CPS），全面采集和汇聚生产现场数据，实现工艺、生产、质量、设备、能耗等智能管理和优化。个性化定制和柔性化生产是智能制造的重要方向。政府可以引导企业向这一模式转变，通过灵活的生产线布局、智能化生产设备和数据驱动的生产管理来实现个性化定制和柔性生产。例如，三一重工的"18号工厂"实现了人、设备、物料、工艺等各要素的柔性融合。推广个性化定制和柔性化生产的同时，政府还应强化全过程质量管理，确保产品质量和品牌建设。

六、工业数字化持续创新

（一）培育工业数字化持续创新机制

在工业企业数字化转型的数字创新阶段，企业可以通过不断的创新活动，推动新技术的研发和应用，如人工智能、物联网、大数据等，保持企业在技术上的领先地位，其工作重点见图4-12。

创新活动可以为工业企业带来巨大价值，比如：利用创新技术优化生产流程，提高自动化和智能化水平，从而提升生产效率和降低成本；通过持续创新，开发新产品或改进现有产品，满足市场需求，增

数据驱动
数字经济的产业路径和治理

工业数字化"持续创新"阶段的工作重点							
技术研发和迭代	市场洞察分析	产品和服务创新	业务模式创新	创新文化培育	合作伙伴关系建立	创新成果转化
技术探索	行业趋势分析	用户需求分析	业务模式评估	领导支持和承诺	合作伙伴识别和选择	成果评估和筛选
产品技术升级	客户需求调研	创新思维激发	市场机会识别	创新激励机制	合作模式设计	保护知识产权
工艺和流程创新	竞争对手分析	跨部门协作	价值主张设计	员工培训和发展	合作关系管理	商业化策略制定
自动化和智能化提升	新技术跟踪	快速转型和迭代	收入模式创新	跨部门协作	联合研发和创新	产品开发和生产
数据分析和应用	消费者行为研究	技术研究和应用	合作伙伴战略	开放和包容的文化	市场拓展和资源共享	市场推广和销售
跨领域技术融合	政策和法规监测	市场验证和推广	客户关系管理	失败的容忍度	风险分担和协同应对	客户关系管理
	市场预测和风险评估	用户体验优化	运营模式调整	持续沟通和反馈	持续优化和深化合作	监测和评估转化效果
			风险评估和管理	创新资源和工具		

图 4-4-12 工业数字化"持续创新"阶段的工作重点

强产品的竞争力；利用数字化技术提供个性化和高质量的服务，改善客户体验，提高客户满意度和忠诚度；探索数字化技术带来的新商业机会，创新业务模式，开拓新的收入来源；利用大数据和分析技术，实现数据驱动决策，有助于提高决策的准确性和效率。此外，企业还可以将创新作为组织文化的一部分，鼓励员工提出创新想法，创造创新友好的环境。

（二）工业数字化创新热点赛道

当今，世界工业企业面临着资源约束、环境保护、人工成本、全球化竞争等多重压力，以及市场对高效、灵活、智能化的制造系统的需求不断增长。各国政府纷纷出台政策支持工业数字化转型，如"中国制造2025""德国工业4.0"等战略计划，为工业数字创新提供政策引导和资金支持，希望通过信息技术的快速发展，特别是物联网、大数据、人工智能、云计算等技术的应用，为工业数字化提供了强大的技术支撑，从而在激烈的竞争环境中获得优势。在这些驱动因素相互作用、共同推动下逐步形成了一些工业数字创新的主赛道。

以下是近年来工业数字创新的主赛道。

1. 智能制造

集成自动化技术、机器人技术和人工智能，实现生产过程的自动化和智能化，提升生产效率和产品质量。市场投资热点：工业机器人、自动化装配线、智能制造系统等。

2. 工业物联网

通过将工业设备、传感器和系统连接到网络，实现设备间的智能互联和数据实时交互，优化生产管理和设备维护。市场投资热点：传感器技术、工业通信设备等。

3. 工业互联网

通过构建设备互联的网络架构，工业互联网实现了生产数据的即时收集与分析，促进了生产流程的优化和资源配置的智能化。市场投资热点：工业互联网平台、边缘计算设备、网络安全服务和云基础设施等领域。

4. 数字孪生技术

利用虚拟仿真技术创建物理系统的数字副本，用于生产过程模拟、性能分析和优化决策。市场投资热点：仿真软件、三维建模技术、数据分析工具等。

5. 大数据与人工智能

结合大数据分析和人工智能算法，对工业数据进行深度挖掘和智能分析，支持精准预测、故障诊断和智能优化。市场投资热点：数据分析平台、机器学习算法、AI芯片等。

6. 工业云平台

构建基于云计算的工业平台，提供弹性计算、数据存储和服务共享，支持工业应用的快速部署和灵活扩展。市场投资热点：云服务提供商、工业软件开发、平台服务商等。

7. 边缘计算

在数据产生的边缘节点进行数据处理和分析，减少数据传输延迟，提高实时响应能力。市场投资热点：边缘计算设备、边缘数据处理技术、边缘安全解决方案等。

8. 工业网络安全

强化工业网络的安全防护，防止数据泄露和网络攻击，确保工业系统的安全稳定运行。市场投资热点：工业防火墙、入侵检测系统、安全管理平台等。

9. 可持续发展与绿色制造

采用数字技术推动生产过程的节能减排，实现资源高效利用和环境友好的绿色制造。市场投资热点：能源管理系统、环境监测技术、循环经济解决方案等。

第四节　服务业数字化转型实施重点

一、打造区域特色与协同机制

（一）构建区域特色服务业

政府在推进服务业数字化转型过程中，构建区域特色是关键的一环。根据区域的自然资源、文化资源、历史资源等特点，结合区域已有的产业基础和集群优势，推动相关服务业的数字化升级。例如，在制造业集中的地区推动生产性服务业的数字化，在金融中心发展数字金融服务。整合区域内相关联的企业，形成服务业特色产业集群，推动数字化赋能集群发展。例如，打造智慧物流、电子商务、文化创意等特色服务业集群。以数字化手段实现上下游企业的协同与资源共享，提升集群内企业的整体竞争力和创新能力；还可以利用数字技术将区域特色产品（如农产品、手工艺品）与电子商务平台结合，扩大市场影响力，实现线上线下融合发展。此外，还能够通过数字化手段提升区域特色产品和服务的品牌影响力，建立区域整体品牌形象，推动特色服务业的市场化推广。

（二）构建服务业数字化协同机制

通过多主体、多层次的协同合作，可以实现区域内资源和力量的高效整合，形成推动服务业数字化转型的强大合力，从而促进区域经济的整体提升和可持续发展。建议由地方本级政府牵头，成立包括发改委、工信局、商务局、科技局等部门在内的工作组，协调推进服务业数字化转型工作。各部门根据职责明确分工，形成工作合力。比如，科技部门负责技术支持，商务部门负责市场拓展，财政部门负责资金保障。政府应整合区域内的科技资源、产业资源、人才资源和金融资源，为服务业数字化转型提供全方位的支持。通过搭建多方协作平台，汇聚政府部门、企业、高校、科研机构、行业协会等各方力量，共同推动服务业数字化转型。比如：增强与本地服务业龙头企业、科技企业、互联网公司等建立合作机制，为推动技术创新和数字化转型落地提供机制保障。推动区域内不同城市、地区间的合作，实现资源共享、技术协同和市场联动，形成区域一体化的数字经济生态。

二、鼓励服务业态创新

（一）推动新兴业态创新

服务业态创新是现代服务业发展的重要动力和关键路径，其核心在于通过技术、理念、模式的创新来提升服务质量和效率，从而推动经济高质量发展。地方政府可以通过制定服务业创新发展的指导意见或规划，明确创新的方向和重点领域，引导企业和社会资本向具有创新潜力的领域投入。以服务业创新公共服务平台为载体，提供技术研发、测试验证、成果转化等一站式服务，降低企业创新门槛。支持服务业企业探索新的商业模式和服务方式，如共享经济、平台经济、数字经济等，推动服务业向高端化、智能化、绿色化方向发展。支持服务业企业"走出去"，参与国际竞争与合作，拓展国际市场，提升国际竞争力。

在推动服务创新时，应当注意以下几个关键问题，以确保创新措施的有效实施和可持续发展：各级政府应深入调研人民群众和企业对服务的需求，了解他们的实际痛点和期望，确保服务创新能够精准对接需求，以问题为导向，针对服务领域中的瓶颈和短板，制定有针对性的创新策略；制定符合地方实际、具有前瞻性和可操作性的政策，为服务创新提供政策支持和保障；建立跨部门协作机制，打破部门壁垒，实现资源共享和优势互补，共同推动服务创新；加强服务业相关专业的教育和培训，培养高素质的服务业人才，为服务创新提供人才保障；深化"放管服"改革，简化审批流程，提高审批效率，降低企业制度性交易成本，营造良好的营商环境；建立科学的监管机制，加强对服务创新项目的监督力度，并建立全面的评估体系，对服务创新的效果进行评估，及时发现问题并加以改进，推动服务创新的持续优化和升级。

（二）加强服务模式创新

服务业数字化转型的核心在于服务模式的创新，它可以包括产品型、服务型、平台型和生态型等多种形式。通过数字化手段，服务业可以打破传统服务模式的限制，实现服务的在线化、智能化和个性化。地方政府可以通过制定专项政策、提供税收优惠、设立创新基金等方式，为服务模式创新提供政策保障。信息化水平的提升和服务平台的完善是服务模式创新的重要基础。地方政府通过加快信息基础设施建设，提升互联网、大数据、人工智能等技术在服务领域的应用水平，可以为服务模式创新提供强大的技术支撑。同时，建设或升级各类服务平台，如政务服务平台、电子商务平台等，可以为企业和公众提供更加便捷高效的服务环境，进一步推动服务模式的创新和发展。跨界融合是推动服务模式创新的重要途径之一，鼓励服务业与制造业、农业等其他产业融合发展，形成新的服务模式和服务业态，并推动不同地区之间的服务模式创新交流与合作，共享创新资源和经验，促进区域协同发展。定期对服务模式创新项目进行评估和总结，及时发现和解决创新过程中存在的问题和困难，从而推动创新活动的持续改进和优化。

三、打造服务经济发展新动能

（一）建立服务业关键共性技术体系

地方政府在推进服务业数字化转型的过程中，建立服务业关键共性技术体系是至关重要的一环。服务业关键共性技术体系涵盖了云计算、大数据、人工智能、物联网、区块链、安全与隐私保护、数字化营销、跨平台与互操作性以及标准化与互认等多个方面的内容。各级政府需要根据服务业的实际需求和发展趋势，确定这些关键技术领域，并加大对这些领域的研发投入，推动技术创新和突破。服务业关键共性技术体系的实施需要政府、企业、高校、科研院所等多方力量的协同努力，通过明确目标与规划、加强技术研发与创新、构建技术服务平台、推动标准制定与规范引导、加强人才培养与引进、强化应用示范与推广以及加强国际合作与交流等措施的推进。政府与市场在建立服务业关键共性技术体系过程中应形成协同合作的关系。政府提供政策支持和引导，市场则发挥主体作用，积极参与技术研发和创新活动。随着市场环境和技术发展的变化，政府应及时调整政策措施和监管方式，以适应市场变化和技术发展的需要。

（二）推动新技术与应用场景融合创新

推动新技术与应用场景融合创新的过程中，各级政府应根据区域经济发展特点和优势，明确新技术与应用场景融合创新的发展目标和定位，识别并聚焦服务业中的关键共性技术，通过技术研发和突破，为应用场景的创新提供有力支撑；成立由政府主导、多方参与的协同工作机构，负责统筹协调新技术与应用场景融合创新的各项工作，确保工作有序推进；实施项目化管理，明确项目目标、任务、责任人和时间节点，加强项目过程管理和监督，确保项目顺利实施并达到预期效果；加大财政资金投入力度，同时引导社会资本参与，形成多元化的资金投入机制，为新技术与应用场景融合创新提供充足的资金保障；完善人才激励机制，吸引和培养一批具有创新精神和实践能力的高素质人才，为新技术与应用场景融合创新提供人才支撑。

（三）整合提升一批关键共性技术平台

地方政府应组织资源深入分析本区域产业结构、技术水平和市场需求，找准技术创新的突破口和关键点，对区域内现有的各类技术平台进行全面梳理，包括科研机构、高校实验室、企业研发中心等，明确其研究方向、技术优势和服务范围。通过建立技术平台资源共享机制，促进平台间的信息互通、设备共用和人才流动；通过搭建技术服务平台网络，实现资源的优化配置和高效利用。推动产学研深度融合，鼓励企业、高校和科研机构围绕关键共性技术开展联合攻关。通过共建研发中心、联合实验室等方式，加速科技成果的转化和应用。地方政府和企业应共同加大对关键共性技术平台的投入力度，支持平台开展前沿技术研究和应用开发。通过设立专项基金、提供税收优惠等方式，吸引更多社会资本参与平台建设。

四、推进重点服务领域数字化转型

（一）推动生产性服务业数字化转型

各级政府在推动本地生产性服务业的数字化转型过程中，需要明确数字化转型的目标和定位，应根据区域自身实际情况，结合市场需求和行业发展趋势，制定符合自身特点的数字化转型战略。这包括确定转型的重点领域、设定可量化的目标、明确转型的阶段性任务等。数字基础设施是生产性服务业数字化转型的基石。政府和企业应整合资源，相互协同加大投入，加快建设高速、移动、安全、泛在的新一代信息基础设施，包括5G网络、数据中心、云计算平台等。同时，推动物联网、大数据、人工智能等先进技术的融合应用，为生产性服务业的数字化转型提供有力支撑。数据更是生产性服务业数字化转型的核心资源。各级政府应建立健全数据共享开放机制，推动数据资源的高效利用和有序流动。这有助于企业融合内外部数据资源，通过数据分析、挖掘和应用，发现新的业务增长点和价值创造点。鼓励和支持企业加强数字技术研发和应用，推动数字技术与生产性服务业的深度融合，这包括利用数字技术优化生产流程、提升服务效率、降低运营成本、增强创新能力等方面。同时，推动形成数字技术与生产性服务业相互促进、共同发展的良好生态。各级政府应根据市场变化和技术发展趋势特征，适时优化政策环境和服务体系，为生产性服务业的数字化转型提供有力保障。这包括制定和完善相关法规政策、加强监管和执法力度、提供财税金融支持等方面。同时，建立健全服务体系和平台，为企业提供技术咨询、解决方案、市场开拓等全方位服务。

生产性服务业主要面向企业或其他组织，为其提供生产过程中的配套服务，如物流、研发、设计、咨询、金融等。数字化转型侧重于提升生产服务业的运营效率和服务质量。通过数字化管理系统优化生产流程、降低成本、提高响应速度；利用物联网、大数据等技术实现供应链的透明化和智能化管理。同时，还要非常注重通过数字化转型提升服务的专业性和附加值。例如，通过数字化平台提供研发设计、技术咨询、金融投资等高端服务；利用人工智能技术辅助决策和风险管理等。从技术层面，生产性服务业侧重于物联网、云计算、人工智能等技术在生产过程中的应用。这些技术有助于实现生产过程的自动化、智能化和透明化，提高生产效率和产品质量。各级政府在推进生产性服务业数字化转型的主要措施集中在：强化技术支撑、促进产业融合、提升服务专业化水平和构建数字化生态等方面。

（二）加快生活服务数字化赋能

生活服务业直接面向消费者，满足居民在日常生活中的各种需求，如餐饮、住宿、家政、教育、医疗、娱乐等，强调个性化、便捷性、实时性和情感化。消费者对服务的需求往往具有多样性、灵活性和即时性，追求更加舒适、便捷和个性化的服务体验。数字化转型更加注重提升用户体验，通过数字化手段实现服务的在线化、智能化和个性化。例如，通过移动应用、社交媒体等渠道提供便捷的在线预订、支付和反馈服务；利用大数据分析消费者行为，提供精准推荐和定制化服务。针对生活服务业的场景化、情感化和体验化趋势，数字化转型过程更注重通过新技术应用创造新的服务场景和模式。如智慧零售、智慧医疗、在线教育等领域的创新实践。从技术融合角度，生活服务业更加注重移动互联网、社交媒体、大数据等技术的应用，以实现服务的在线化、社交化和数据化。这些技术有助于生活服务业拓展服务范围、提升服务效率并满足消费者的多样化需求。

　　当前，各地生活服务数字化赋能领域主要集中在提升商贸服务业数字化水平、加强交通运输领域大数据应用、加快文旅领域数字化转型升级、加大教育数字化融合发展力度、加强生活服务数字化基础设施建设、打造数字生活服务社区和建立生活服务数字化标准体系等方面。各级政府推进生活服务数字化转型过程中，需要结合本地优势资源，确定本地的生活服务转型核心产业，并基于其产业数字化特点，制定科学合理的规划与目标，重视加强基础设施建设与资源整合、注重人才培养与技术创新、强化监管与安全保障以及注重用户体验与反馈等关键事项，制定有针对性的解决方案和工作机制，才能确保数字化转型工作的顺利推进和取得实效。

第五章

数字产业化发展态势、挑战与策略

第一节　数字产业化的发展态势

数字产业化是数字经济的基础部分，是当前全球经济转型的关键动力。近年来，在国家数字经济发展战略的加持下，我国数字产业化的发展态势呈现出蓬勃向上的趋势，主要体现为：政策环境不断优化、数字产业内生性发展显著、跨行业融合创新发展、社会经济运营新环境的构建和数字产业竞争环境加剧等典型特征。

一、政策支持环境不断优化

我国政府高度重视数字产业化的发展，通过数字产业政策支持、优化体制机制环境、完善数据管理法律框架和标准化、提升数字经济治理能力、加强数字基础设施以及推动数字开放市场和国际合作等一系列的措施，为数字产业化的发展提供了有力保障。

（一）数字产业政策支持持续强化

中国数字产业化的政策支持体现在多个层面，这些政策旨在加速数字技术的研发、应用和产业化进程，提高国家的整体竞争力，并推动经济结构的优化升级。

1. 加强政策层面顶层规划设计

我国高度重视数字经济的顶层设计。2022年1月，国务院印发《"十四五"数字经济发展规划》（以下简称《规划》），在《规划》中明确了推动数字经济健康发展的指导思想、基本原则、发展目标、重点任务和保障措施；并于2023年2月推出了国家层面的《数字中国建设整体布局规划》，进一步对数字经济建设进行了全面部署。当前，我国数字经济战略规划和政策体系持续丰富完善，初步形成了从顶层设计到分级分类推进的发展态势。数字产业政策是推动数字化发展的重要抓手，十年间，我国数字经济规模从 2014 年的 16.2 万亿元，快速增长至 2023 年的约 56.1 万亿元，GDP 占比也从 25.1% 升至 44% 左右，部分政策红利开始向经济发展新动能进行转换，实现了经济社会效益的显著提升。

2. 强化财政资金与税收优惠支撑作用

在推动数字产业化的过程中，我国通过财政资金和税收优惠政策来加强支持。具体体现在以下几个方面。

通过财政专项资金支持。比如中央财政安排专项资金支持中小企业数字化转型，提升数字化公共服务平台的服务能力，并打造一批小型化、快速化、轻量化、精准化的数字化系统解决方案和产品。地方政府也可以积极利用中央财政制造业专项资金，加大对新一代信息技术和工业互联网平台的支持力度。

各级政府对数字产业实施了多项结构性减税政策，例如软件企业增值税即征即退政策和大规模集成电路企业所得税顶级优惠政策。此外，研发费用加计扣除所得税优惠政策也在数字经济领域得到了广泛应用。

利用财政口的"奖补"资金。中央通过财政"奖补"资金支持服务平台，由服务平台为中小企业提供数字化改造服务。地方政府如重庆市每年投入超过 10 亿元支持全市数字经济加快发展。

通过成立产业数字化发展基金，引导各级财政资金加大对产业数字化转型的投入，支持重大平台、重大项目及试点示范。

持续完善科技奖励和激励机制，激发市场主体的创新活力，支撑经济社会高质量发展。通过以上措施，充分发挥财政资金和税收优惠政策的支撑作用，为我国的数字经济的发展提供了强有力的支持。

3. 优化数字人才培养和教育机制

近年来，我国对数字人才的培养非常重视，数字人才培养和教育的政策供给是全方位的、多层次的，旨在为我国数字产业的发展提供坚实的人才保障和智力支持。

首先，针对数字人才的需求，我国优化了培养政策。这包括深化高等院校数字领域新学科建设，充分发挥职业院校的作用，推进职业教育专业升级和数字化改造。此外，还推进数字技术相关课程、教材教程和教学团队的建设，深化产学研融合，支持高校、科研院所与企业联合培养复合型数字人才。

其次，构建健全的数字人才的评价体系。一方面，根据市场需求变化，动态调整数字职称的专业设置，支持各地根据行业发展需要增设相关数字领域的职称专业。另一方面，通过建设数字职业标准和评价标准体系，规范数字技能人才评价机制，并推动数字技术工程师的国际互认。

此外，在数字人才培养和教育中，还加强了开展国际交流活动。通过引进海外高层次数字人才，开展高层次数字人才的国际培训交流，提升我国数字人才的国际竞争力。

除了以上几个方面，我国在完善数字人才收入分配政策、探索数字人才培养基金、支持科研人员兼职创新等方面也进行了积极探索，以进一步激发数字人才的创新活力和积极性。

4. 推动数字基础设施投资政策

加强数字基础设施投资是推动数字经济发展的关键因素之一，因为它是经济活动的技术支撑底座。数字基础设施包括网络基础设施、计算基础设施、数据基础设施和软件基础设施等。这些基础设施的建设和投资在促进数字经济发展方面起着至关重要的作用，主要体现在：提高数据连通性和可达性、促进技术创新和应用、支持新兴产业和商业模式的发展、提升公共服务效率和覆盖范围、促进区域经济发展和平衡并加强国际竞争力。近年来，我国重要数字基础设施建设支撑政策及其目标见表 5-1。

表 5-1 我国重要数字基础设施建设支撑政策及其目标

数字基础设施	文件名称	目标
网络基础设施	《"十四五"数字经济发展规划》	·加快建设信息网络基础设施，建设高速泛在、天地一体、云网融合、智能敏捷、绿色低碳、安全可控的智能化综合性数字信息基础设施
	《物联网新型基础设施建设三年行动计划（2021—2023年）》	·加快技术创新，壮大产业生态，深化重点领域应用，推动物联网全面发展，不断培育经济新增长点，有力支撑制造强国和网络强国建设
计算基础设施	《算力基础设施高质量发展行动计划》	·增强自主创新能力，推进计算架构、计算方式和算法创新，加强CPU、GPU和服务器等重点产品研发，加速新技术、新产品落地应用
	《数字经济2024年工作要点》	·加快全国一体化算力网建设；强化算力基础设施建设；推动算力基础设施的智能化升级
数据基础设施	《"数据要素×"三年行动计划（2024—2026年）》	·到2026年年底，数据要素应用广度和深度大幅拓展，在经济发展领域数据要素乘数效应得到显现，打造300个以上示范性强、显示度高、带动性广的典型应用场景，数据产业年均增速超过20%
	《数字中国建设2024年工作要点清单》	·明确2024年数字中国建设的主要方向，其中重点强调了打通数据资源大循环的堵点，凸显了加快数字化发展，数据作为核心生产要素的战略地位
软件基础设施	《关于构建数据基础制度更好发挥数据要素作用的意见》	·构建数据产权、流通交易、收益分配、安全治理等数据基础制度，为软件基础设施和数字基础设施的发展提供制度保障
	《关于促进数据安全产业发展的指导意见》	·加快数据安全产业的发展，提升数据安全防护能力，为软件基础设施和数字基础设施提供安全保障
	《信息化标准建设行动计划（2024—2027年）》	·加强统筹协调和系统推进，健全国家信息化标准体系，提升信息化发展综合能力，有力推动网络强国建设。其中特别提到了推进基础软件、算力、芯片、AI、量子计算、区块链、智慧城市等标准研制

5. 鼓励开放与国际合作政策

我国在《"十四五"数字经济发展规划》《新时代的中国国际发展合作》《数字经济 2024 年工作要点》等一系列重要文件中都明确鼓励

地方在推动数字产业发展过程中推行开放与国际合作策略，目的在于促进技术交流和知识共享、提升产业国际竞争力、优化资源配置和产业升级、加强数字经济治理以及构建开放型经济新体制。具体举措包括：通过提供优惠政策和服务支持，吸引跨国公司在我国设立研发中心，推动数字技术的国际交流与合作；通过政府间协议、国际组织和论坛等途径，加强与其他国家在数字产业领域的合作与交流；支持国内企业参与全球数字经济治理，提升我国在全球数字经济治理中的话语权和影响力；鼓励国内企业积极参与国际标准的制定和推广工作，推动我国数字产业的技术和标准与国际接轨，提升我国数字产业的国际竞争力。

（二）体制机制环境不断完善

我国在推动数字产业化过程中，体制机制环境的优化主要体现在数字营商环境的改善、法律法规制度体系的完善、区域协调发展机制的建立、市场化手段的运用以及绩效考核的优化等方面。

1. 数字营商环境持续优化

数字营商环境的持续优化体现在简化行政程序、提高透明度和可预测性、改进支付和金融服务、降低数字化成本、加强数据安全和知识产权保护、创新和技术支持、提升数字人才培养水平以及建立公平竞争的市场秩序等多个方面。例如，浙江通过"掌上办"实现企业开办当天办结，至少为企业节省了三分之二的成本；上海则在国内率先实现企业开办电子执照、电子印章同步发放，开启"无纸化"创业模式；广东省通过"单一窗口"在政企间搭建起可信的互认网络，使企业在申请融资、退税时能够实现政府侧企业认证数据和市场侧企业资质数据的相互流转、对接，实现"一次不用跑"即可完成退税融资。

2. 法律法规制度体系加快完善

数字产业化法律法规制度体系的加快完善体现在法律法规的制定与完善、法律框架的适应性调整、监管机制的强化、国际合作与标准的制定以及知识产权与个人信息保护等多个方面（见表 5-2）。这些措施共同为数字经济的健康发展提供了有力的法律保障和支持。

表 5-2　法律法规框架体系完善的主要体现

编号	优化措施	关键点
1	法律法规的制定与完善	·专项法律法规的颁布：如《网络安全法》《数据安全法》《个人信息保护法》等专项法规的颁布，明确了网络空间的主权、数据安全、个人信息保护等基本问题，为数字经济的发展划定了底线和边界 ·部门规章的出台：明确了相关经营主体责任和行为规范。这些规章的出台，有助于规范市场秩序，维护公平竞争
2	法律框架的适应性调整	·适应数字经济发展的法律框架：建立适应数字经济发展的法律框架 ·法律条文的现实应用：针对数字经济领域融合性强的特点，我国正在推动法律条文与现实应用之间的有效串联
3	强化监管机制	·加强对数字经济领域的监管：加强对数字经济领域的监管力度，利用先进技术对可能出现的问题提前预测并解决，并加强与企业和研究机构的合作 ·监管机制的完善：建立适应数字经济发展的监管体系。包括监管机构的设置、监管职责的明确、监管手段的创新等方面，旨在提高监管效率，降低监管成本
4	国际合作与标准制定	·推动国际合作：积极推动国际组织和国家间的合作，制定共同的标准和规则，加强信息共享和交流，形成全球化的数字经济法律法规体系 ·参与国际标准制定：积极参与国际标准的制定工作，推动中国标准与国际标准的对接和互认。提高我国在全球数字经济领域的竞争力和话语权
5	知识产权与个人信息保护	·完善知识产权保护体系：加强数字经济相关的知识产权保护体系的建设，严厉打击知识产权侵权行为，为创新企业提供良好的创业和发展环境 ·加强个人信息保护：加强个人信息保护法律法规的制定和执行，明确个人信息的合法获取和使用范围，加强个人信息安全保护，保障个人隐私的合法权益

3. 区域协调发展机制

2018 年 11 月发布的《中共中央　国务院关于建立更加有效的区域协调发展新机制的意见》，对地方政府推动区域协调发展机制建设发挥了重要作用。各地区各部门围绕促进区域协调发展做了大量的积极探索，它涉及多层面的政策和组织调整，通过优化体制机制来消除地区发展不平衡，推动资源的有效配置和优势互补，取得了较为显著的效果。同时，在实践过程中，也发现区域发展分化、无序开发与恶性竞争、区域发展不平衡不充分等问题依然较为突出，构建健全的区域协调发展机制是当前地方政府的重大课题之一。区域协调发展机制的着力点详见表5-3。

表5-3 区域协调发展机制的"着力点"

编号	着力点	关键内容
1	建立区域合作平台	·跨地区协同组织：建立由多个地方政府组成的合作组织，共同规划和推动区域内的数字产业发展 ·共享基础设施：通过跨区域的基础设施共建共享，如数据中心、宽带网络等，降低建设和运营成本，提高服务效率
2	统一政策环境	·统一标准和政策：在区域内统一技术标准、运营规范和市场准入政策，减少行政壁垒，使企业能在更大范围内自由流动和竞争 ·协调税收和投资激励政策：区域内统一或相互认可税收优惠政策和投资补贴，避免恶性竞争，共同吸引高质量投资
3	人才共享和流动	·建立区域人才池：推动区域内高校、研究机构与企业的合作，共建人才培养和技术研发基地，优化人才资源配置 ·人才流动支持政策：简化跨区域人才流动的行政手续，如户籍、社保转移等，以促进人才在区域内自由流动
4	促进产业集群化	·专业化产业园区：在区域内规划和建设专业化的数字产业园区，吸引企业集聚，形成产业集群效应 ·产业链协同发展：促进区域内上下游产业的协同发展，提高整个产业链的竞争力和创新能力
5	共建统一市场	·打造统一大市场：在区域内打破信息孤岛，建立统一的电子商务平台和数字市场，便利商品和服务的跨区域流通 ·共同应对市场风险：通过区域内的信息共享和预警机制，共同应对和管理经济风险，提高区域经济的稳定性和抗风险能力
6	数字治理与服务创新	·推动政务服务互认：区域内推广互认的电子证照和政务服务，实现一地申请、全域有效 ·区域智慧城市联网：推动区域内智慧城市建设的互联互通，共享城市管理、交通、环保等多方面的智慧解决方案

4. 市场化手段的运用

通过引入市场竞争机制，有助于打破行政垄断和市场壁垒，激发市场活力和创造力，推动经济社会的持续健康发展。同时，市场化手段还能够促进政府职能的转变，推动政府从管理者向服务者的角色转变，有效提高公共服务和资源配置的效率。此外，通过市场化手段，政府可以更好地与市场实际需求对接，制定出更符合市场发展的政策，推动体制机制与市场需求的高效匹配。应用市场化手段优化体制机制环境时，需要注意的是要确保市场的公平竞争和有效监管，防止市场失灵和权力寻租等问题的发生。同时，也要关注市场化改革可能带来的社会不平等问题，适时调整和完善相关的社会保障措施。通过这些措施，市场化手段能更好地服务于体制机制环境的优化和社会经济的健康发展。

5. 绩效考核的优化

绩效考核的优化有助于推动数字产业化的高效、有序和可持续发展。它对体制机制环境的优化主要体现在明确发展目标和考核指标、促进内部协作和沟通、优化激励机制、简化程序和流程以及推动可持续发展等方面。绩效考核的优化首先体现在为数字产业化设定明确的发展目标，这些目标应该与数字技术的创新、应用及产业结构的优化升级紧密相关，通过制定具体的考核指标，如数字技术研发投入、数字化转型项目成功率、数字产品和服务的市场占有率等，确保考核的针对性和有效性。其次，绩效考核的优化可以推动数字产业化过程中不同部门之间的协作和沟通，确保资源的有效整合和共享，提高整体工作效率。最后，绩效考核的优化应该关注数字产业化的长期效益，避免短视行为，从而确保数字产业化的可持续发展。此外，将员工的薪酬与数字产业化的绩效挂钩，以激发员工参与数字产业化的积极性和创造力。

（三）数字经济治理能力不断提升

1. 治理规则不断完善

近年来，我国不断健全和完善数字经济的相关法律法规和政策制度，如《数字中国建设整体布局规划》《网络安全法》《数据安全法》《反不正当竞争法》《电子商务法》等一系列法律法规相继出台、修订完成，为数字经济治理体系建设和治理能力的现代化水平提高提供了政策和法规支撑。同时，部门规章在个人信息保护、规范市场秩序、融合类业态监管、信息内容治理等方面的规则也不断建设和完善。数字经济治理规则体系见图 5-1。

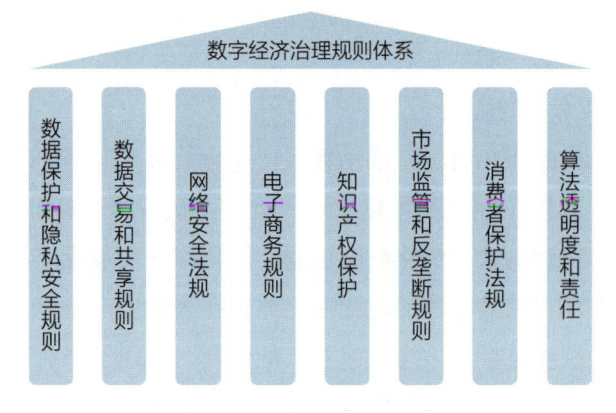

图 5-1 数字经济治理规则体系

2. 市场监管不断健全

（1）强化协同治理和监管机制

强化协同治理和监管机制对推动数字产业化具有重要作用。首先，通过跨部门、跨层级、跨区域的协同监管，可以明确监管范围和统一规则，加强分工合作与协调配合，为数字产业化提供稳定、有序的发展环境。其次，建立健全数字经济市场监管体系，鼓励企业诚信经营，有助于推动企业加大对数字关键核心技术的研发和应用投入，提升数字产业的创新能力，优化营商环境，进一步推动数字产业化向高端、高质、高效方向发展。再次，加强协同治理和监管机制还有助于解决数字基础设施布局不尽合理、数字经济国际竞争力相对不足等问题，推动数字产业化的可持续发展。最后，协同治理机制可以加强国际间的沟通与合作，缩小区域间、企业间的数字鸿沟。地方政府制定协同治理和监管机制的重要举措及其关键点见表5-4。

表 5-4　地方政府制定协同治理和监管机制的重要举措及其关键点

编号	重要举措	关键点
1	建立多层次治理结构	·政府主导：建立统一的领导机构，负责制定数字战略和政策，协调行动 ·行业自律：鼓励行业协会或专业机构制定行业标准和自律规则 ·社会参与：推动社会组织和消费者团体参与数字经济治理，增强政策的透明度和公众参与度
2	强化跨部门、跨层级、跨区域、跨场景协同	·明晰各部门和监管机构的职责 ·加强分工合作与协调配合，确保监管范围和规则的统一性 ·探索开展跨场景跨业务跨部门联合监管试点
3	加强数据治理	·建立全面的数据分类、管理和使用体系，确保数据的安全、有效和合规使用 ·强化数据交易市场的监管，确保数据交易的透明和公正，保护数据主体权益
4	建立数字市场监管机制	·保障公平竞争、消费者权益和市场秩序，重点监管互联网广告、电商平台的规范经营等
5	技术标准和互操作性	·制定统一的技术标准，促进不同系统和服务之间的兼容和互操作 ·推动开放标准和开源技术的采用，减少技术垄断和提高行业整体创新能力
6	跨国合作与国际标准	·在国际层面上，参与或领导全球数字治理的讨论和标准制定，推动国际规则的统一和协调 ·与其他国家合作，共同打击跨国数字犯罪，加强数据跨境流动的监管

（2）税收监管和稽查机制优化

税收监管和税务稽查在构建数字经济市场监管体系中的作用至关重要，它们为数字经济的健康、规范发展提供了坚实的制度保障。其主要作用包括：在数字经济中，许多业务模式和交易形式是传统税法未曾预见的，如跨境电子服务、数字货币交易等。税收监管和税务稽查确保所有经济活动都能够按照公平、透明的规则纳税，避免税基侵蚀和利润转移，保证税收的公平性；税务稽查的存在增强了企业的税收合规意识。通过定期的审查和稽查，推动企业遵守税法规定，采取合法的经营和财务行为，从而维护健康的市场环境；税收监管有助于确保消费者在进行数字经济交易时不会因企业逃税等不正当竞争行为而受到不公平待遇。例如，确保所有在线销售的商品和服务都适当征税，防止因逃税导致的价格扭曲。在推进税收监管和稽查过程中，需要关注的重点事项和解决途径见表 5-5。

表 5-5 推进税收监管和稽查过程关注的重点事项和解决途径

编号	重要事项	解决途径
1	完善税收法规和政策	·完善税收法规：针对数字经济的特点，及时修订和完善相关税收法规，为税收监管和稽查提供法律保障 ·制定优惠政策：在加强监管的同时，也要考虑制定合理的税收优惠政策，鼓励数字经济的健康发展
2	公正透明的纳税流程	·确保税务稽查过程的透明度，让纳税人清楚理解税务决策的依据和程序 ·提供有效的申诉和纠纷解决机制，确保纳税人的合法权益得到保护
3	加强数据和技术应用	·数据共享与协作：加强税务部门与数字经济企业、金融机构、电商平台等的数据共享和协作，实现信息互通，提高监管和稽查效率 ·利用现代技术：借助大数据、云计算、区块链等现代信息技术手段，对数字经济进行实时监控和预警，提高监管和稽查的精准度和效率
4	加强隐私和安全管控	·在收集和处理企业及个人数据时，严格遵守隐私保护法规，确保所有敏感信息的安全 ·设立严格的数据访问和控制机制，防止数据泄露和滥用
5	建立风险防控机制	·识别高风险领域：针对数字经济的特点，识别出可能存在的高风险领域和环节，如跨境电商、在线支付等，加强监管和稽查力度 ·建立风险评估机制：建立科学的风险评估机制，对数字经济企业的税收风险进行定期评估，及时发现和解决潜在问题
6	推动教育与培训	·对税务官员进行持续的教育和培训，以确保他们了解最新的数字经济发展趋势和相关的税收政策 ·增强公众对数字经济税收政策的理解和认知，促进税收合规性

(3) 构建数字化联动监管平台

基于大数据、物联网、人工智能、区块链等新技术构建数字产业监管决策分析平台，搭建一套全方位、多层次、立体化的监管体系，对数字产业化运行和发展实现全过程、全链条、全领域的监管，为数字产业的健康发展提供技术平台支撑。数字化联动监管平台的核心能力见表5-6。

表5-6 数字化联动监管平台的核心能力

编号	核心能力	具体内容
1	数据集成与分析能力	·数据采集：系统应具备从各种来源自动采集数字经济相关数据的能力 ·数据整合：实现对数据的整合，包括数据清洗、标准化和格式化等 ·数据分析：利用大数据分析工具和技术，分析数字经济活动的趋势、模式和风险
2	智能预警与响应能力	·预警机制：基于预设的规则和算法，实时监控数字经济活动，并对异常情况自动预警 ·快速响应：在触发预警后，自动生成响应策略，启动相应监管预案
3	监管决策支持能力	·风险评估：对数字经济活动进行风险评估，为监管决策提供科学依据 ·政策模拟：利用模拟技术，系统应能够模拟不同政策对数字经济的影响
4	跨部门协作与信息共享能力	·协作平台：系统应提供一个协作平台，使不同部门能够共享信息、交流意见和协同工作 ·数据共享：在确保数据安全和隐私的前提下，系统应实现数据在部门之间的共享
5	技术创新与应用能力	·技术更新：系统应能够及时更新技术组件和算法，以适应新的监管需求 ·创新应用：以自动化方式识别模式和异常行为，提高监管效率和精确度
6	安全性防控能力	·安全防护：构建数据全生命周期安全防护体系，包括数据加密、访问控制、防火墙等 ·稳定性保障：具有容错和恢复能力，以确保在异常情况下仍能正常提供服务

3. 数字经济安全体系持续增强

我国在构建数字经济治理体系的同时，通过提升网络安全防护能力、加强数据安全保障、有效防范各类风险、完善基础设施、实施动态监测和应急响应以及加强国际合作与开放等举措，显著增强了数字经济的安全体系，为数字经济的健康发展提供了坚实的安全保障。当前，我国数字经济安全体系持续增强的主要措施见表 5-7。

表 5-7　我国数字经济安全体系持续增强的主要措施

编号	主要措施	建设内容
1	增强安全基础设施	·加强国家关键信息基础设施的保护：确保电信网络、数据中心、云计算平台等关键部分的安全稳定 ·制定并实施严格的网络安全法规。这包括定期的安全审计、漏洞扫描和修复以及应急响应计划的制定和实施
2	建立数据安全管理体系	·制定和完善数据资源管理、数据安全保护、数据开放利用等方面的法律法规和标准规范，为各领域数字化转型提供有力的制度保障和政策支持 ·在企业和机构中推广数据安全管理体系的建立和认证，如推动 ISO/IEC 27001 信息安全管理体系等国际标准的采用 ·支持和鼓励对数据加密、匿名化技术以及其他数据安全技术的研究和开发
3	加强风险治理机制	·加强网络安全法和个人信息保护法的执行力度，严格落实网络安全责任，构筑国家网络安全的坚固屏障 ·加快构建政府、企业、社会多方协同的治理模式，共同推进网络空间的治理，净化网络空间环境，构建网络空间治理法治化新格局 ·建立全国性的网络安全监测系统和快速响应机制，以及时发现网络威胁和处理各类网络安全事件，减少潜在的经济损失
4	加强国际安全合作	·在数字经济安全领域加强与其他国家和国际组织的合作，共同应对跨国网络安全挑战，参与国际规则的制定，推动全球数字经济安全治理体系的建设

（四）数字基础设施建设稳步推进

1. 信息基础设施建设取得快速发展

截至 2022 年 12 月，全国共 110 个城市达到千兆城市建设标准，千兆网络服务能力显著提升。根据《第 51 次中国互联网网络发展状况统计报告》，具备千兆网络服务能力的 10G PON（Passive Optical Network）端口[1]数达 1523 万个，比上年末净增 737.1 万个。"东数西算"工程加快实施，全国一体化大数据中心体系完成总体布局，已有 8 个国家级的"算力枢纽"节点启动建设。根据《数字中国发展报告（2022 年）》，2022 年新开工数据中心项目超 60 个，新建数据中心规模超 130 万标准机架，实现算力基础设施建设的快速增长。2017 年 9 月 29 日，我国建成全球第一条量子保密通信骨干线路"京沪干线"，标志着我国在新技术领域的领先地位。

2. 数据基础设施建设不断加速

根据《第 52 次中国互联网网络发展状况统计报告》，截至 2023 年 6 月，我国域名总数达到 3024 万个，IPv6 地址数量为 68 055 块 /32，IPv6 活跃用户数达到 7.67 亿，互联网宽带接入端口数量达 11.1 亿个，光缆线路总长度达 6196 万千米。这些数据的快速增长，为数据基础设施的建设提供了坚实的基础。移动电话基站总数达 1129 万个，其中累计建成开通 5G 基站 293.7 万个，占移动基站总数的 26%。5G 网络的快速部署，为数据的高速传输提供了有力支持。蜂窝物联网终端用户 21.23 亿户，较 2022 年 12 月净增 2.79 亿户，占移动网终端连接数的比重为 55.4%。这表明物联网设备的广泛应用，为数据基础设施的建设和应用提供了广阔的市场空间。

3. 工业互联网基础设施不断完善

工业互联网是数字经济和实体经济深度融合的关键底座。根据《2023 年电子信息行业经济运行报告》，目前，我国有一定影响力的工业互联网平台超 340 个，连接近亿台套工业设备；融入 49 个国民经济大类，覆盖全部工业大类。根据《中国工业互联网产业经济发展白

---

[1] 10G PON 端口是一种网络技术，指的是能够提供 10 吉比特每秒（10Gbps）传输速率的无源光网络端口。

皮书（2023 年）》，85% 的生产线效率明显提升，生产时间缩短 20%。2023 年，带动三大产业增加值规模达 0.06 万亿元、2.29 万亿元、2.34 万亿元，自身核心产业规模达 1.35 万亿元。工业互联网高质量外网基本实现全国地市全覆盖，工业互联网标识解析体系全面建成，截至 2021 年 5 月底，累计标识注册量达 5000 亿个。

二、数字技术发展显著

在数字产业化的发展过程中，我国正积极推动产业结构的优化升级。一方面，加强关键核心技术的研发和创新能力，推动电子信息制造业向高端化、智能化方向发展；另一方面，加快发展软件和信息技术服务业，提升服务业的数字化水平。

（一）核心产业发展呈现软硬"双轮驱动"

随着数字经济的快速发展，我国数字产业呈现软硬"双轮驱动"趋势。一方面，以软件和信息技术服务业为代表的"软"产业快速发展，其业务范围涵盖云计算、大数据、人工智能、区块链等新兴领域，为数字经济的创新发展提供了强大的技术支撑。根据《2022 年软件和信息技术服务业统计公报》，2022 年全国软件和信息技术服务业业务收入达 10.8 万亿元，规模以上企业超 3.5 万家。另一方面，以电子信息制造业为代表的"硬"产业也呈现出稳步增长的态势。根据工信部《2024 年一季度电子信息制造业运行情况》，我国电子信息制造业主营业务收入持续增长，2024 年第一季度，我国规模以上电子信息制造业增加值同比增长 13%，增速分别比同期工业、高技术制造业高 6.9 个和 5.5 个百分点。其中，3 月，规模以上电子信息制造业增加值同比增长 10.6%。

（二）新兴产业布局热度持续升温

在数字经济时代，新兴产业布局成为我国科技创新和经济发展的重要方向。一方面，我国积极推动人工智能、大数据、云计算等前沿领域的研究与应用，数据中心、云计算、大数据、物联网等新兴业务快速发展。《2022年通信业统计公报》显示，2022年共完成业务收入3072亿元，比上年增长32.4%。这些新兴产业正在逐渐成长为引领数字经济发展的重要力量。当前，全国已有超过30个城市正在建设或计划建设"智算中心"。另一方面，我国还加强了对虚拟现实、区块链等新兴技术的研发和应用，这些技术有望在未来成为新的经济增长点。中国发展改革报社于2024年1月10日发表的文章《从业界新变化看战略性新兴产业的2023年》显示，2022年，我国战略性新兴产业增加值占GDP的比重超过13%。截至2023年9月，战略性新兴产业企业总数已突破200万家。其中，生物产业、相关服务业和新一代信息技术产业企业占比最多，分别为25%、19%和17%。

（三）核心数字技术产业向高端化升级

近年来，我国数字技术创新驱动发展成效显著。具体体现在：在半导体产业领域，加强推动研发自主化和高端化，旨在减少对外部先进芯片的依赖，包括加大对集成电路设计、晶圆制造、封装测试等全产业链的投资和研发；在人工智能领域，推动从应用扩展到核心算法和高性能计算平台的自主研发，重点发展机器学习、深度学习、神经网络和自然语言处理等技术；在高端制造和智能制造领域，推动传统制造业的数字化、网络化和智能化转型，重点发展智能制造系统解决方案，包括工业互联网平台、智能工厂和数字化车间；在新能源汽车领域，中国积极发展电池技术、电驱动系统和智能网联技术，推动汽车产业向电动化、智能化转型；在量子计算和通信领域，我国进行了重大投资和研究，如发射世界首颗量子科学实验卫星"墨子号"和开发量子计算原型机。这些领域的高端化升级体现了中国在核心数字技术产业方面的战略意图和行动力，提升了我国的科技实力和国际竞争力，同时也促进了经济结构的优化和升级。同时，还要看到，我国数字技术创新潜能还需进一步挖掘，并逐步改变在关键领域核心技术受制于人的不利局面。

（四）算力经济方兴未艾

近年来，我国政府高度重视算力产业的发展，出台了一系列相关政策，加大对算力产业的支持力度。当前，我国算力产业链已经初步形成，涵盖由设施、设备、软件供应商、网络运营商构成的上游产业，由基础电信企业、第三方数据中心服务商、云计算厂商构成的中游产业，以及由互联网企业、工业企业以及政府、金融、电力等各行业用户构成的下游产业。算力已经成为我国数字政府、工业互联网、智慧医疗、远程教育、金融科技、航空航天、文化传媒等多个领域的重要基础设施。这些领域对高效算力资源的共性需求呈现指数级增长，推动了算力经济的蓬勃发展。近五年，我国算力产业规模平均增速超过30%，算力总规模超过140EFlops（Exa Floating-point Operations Per Second）[1]，排名全球第二。此外，《中国电子报》于2022年8月8日发表的文章《我国算力核心产业规模达1.5万亿元 位居全球第二》显示，互联网数据中心服务市场规模超过1500亿元，云计算市场规模超过2000亿元，人工智能核心产业规模超过4000亿元。随着算力规模的持续扩大，我国还将加大对低能耗、绿色算力的研究力度，推动算力产业向低碳、环保方向发展。同时，我国将加强对数据安全、隐私保护技术的研究和应用，确保算力在为各行各业提供支撑的同时，兼顾安全和隐私。

（五）数字产业集群化发展

数字产业集群是数字产业发展的高级形态，是推动经济高质量发展的新引擎。我国为推动数字产业集群化发展，提供了一系列的政策

---

[1] 是指一种计算性能的度量，表示每秒可以进行140×1 000 000 000 000 000 000次浮点运算。

支持，实施"互联网+"行动计划、"数字中国"建设等国家战略，来推动数字产业集群的发展。同时，还提供了大量的财政支撑，包括税收优惠、资金补贴、产业基金等，激励企业研发创新。数字产业集群通常与当地的高等院校和研究机构密切合作，形成了产学研一体化的创新体系。这种合作模式加速了科研成果的产业化进程，增强了区域内的创新能力和竞争力。目前，我国在全国多个城市设立了国家级高新区、科技园区和数字产业园，形成了以北京中关村、上海张江、深圳前海等为代表的数字产业集群。其他省市也纷纷根据自身优势发展特色，因地制宜、分类打造了区域数字产业集群。例如，南京重点建设万亿级国家软件和信息服务集群；根据《2023年安徽省政府工作报告》，安徽合肥的"中国声谷"入园企业超过2100家，2023年营业收入超过3000亿元。

三、跨行业融合创新发展

数实融合对实体经济的影响是全方位的，它提升了生产效率、促进了产业升级、增强了实体经济竞争力，并使其更具韧性。这些影响不仅体现在具体的企业层面，也体现在整个产业和经济体系的层面。可以充分利用我国实体经济规模大、门类齐全、完整性好、增长潜力大以及数字经济迅猛发展的综合优势，推进数实融合，能够形成数字技术对经济发展的放大、叠加、倍增效应，真正形成竞争力强的现代化产业体系，在全球产业体系竞争中占据优势。

（一）数实融合成为新发展理念的主线

数实融合通过数字技术在实体产业全要素、全流程、全链条深度渗透和创新应用，实现新发展理念在推动实体经济高质量发展中的全面贯彻。近年来，我国数实融合的发展在创新、协调、开放、绿色、共享五个方面都取得了显著的成效，不仅推动了经济的高质量发展，还促进了社会的全面进步。数实融合典型应用见表 5-8。

表 5-8 数实融合典型应用

编号	具体体现	典型应用
1	创新发展	·技术创新：数字技术为实体经济提供了强大的支撑和动力，如云计算、大数据、人工智能等 ·业态创新：推动了产业的升级和转型，如智能制造、智慧农业、数字金融等 ·服务创新：满足了人民日益增长的多元化需求，如在线教育、远程医疗等
2	协调发展	·产业链协调：数实融合促进了产业链上下游的紧密合作，实现了资源的优化配置和高效利用 ·区域协调：通过数字化手段打破了地域限制，促进了资源的跨区域流动和共享 ·城乡协调：数实融合有助于缩小城乡差距，推动农村地区的经济发展和产业升级
3	开放发展	·国际合作：数实融合加强了国际间的合作与交流，推动了全球数字经济的共同发展 ·跨境电商：数字经济推动了跨境电商的发展，促进了国际贸易的便利化和多元化 ·数据共享：数实融合推动了数据资源的共享和开放，为全球合作提供了更广泛的信息资源
4	绿色发展	·节能减排：数实融合有助于提升能源利用效率和降低能耗，推动了绿色能源的发展和应用 ·循环经济：通过数字化手段实现了资源的循环利用和废物减量 ·低碳转型：助推了全行业的低碳转型，通过技术创新和产业升级实现了经济的绿色增长
5	共享发展	·数字红利：数实融合让更多人享受到数字经济的红利，提升了人民的生活质量和幸福感 ·普惠金融：使得金融服务更加普惠和便捷，为小微企业和低收入群体提供了更多的融资机会 ·社会公平：通过数字技术的应用提升了社会的治理效率和公共服务的均等化水平

（二）助推传统产业"脱胎换骨"式改造

新一代信息技术与传统产业的不断融合，极大地改变了传统产业生产方式、产品创新、营销模式、供应链管理、客户管理等企业的各个领域，在一定程度可以说，为实施数字化的企业带来了"脱胎换骨"式的改造。根据新华网文章《数字经济和实体经济融合发展报告（2023）：数字化赋能新型工业化创新实践》，以数字技术与工业融合发展为例，截至2023年6月，制造业重点领域关键工序数控化率、数字化研发设计工具普及率分别达60.1%和78.3%，比10年前分别提高33.1个和26.4个百分点；工业互联网成为工业制造的新型基础设施，连接工业设备超过8900万台套，日益融入45个国民经济行业大类生产活动全要素、全产业链、产品全生命周期。

（三）打破传统行业壁垒

跨行业合作有助于打破传统行业壁垒，推动创新模式的产生。企业可以跨越自身的领域，结合其他行业的优势，创造出全新的商业模式和产品。这种创新模式不仅为企业带来了更广阔的发展空间，也推动了整个行业的创新与发展。以广汽绿色智能车居项目为例，该项目整合了广汽集团在能源管理和智能网联技术方面的优势，实现了与电网、房产、智能家居等行业的融合互动。这种跨行业合作不仅推动了新能源汽车产业的发展，也为消费者带来了更加便捷、智能的出行体验。

四、数字产业竞争环境加剧

由于技术创新加速、市场需求旺盛、政策支持、资本市场活跃等多重因素，一方面推动了数字经济的发展；另一方面也加剧了市场竞争的激励程度。数字产业竞争环境的加剧，要求企业必须在技术创新、市场策略、人才引进、数据安全、合规经营等方面下功夫，才能在激烈的市场竞争中立于不败之地。同时，政府的监管政策和全球市场的动态也对企业提出了更高的要求，只有不断提升自身的综合竞争力，才能在快速变化的数字产业环境中实现可持续发展。

（一）技术研发挑战

数字产业涉及人工智能、大数据、物联网、云计算等前沿技术，这些技术具有较高的复杂性和技术门槛，需要企业具备深厚的技术积累和专业知识，前沿技术的研发通常需要较长的周期，从基础研究到应用落地，过程复杂且不确定性高，还可能面临技术路线选择错误、研发失败、市场需求多变等问题。另外，数字产业的技术研发需要大量的资金投入，包括设备采购、实验室建设、人才招聘等，高额的研发成本对企业特别是中小企业形成了较大压力。

（二）市场竞争的激烈化

新技术不断涌现且更新速度快，企业需要快速跟进技术发展，不断强化或保持技术领先地位，以避免被竞争对手超越，为获取技术上的竞争优势，企业需要持续高额投入研发，这对企业的资金、资源、协同管理都是巨大的考验。随着越来越多的企业进入数字产业，市场逐步趋于饱和，企业面临着抢占市场份额的巨大压力，通过压低产品和服务价格来保持或扩展市场份额，导致整体市场利润空间缩小。一些大型企业利用已经建立起来的强大的品牌和口碑，占据市场主导地位，形成市场或技术垄断，新进入者需要投入大量资源和时间才能打破壁垒，获取市场认可。

（三）数据安全问题突出

在数字产业竞争加剧的环境中，数据安全问题主要表现在数据基础设施频受攻击、数据泄露和窃取、数据滥用和违规使用、法律法规遵守问题、员工数据安全意识以及应急响应和恢复等多个方面。企业需要采取综合性的安全措施，加强数据保护，提升安全管理水平，才能在激烈的市场竞争中保护自身和用户的数据安全。数据安全问题的具体挑战及其表现见表 5-9。

表 5-9　数据安全问题的具体挑战及其表现

编号	主要挑战	主要表现
1	数据基础设施频受攻击	·国内数据基础设施，大量采用如 Hadoop、Spark 等开源架构，而这些架构设计之初未充分考虑安全和隐私保护的需求，导致安全机制相对简单和粗放。随着数据应用走向深入，大数据基础设施在安全技术和标准等方面的不足逐渐凸显，数据丢失及泄露风险加大
2	数据泄露和窃取	·黑客入侵和网络攻击频繁发生，企业面临着盗窃、勒索和恶意软件等多种风险 ·未经授权的数据访问和泄露事件频发，可能导致企业敏感信息、客户数据等商业机密被窃取
3	数据滥用问题	·在数据多层级、多系统、多角色的使用、提取过程中，存在数据泄露、数据资源滥用等风险，无法满足监管部门对数据安全的要求 ·某些企业或个人可能未经授权地获取、使用或传播他人数据，侵犯数据权益和隐私
4	合法合规问题	·随着数字经济的发展，政府和监管机构对数据安全的要求也在不断提高。然而，一些企业可能未能及时了解和遵守相关的法律法规和合规性要求，导致数据安全问题
5	员工数据安全意识	·数据安全不仅仅是技术问题，也涉及员工的行为和习惯。然而，一些员工可能缺乏足够的数据安全意识，未能识别和应对潜在的威胁
6	数据共享风险	·数据开放共享扩大了数据访问的范围，但在数据流转过程中，共享管理责任不明确、数据超范围共享、扩大数据暴露面等安全风险和隐患将增加数据泄露风险

　　近年来，国家间数字产业的竞争日益加剧，主要表现为市场份额竞争、技术竞争、产业链竞争、政策和法规影响、市场准入壁垒、人才竞争、创新生态系统以及文化和市场差异等方面。企业需要提升技术能力，加强国际合作，优化全球供应链管理，适应不同国家和地区的法律法规和市场环境，才能在激烈的国际竞争中取得成功。各国需要加强合作与交流，共同推动数字经济的健康发展。国际竞争的主要特征表现见表 5-10。

表 5-10 国际竞争的主要特征表现

编号	主要领域	主要表现
1	市场份额竞争	·在全球数字经济市场中，各国企业竞相争夺市场份额。这不仅体现在传统产业的数字化转型上，也体现在新兴数字产业的快速发展上 ·跨国企业、单一技术或单一产业的竞争正转变为融合了基础设施、技术标准、成果转化跨界融合、智能应用、网络协同等多个环节、多个领域的综合创新实力的竞争
2	技术创新竞争	·各国在数字经济领域的竞争已经从基础型数字经济拓展到覆盖技术型数字经济、资源型数字经济、融合型数字经济、服务型数字经济等在内的多个领域 ·移动互联网、物联网、云计算、大数据、人工智能等新一代信息技术的竞争加剧，各国纷纷加大在这些领域的研发投入，力图掌握核心技术，形成竞争优势
3	规则标准竞争	·在数字经济领域，国际规则和标准的制定对于各国企业的竞争力具有重要影响。各国纷纷加大在国际组织和论坛中的参与度，力图推动制定有利于本国利益的规则和标准。例如，在5G、人工智能等关键领域，各国都在积极争夺话语权，力图主导相关标准的制定和推广
4	市场准入壁垒	·技术标准和认证：不同国家和地区的技术标准和认证要求不同，企业在进入国际市场时需要满足当地的技术标准和认证要求，增加了企业进入市场的难度 ·市场准入限制：一些国家对外国企业进入本国市场设置了限制，如对外资持股比例、数据存储要求等，增加了企业进入国际市场的障碍
5	产业链竞争	·全球供应链竞争：数字产业的全球供应链高度复杂，各国企业在供应链管理、生产效率和成本控制等方面展开激烈竞争 ·核心技术自主可控：面对国际竞争和贸易摩擦，各国加强对核心技术的自主可控能力建设，推动关键技术和核心部件的国产化，减少对外国供应商的依赖
6	政策和法规影响	·贸易政策和关税：国际贸易政策和关税措施对数字产业的竞争产生重大影响。各国可能通过关税、贸易壁垒和补贴政策保护本国企业，增加了国际竞争的复杂性 ·数据保护法规：不同国家和地区的数据保护法规差异较大，企业需要遵守各国的法律法规确保数据安全和合规，增加了运营的复杂性和成本
7	人才争夺竞争	·全球人才争夺：数字产业的快速发展对高端技术人才的需求旺盛，各国企业在全球范围内争夺顶尖人才，人才竞争激烈 ·人才流动性：高端技术人才的流动性较大，企业需要提供有吸引力的薪酬待遇和发展机会，才能吸引和留住顶尖人才

第二节 数字产业化发展中的"挑战"

一、技术"难点"

技术是数字产业化进程中的重要驱动力，但也是面临的主要难点之一。技术的难点主要表现在技术复杂性、集成难、更新快、成本高等方面。在数字产业化进程中，需要通过持续的技术创新、人才培养和政策支持等方式加以解决。

技术难点在数字产业化中的主要表现和特征包括以下几点。

技术复杂性：数字产业化涉及的技术通常具有高度复杂性，如人工智能、大数据、云计算、物联网等，这些技术的研发和应用需要深厚的技术积累和专业知识。

技术跨界性：数字技术往往涉及跨学科、跨领域的知识，需要将计算机科学、数据科学、通信技术、自动化等多个领域的技术进行融合。

技术更新速度快：数字技术的发展更新迅速，新技术、新应用不断涌现，企业和组织需要持续跟踪技术发展趋势，快速掌握和应用新技术。

技术安全挑战：随着数字技术的广泛应用，技术安全问题日益突出，如数据泄露、网络攻击、系统漏洞等，需要不断加强技术安全防护措施。

技术实施难度：将先进的数字技术应用到实际生产和经营中，需要解决技术实施的难度，如系统集成、设备兼容、人员培训等问题。

技术成本控制：投入高昂的技术研发和应用成本是企业面临的一个重大挑战，需要在保证技术先进性的同时，有效控制成本。

二、标准与规范难点

在数字产业化过程中，标准与规范是制约数字产业化发展的突出难点之一。数字产业化涉及多种技术，如云计算、大数据、人工智能、物联网等，每种技术都有自己的特点和要求，制定统一的标准和规范具有一定的复杂性。

其次，数字技术发展迅速，新技术不断涌现，旧技术迅速过时。数字产业化的标准和规范的制定和更新往往滞后于技术发展，难以及时适应技术变化。

再者，数字产业化具有全球性特征，不同国家和地区可能有不同的标准和规范，国际间的标准协调和一致性会成为挑战。随着数字技术的广泛应用，数据安全和隐私保护成为重要问题。如何在标准和规范中充分考虑安全和隐私保护，如何在技术发展与隐私保护需求之间取得平衡，也是一个难点。

此外，在制定标准和规范的过程中，需要协调政府、企业、行业协会、研究机构等诸多利益相关方的利益和诉求，达成共识并推动标准的制定和实施本身就是一个异常复杂的过程。

以下是标准与规范建设中存在的主要难点。

技术标准不统一：在数字产业化过程中，不同技术平台和系统可能采用不同的技术标准，导致技术兼容性和互操作性问题，增加了系统集成的难度和成本。

数据标准缺乏：缺乏统一的数据标准和格式，导致数据交换和共享困难，影响数据的有效利用和价值挖掘。

安全与隐私保护标准不足：数字化过程中涉及大量个人和敏感数据，缺乏明确的安全和隐私保护标准，增加了数据泄露和滥用的风险。

行业应用标准缺失：在特定行业领域，如智能制造、数字医疗等，缺乏行业应用的标准和规范，影响了数字技术的广泛应用和推广。

国际标准协调难度大：随着数字产业化的全球化发展，需要与国际标准进行协调和对接，但不同国家和地区的标准体系可能存在差异，增加了国际合作和贸易的难度。

为了解决这些难点，需要加强国内外标准的协调和统一，推动制定和完善数字化相关的技术标准、数据标准、安全标准和行业应用标准，加强监管和法律规范的建设，以支持数字产业化的健康发展。

三、安全难点

随着数字化水平的提高与应用的扩展，企业面临来自网络的各种攻击，如黑客攻击、病毒感染、勒索软件等，防御这些攻击的难度不断增加。企业的数字化系统和软件可能存在技术漏洞，如果不及时发现和修复，可能会被攻击者利用，对系统安全造成威胁。企业内部员工也可能因为误操作或恶意行为而导致安全事件，内部威胁的防范和管理是一个复杂的、长期的问题。此外，数字化企业需要遵守越来越多的法律和合规要求，如数据保护法、网络安全法等，确保合规性是一个挑战。这一系列的因素，导致数字产业化发展过程中，安全问题成为企业关注的核心问题。

以下是安全问题主要控制点。

数据安全：随着大量数据的收集、存储和处理，数据泄露、篡改和丢失的风险增加，保护数据安全成为重大挑战。

网络安全：数字化系统依赖网络通信，面临黑客攻击、病毒感染、网络钓鱼等网络安全威胁。

系统安全：数字化系统的软硬件可能存在漏洞，容易受到攻击和破坏，维护系统的稳定性和完整性具有挑战性。

内部威胁和误操作：内部员工可能因为操作失误、滥用权限或故意破坏等行为，导致系统安全受到威胁。

身份验证和访问控制：在数字化环境中，确保只有授权用户才能访问敏感数据和系统资源，防止未经授权访问，是一个重要的安全难点。

隐私保护和合规性：在处理个人数据时，需要遵守越来越严格的隐私保护法律和规定，如何在保护隐私和促进业务发展之间取得平衡，是一个很大的挑战。

提高员工的安全意识，定期进行安全培训，是防止安全事故的重要措施，但在实践中往往容易被忽视。

解决这些安全难点需要采取综合措施，包括加强技术防护、建立完善的安全管理体系、提高员工安全意识、遵守法律法规等。

四、人才培养难点

在数字产业化实践中，人才培养是关键难点之一。首先，数字产业化需要的人才往往要求掌握复杂的技术技能，如编程、数据分析、人工智能等，这些技能的培养需要较长时间和实践经验。随着数字化转型的推进，对数字技术人才的需求日益增加，但高技能人才的培养速度跟不上市场的需求，导致人才短缺。其次，传统的教育体系可能没有及时适应数字化时代的需求，课程内容和教学方法可能与实际工作需求存在差距。此外，数字产业化往往需要跨学科的知识和技能，如结合计算机科学、数学、经济学等，这增加了人才培养的难度。这些因素的叠加造成人才培养成为制约数字产业化发展的关键问题。

以下是人才培养难点的具体表现形式。

人才供需不平衡：数字产业化对人才的需求日益增长，特别是在数据分析、人工智能、网络安全等领域，而相关领域的专业人才培养往往滞后于市场需求，导致供需不平衡。

技能匹配问题：数字产业化需要多元化的技能组合，包括技术技能、创新能力、商业理解等，而现有的教育体系可能无法完全满足这些复合型技能人才的培养需求。

快速技术变革：数字技术的快速发展和更新换代要求人才不断学习新知识、新技能，保持技能的时效性和竞争力，这对个人和组织的学习能力提出了挑战。

实践经验缺乏：理论知识与实际应用之间往往存在着差距，缺乏实践经验的人才难以满足数字产业化的实际工作需求。

教育资源不均衡：高质量的教育资源在不同地区、不同机构之间分布不均，导致部分地区和群体难以获得有效的数字技能培训。

跨学科融合难度：数字产业化需要跨学科融合的人才，如将计算机科学与行业知识相结合，但传统教育体系中跨学科融合的课程和项目相对较少。

持续学习文化缺失：在一些企业和组织中，缺乏鼓励员工持续学习和自我提升的文化和机制，提高了人才的长期发展的可能性。

五、产业融合难点

在数字产业化中，产业融合是重大难点之一。产业融合难涉及技术兼容性、业务流程整合、数据共享、文化冲突、利益协调、法律适应以及市场推广等一系列的难题。

以下是产业融合难的典型特征。

技术兼容性问题：不同产业的技术体系和标准可能不一致，导致技术融合时出现兼容性问题，如数据交换格式、通信协议等。

业务流程整合难度：不同产业的业务流程和操作逻辑可能存在差异，融合过程中需要调整和整合业务流程，实现高效协同。

数据共享和利用障碍：产业融合需要实现数据的跨界共享和高效利用，但这也可能面临数据隐私、数据安全、数据标准不一致等障碍。

文化和管理差异冲突：不同产业的企业文化和管理风格可能不同，融合过程中需要克服文化差异和管理冲突，建立有效的协作机制。

利益协调和分配问题：产业融合涉及多方利益相关者，如何公平合理地协调和分配利益，避免利益冲突，是一个很大的挑战。

法律法规适应性问题：现有的法律法规体系可能未能充分适应产业融合的新需求，需要不断更新和完善相关政策法规。

人才培养和交流障碍：产业融合需要跨领域的复合型人才，但现有的教育和培训体系可能难以满足这一需求，人才交流和培养机制需要改进。

市场接受度和推广难题：新兴的融合产业可能需要一定时间才能让市场和消费者接受和适应，推广过程中可能遇到市场认知度低、消费适应性低等问题。

为了解决上述问题，需要加强跨界合作，推动技术标准化、业务流程优化、数据共享机制建立、文化融合、政策支持和人才培养等方面的工作。

六、市场应用难点

在数字产业化中，市场应用是重大难点之一。主要原因包括市场认知度不足、消费者习惯改变难度、应用场景匹配难题、商业模式创新困难、竞争和市场壁垒、法律法规和政策限制以及技术成熟度和稳定性。

以下是数字产业化过程中，市场应用难的主要特征。

市场认知度不足：新兴数字化产品和服务的概念和价值可能未被市场充分认识，导致消费者和企业对其接受度不高。

消费者适应性问题：数字化产品和服务可能需要用户改变原有的使用习惯，消费者对新技术的适应过程可能较慢，影响着产品的推广速度。

应用场景不匹配：数字技术在实际应用中可能难以找到合适的场景，或者技术与场景之间存在不匹配的问题，影响了技术的有效落地。

商业模式不明确：数字化转型常伴随商业模式的创新，但新商业模式的可行性和盈利模式可能不明确，增加了市场推广的不确定性。

市场竞争压力大：数字化领域竞争激烈，新进入的产品和服务需要面对来自传统行业巨头和新兴技术企业的竞争。

政策和法规限制：数字化产品和服务的推广可能受到数据保护、知识产权、行业监管等法律法规的限制，影响着市场应用的范围和速度。

技术安全和稳定性问题：数字化技术的安全性和稳定性问题，如数据泄露、系统故障等，可能影响用户对产品的信任度和接受度。

投资回报周期长：数字化转型和市场应用往往需要较大的前期投资，而投资回报可能需要较长时间，增加了企业的经营风险。

要解决上述市场应用难点，需要企业深入理解市场需求，不断优化产品和服务，创新商业模式，提高技术的安全性和稳定性，同时积极应对法律法规的变化，以促进数字化产品和服务在市场的成功应用。

七、政策与法律难点

随着数字化的高速发展，政策与法律监管、执行越发重要，成为制约数字产业发展的关键因素。

政策与法律成为难点问题，主要体现于以下形式。

法律法规滞后：数字技术发展迅速，而立法过程相对较慢，导致现有的法律法规往往难以及时适应新技术和新业态的发展需求。

监管不明确：数字产业化涉及多个领域，不同领域的监管机构和规则可能存在重叠或不一致，导致企业面临监管不明确的问题。

国际标准和规则差异：随着数字产业化的全球化发展，不同国家和地区的法律法规、标准和规则可能存在差异，给跨国经营的企业带来合规挑战。

知识产权保护难度增加：数字化环境下，知识产权的保护面临新的挑战，如网络侵权、数字内容的版权保护等，需要完善相关的法律法规。

跨界融合的法律挑战：数字产业化往往涉及产业间的融合，如互联网与传统行业的结合，这种跨界融合可能涉及多个法律领域，增加了法律适用的复杂性。

法律实施和执行难度：即使有相关法律法规，但在实际执行中也可能面临监管资源不足、执法难度大、技术鉴定复杂等问题。

因此，为了应对数字产业化中的政策与法律难点，需要不断完善和更新法律法规体系，加强国际合作，明确监管责任，加大法律执行力度，以适应数字产业化的发展需求。

第三节　把握数字产业化发展"关键"

一、推动数字产业化过程中防"激进"

（一）地方避免过度投资策略

1. 精确的需求分析

精准的需求分析有助于清晰地界定数字化转型的具体目标和范围，避免盲目跟风或投资于与核心业务无关的领域。通过准确识别政府或企业的需求，确定最具潜力和价值的投资方向，从而提高投资回报率，实现资本的有效增值，实现更有效地分配资源，将资金和人力集中投入最需要和最有价值的领域，提高投资效率。这还有助于识别和评估潜在的投资风险，政府或企业可以根据风险程度合理调整投资计划，避免不必要的损失。同时，有助于政府或企业及时捕捉市场变化和客户需求的动态，确保投资决策与市场趋势保持一致，增强竞争力。

2. 明确的投资预算

首先，明确的投资预算有助于企业评估和管理与数字化转型相关的风险，控制转型过程中的成本，避免因过度投资而引发的财务危机或资金链断裂。其次，通过设定预算，企业可以更合理地分配资源，将资金投入最关键和最有价值的领域，提高投资效率。此外，预算的设定为项目的后续评估和监控提供了基准，有助于及时发现问题并调整投资计划。

3. 逐步实施的策略

通过分阶段实施，可以在每个阶段评估项目的效果和风险，及时调整或停止不成功的项目，从而降低整体投资风险。在初期阶段进行小规模试点，可以验证项目的可行性和预期效果，为后续投资提供依据，避免基于错误假设的大规模投资。数字化转型过程中市场和技术可能会发生变化，逐步实施策略可以提供灵活性，使企业能够及时适应变化并调整投资计划。这还有助于更有效地分配资源，确保在每个阶段将资源集中在最关键的领域，提高资源利用效率。此外，这样还可以使组织在每个阶段积累经验和知识，为后续阶段的成功实施打下基础。

4. 持续的投资评估

持续的投资评估有助于实时监控项目的进展和成果，确保投资目标的实现，及时发现偏差并进行调整，避免盲目投资，还可以及时识别潜在的风险和问题，采取预防或纠正措施，避免投资损失。同时，有助于企业更有效地分配资源，将有限的资金和人力资源集中投入最有价值和最有前景的项目中。

（二）地方避免盲目跟风策略

地方政府在推进数字产业化发展过程中，避免盲目跟风的关键策略如下。

1. 以政策导向牵引数字产业化发展

政府应该制定明确的数字产业化发展政策，可以帮助引导社会资源和资本流向有利于国家经济和社会发展的数字产业领域，避免资源的浪费和盲目投资。可以促进不同产业之间的协同发展，推动传统产业的数字化转型和新兴数字产业的健康成长。明确的政策导向主要内容包括：制定区域具体的发展规划和战略；结合区域本身的资源优势、特色，建立数字产业化发展政策体系，为数字产业化发展提供良好的政策环境，比如：推动技术创新和研发、培育市场主体、推动数字基础设施建设、加强人才培养和引进、加强国际合作等相关的政策。

2. 加强数字产业化的顶层设计

政府通过制定清晰的数字产业化发展目标和战略方向，确保各项政策和措施围绕这些目标进行。加强各部门之间的沟通和协调，确保政策推进与执行的连贯性和一致性，避免资源的重复投入和政策的冲突。通过顶层设计，确定数字产业化的重点发展领域和关键技术，集中资源和力量进行支持和引导。为了确保各项政策措施得到有效执行，还需要对战略规划执行环节的监督和评估，并根据评估结果及时调整和完善政策。通过加强数字基础设施建设，为数字产业化发展提供坚实的物理基础和网络支撑。

3. 推动产学研合作

政府应该促进产学研合作，鼓励企业、高校和研究机构共同开展技术研发和创新，避免重复投资和盲目跟风。通过构建以数字经济发展为核心的产学研合作的交流平台和机制，促进企业、高校和研究机构之间的信息共享和资源互补。同时，确定合作的重点领域和方向，聚焦数字产业化的关键技术和产业发展需求，避免资源的分散和浪费。还可以通过制定相关政策和措施，为产学研合作提供资金支持、税收优惠等激励，降低合作风险和成本。构建良好的营商环境和配套的金融支持，促进科研成果的转化和产业化应用，加强技术研发与市场需求的对接，提高创新成果的实用性和商业价值。

4. 强化技术研发和创新

地方政府通过构建以企业为主体、市场为导向、产学研紧密结合的区域创新体系，形成创新资源集聚和优势互补的格局。重点支持区域内企业和研究机构在人工智能、大数据、云计算、物联网等关键技术领域的研发和创新。通过完善区域创新政策，提供税收优惠、资金支持、人才引进等措施，营造良好的创新创业环境，鼓励和支持高新技术企业、科技型中小企业、创新型创业团队的发展，提升区域创新能力。同时，加强区域间的协同合作，促进创新资源和产业链的互联互通，提升区域整体创新能力和竞争力。

5. 注重实际应用和效果

政府推动的数字化项目应该注重实际应用和效果，避免形式主义和盲目追求规模。需要政府在确定数字产业化的方向和建设范围时，应深入研究不同行业的实际需求，有针对性地推动数字技术的应用，确保数字化转型符合行业特点和发展趋势。鼓励企业和科研机构开展应用导向的研发活动，将研究重点放在解决实际问题和提升应用效果上。在建立数字化项目的评估和反馈机制时，强化实际应用和效果的绩效评估导向，定期对项目的实施效果进行评估，及时调整优化策略和措施。还要重视数字技术和应用领域的人才培养和引进，提升行业从业人员的数字化水平，促进技术的有效应用。加强不同行业之间的交流合作，促进数字技术在更广泛领域的应用，实现资源共享和优势互补。同时，提高数字基础设施建设水平，提高网络覆盖率和服务质量，为数字化应用提供坚实的支撑。

二、推动数字产业化过程中"发力点"

（一）明确地方数字经济主管机构的工作要点

1. 数字经济政策制定与协调

在地方政府推进数字产业化过程中，建立一个主管组织机构是确保政策有效执行、资源合理分配和目标实现的基础保障。这个机构主要是代表地方政府承担两个方面的责任，一是统筹地方数字经济治理政策的制定，包括与地方人大的联络；二是协调推进数字经济治理政策的执行，特别是要消除监管空白、防止重复施政，同时也要把握不同机构推出新政的节奏。

2. 建立职责明确的组织分工

在推进数字经济发展的过程中，省、市、县的数字经济主管机构之间的关系和责任分工具有明确的层级性和协调性。省市县主管机构具体分工如下。

省级数字经济主管部门主要负责：制定全省数字化发展的长远规划和顶层设计，确保与国家战略的一致性；政策协调与资源整合，协调省内各市、县的数字化发展活动，整合省内资源，优化资源配置，统筹规划新一代数字技术产业发展和应用创新；资金分配与资源整合，负责将中央政府拨款以及省级资金分配给具体的数字化项目，以及整合省内的资源，包括高校、研究机构和企业资源；跨区域合作，推动省与省之间的合作，如数据共享、技术交流和人才培训等；监督与评估职责，监督市、县级政府的执行情况，评估整个省的数字产业化进程和效果；跨区域协调，推动在省内多个市、县之间进行项目协调和资源共享，解决跨区域发展的不平衡问题。

市级数字经济主管部门主要负责：根据省级的指导方针和政策，制订具体的市级执行计划，包括具体项目和年度目标；制定或调整地方性政策，以适应数字化转型的需要，如优化地方商业环境、鼓励数字创新等，根据省级策略，制订并实施具体的市级执行计划和项目；提供地方企业需要的支持，包括财政补贴、税收优惠、技术咨询等；负责市级的基础设施建设项目，如城市宽带网络、智能交通系统等；与地方教育机构合作，推动数字技能的教育和培训，满足数字产业的人才需求；市内协调与沟通，确保市内不同区县之间的政策和项目协调一致，有效沟通与解决问题。

区县级数字经济主管部门主要负责：具体实施省市的指导方针和政策；收集地方层面的数据和反馈，监控政策执行情况，向上级报告问题和进展；支持计算机通信和其他电子设备制造业、电信广播电视和卫星传输服务、互联网和相关服务、软件和信息技术服务业等发展，培育人工智能、大数据、区块链、云计算、网络安全等新兴数字产业；支持利用互联网平台推进资源集成共享和优化配置；引导支持数字经济领域的龙头企业、高新技术企业，以及科技型中小企业和专业化、精细化、特色化、新颖化中小企业发展。

3. 推动数字化区域协同与普惠

地方政府在推进数字产业化的过程中，推进区域协同与普惠具有重要的战略意义。这不仅有助于实现资源的最优化配置和经济的均衡发展，还能够增强整个区域内的竞争力和抗风险能力。

具体而言，区域协同与普惠在数字产业化中的关键作用体现在以下几个方面。

通过区域协同，地方政府可以在更广阔的范围内整合和共享资源，如共建数据中心、共享研发平台和人才培训资源。这种跨区域的资源整合有助于避免重复建设，降低成本，同时又能提高资源利用效率。

区域协同促进了数字经济政策和市场规则的统一，有助于打破行政壁垒，形成统一大市场。这种一体化的市场环境能够吸引更多投资，促进数字产业链的集聚和优化，提升整个区域的数字经济市场活力和竞争力。

地方政府通过普惠措施，可以支持欠发达地区的数字化建设，如提供技术支持、资金援助和政策倾斜等。这有助于缩小区域发展差异，促进社会经济的均衡发展，避免地区间的数字化贫富分化加剧。

区域协同有助于知识和技术的传播与交流。通过组织跨区域的研讨会、工作坊和技术展览等活动，可以加速新技术的传播和应用，提升整个区域的技术创新能力和应用水平。

通过区域间的协同合作，可以形成风险共担机制，比如共同应对网络安全威胁、数据泄露事件等。这种合作机制有助于提高整个区域在面对技术和市场风险时的应对能力和灵活性。

区域协同可以促进创新和创业生态的建设。地方政府可以通过建立跨区域的创业孵化器、创新中心和资本池，支持创新项目和初创企业的发展。这有助于形成活跃的创新网络和创业氛围，吸引更多的人才和资本投入。

区域协同使得政策制定和执行更加符合地方实际情况，能够集中力量解决共同面临的问题和挑战。同时，数字化跨区域的政策协调可以增强政策的连贯性和效果，避免政策碎片化。

4. 构建数字经济统计测度和评价体系

在地方政府推进数字产业化的过程中，构建一个有效的数字经济统计测度和评价体系至关重要。这一体系能够为政府提供关于数字经济发展状态和趋势的精确数据，支持更加科学和精准的政策制定与调整。构建此体系的主要作用体现在：通过设立统计测度体系，地方政府可以对数字经济的规模、增长速度和结构进行精确量化。这包括数字产品和服务的产值、数字贸易的比重，以及数字技术在各行各业中的渗透率等关键指标。这样的量化数据为评估数字经济的实际贡献提供了基础；数字经济的评价体系能够帮助政府及时了解各项数字化政策的实施效果，包括政策对经济增长、就业、创新能力和竞争力的影响。这种反馈机制对于政策的调整和优化至关重要，确保资源投入能够产生最大的效益；统计和评价体系提供的数据可以帮助政府更有效地配置资源，确保将有限的财政资金、人才和技术资源投入最具增长潜力和战略重要性的领域。这种基于数据的决策过程可以大幅提高政府投资的回报率；通过对数字经济各个部分的深入分析，地方政府能够识别关键的增长点和瓶颈，从而有针对性地推动产业结构的优化和升级。例如，可以通过数据发现需要技术改进或市场扩展的具体领域；精确的统计数据和评价结果可以作为地方政府在对外交流和谈判中的有力支撑，帮助其在全国乃至全球范围内展示地区的数字化成果，吸引外部投资，参与国际合作项目；在面对快速变化的全球经济环境和潜在的经济挑战时，一个科学的统计测度和评价体系可以帮助地方政府快速响应。利用实时数据监测和分析，政府可以及时调整策略，应对经济下行压力、市场波动等问题。

（二）推进数字化资源共享和优化配置

推进资源共享和优化配置在数字产业化过程中扮演着至关重要的角色。它涉及技术资源、数据、基础设施以及人才等多方面的内容。

有效的资源共享和优化配置不仅可以提高资源使用效率，还能促进创新、加速产业升级。

1. 提高数字化资源使用效率

资源共享可以提高硬件、软件和数据资源的使用效率。通过共享如云计算资源、高性能计算和大数据平台，企业能够以较低的成本获得较高的技术资源，避免重复投资，并降低企业创立和创新的门槛。此外，资源共享还可以帮助小企业和初创企业通过先进技术来提升其产品和服务的竞争力。

案例：上海张江高科技园区在基础设施、运营管理和产业服务等方面加强了数字资源的整合，建立包括电信中心、大数据中心和云计算平台在内的多个共享平台，这些资源为企业提供了强大的数据处理能力和存储服务，企业无须自行建设所需数据，从而减少了资本开支和运营成本。这种整合不仅包括物理设备的升级，还涉及数据流和信息系统的优化配置，从而提高了资源利用效率。

2. 促进技术创新与研发

通过建立公共实验室和研发中心，政府和私营部门可以共享研发资源，包括实验设备、测试环境和研究人员。这些资源共享促进了政企之间、企业之间的合作，还可以通过访问共享的资源和数据来开展跨学科研究，促进技术创新。此外，这些平台也为企业提供了实验和验证新技术的场所，加速了科研成果的商业化进程。

案例：杭州市政府以杭州未来科技城为载体，通过建设高频数字化基础设施，包括广泛部署的高速宽带网络、大规模数据中心以及云计算平台。这些基础设施不仅供科技企业使用，还向教育和研究机构开放，确保各方都能够高效访问和处理大量数据。未来科技城还通过推动公共数据的开放和共享，包括政府数据、科研数据和商业数据等，企业和研究机构可以利用这些数字资源进行科研分析、市场预测等，促进基于数据驱动的创新。

3. 加强产业链合作

地方政府推进数字化资源共享和优化配置对产业链的合作具有重要作用。主要体现在以下几个方面：首先，地方政府通过建立多源汇聚、关联融合、高效共享和有序开发利用的数据资源体系，为实现数字化赋能治理现代化目标提供了前提和基础，这不仅促进了企业间的知识技术整合，并对产业的创新发展起到了放大、叠加与倍增的作用[1]，有效地加强了产业链上下游企业之间的合作模式，推动产业链上下游配套，这种协同作用提高了产业链的整体效率；其次，还可以增强产业链、供应链在面对外部冲击时的抵抗力、恢复力和转变力，还为产业链与供应链主体要素和结构要素的发展提供了新的动力；再次，地方政府通过推进数字化资源优化配置，推动了要素分配体系的新变革；最后，数字化资源共享与优化配置还将强化产业链关键环节的自主可控能力。

4. 消除区域数字化技术发展不平衡

资源共享和优化配置通过向资源较少的区域转移技术和资本，有助于缓解地区发展不平衡的问题。这种策略可以提升较弱地区的产业基础，促进就业，提高当地居民的生活水平，从而实现更加均衡和包容的区域发展。主要的发力点包括：

第一，在区域建立树立数字化公共资源"一盘棋"的思想，加强数字政府的顶层设计，统筹省市的云网环境、数据共享、通用技术等基础能力建设。通过政策引导和支持，可以推动业务、技术、数据融合发展，进一步缩小区域间的数字经济发展差距。

第二，地方政府通过建立平台、整合数据资源和优化流程，可以打破数据壁垒，提高工作和为民办事的效率。这种做法不仅提升了政府治理能力现代化，还能提高群众的满意度。

第三，推进乡村治理数字化和涉农服务事项线上线下一体化办

---

[1] 陈晓东. 以数字经济提升产业链创新力[N]. 经济日报，2023-02-07（10）.

理，可以促进城乡要素双向自由流动和公共资源合理配置，形成以城带乡、共建共享的数字城乡融合发展格局。[1] 这种做法不仅有助于提升公共服务的覆盖面和均衡普惠度，还能推动适老助残无障碍设施与公共服务数字化改造。

第四，地方政府通过组织或资助数字技能培训和教育，提高公众和企业对新技术的认识和应用能力。特别是在技术进步时期，增强了当地居民和企业的数字化技能重点，这探索了他们改善利用数字工具，提高生产力和生活质量。

第五，可以通过推动跨区域合作，利用共享教育、研发和市场资源来平衡区域间的发展。例如，通过建立跨地区的创新网络，连接不同地区的科研机构和企业，共享技术资源和市场信息，帮助发展较慢的地区赶上来。

5. 促进政策效果的提升

地方政府通过推进数字化资源共享和优化配置，可以显著提升政策效果。这种策略不仅提高政府决策的效率和复杂性，还能增强政策的针对性和响应能力。具体而言，体现在以下几个方面。

首先，提高决策效能。数字政府通过大数据和人工智能整合共享数据，加速信息交流，提高决策质量和效率，对政策环境风险实现识别、预警、预测和控制，为政策及时调整优化提供支撑。

其次，提高部门协同能力。政府间协作促进资源和信息共享，简化了各项业务流程，降低了运营成本，比如地方政务服务平台已经接入多个部门和地方，连接了大量资源，极大地提升了服务调用效率。这种整合共享不仅提高了政府内部的工作效率，也为公众提供了更加便捷、高效的服务。

最后，提高政策透明度和民众参与度。通过开放平台公开政策数

---

[1] 唐斯斯，赵文景. 着力推动公共服务数字化促进数字经济发展红利全民共享[J]. 中国经贸导刊，2022（3）：26-28.

据和指标，以及政策进程和结果，提高政策透明度，提高政府公信力，利用数字平台如社交媒体、在线论坛等方式，政府可以更容易地收集公众意见，加强与公众的互动，让民众参与到政策的制定和评估过程中来，从而提高政策的接受度和效果。

（三）构建数字产业创新生态

1. 强化数字基础设施建设

数字基础设施在支撑数字产业创新生态的建设中起着至关重要的作用。自2020年以来，我国推动的新基建工程，完成了对5G、区块链、云计算、人工智能、物联网、卫星互联网等数字基础设施在全国的初步布局，这些数字基础设施通过提供高速、广泛的网络连接和强大的计算能力，进一步将数字技术与政府治理、产业转型、社会治理、绿色发展、数据要素市场等场景应用实现深度融合。数字基础设施的建设离不开产业链上下游企业的携手共进，以及政产学研通力合作。这种多方参与的模式充分释放了数字潜能，推动产业链整体实现价值最大化，打造了产业共赢的新生态。例如，江苏省通过联网等数字产业化创新生态系统，打开产学研边界，面向产业需求开展创新，增强核心产业持续创新能力。数字基础设施在推动传统产业数字化转型方面也发挥着重要作用。通过建设云数据中心，依托云计算建设，摆脱了传统物理计算机规模有限、损耗大等劣势，可以为传统产业提供更高效、更可靠的计算资源。

2. 推进数据资源价值化

在构建数字产业创新生态方面，数据资源价值化起到了核心作用。首先，通过加快推进数据资源化、数据资产化和数据资本化，可以有效地释放数据要素的价值，驱动实体经济在生产主体、生产对象、生产工具和生产方式上发生深刻变革，它通过优化数据资源配置，提高制造业等传统产业的数据资源可获得性和利用效率，从而推动产业升级和转型。其次，数据资源价值化促进了数字技术的快速发展和普

第五章
数字产业化发展态势、挑战与策略

及，如互联网、大数据、云计算、人工智能等，这些技术的融合应用，为数字经济提供了强大的技术支撑。再次，通过推进数据资源价值化，可以促进产学研用协作，打造未来产业创新联合体，构建大中小企业融通发展、产业链上下游协同创新的生态体系[1]。最后，数据资源价值化还通过促进创新资源汇聚，加速数据、知识等生产要素高效流通，构建了大中小企业融通发展、产业链上下游协同创新的生态体系。这种生态系统不仅增强了核心产业的持续创新能力，还提升了整个数字经济的竞争力和适应性。

3. 加快产业数字化转型

推动产业数字化转型，对数字产业创新生态的建设具有多方面的作用，具体体现在以下几个方面：通过推动传统产业的数字化转型，可以打破时空局限，提升产品和服务的质量与效率，从而创造新业态和新模式。这不仅有助于传统产业的转型升级，还能重塑其竞争力；数字化转型鼓励企业放弃封闭式创新，构建开放式的创新生态系统。这种生态系统强调协同创新和生态协同化，能够有效整合各方资源，促进创新能力的提升；通过"链主"企业为重点，开展贯通产业链的集成应用创新，可以建设数字协同平台，提升产业链的数字化服务水平。这种链式思维和集成应用创新有助于实现产业链上下游的良性互动和共振；数字化转型不仅有利于构建现代化经济体系，提高数字经济的价值创造能力，还能重塑创新发展新格局，促进产业高质量发展，保障产业链的稳定。这有助于构建一个健康、安全的数字生态环境，进一步激发数字经济的活力；此外，产业数字化还将推动不同领域的技术交叉融合，例如，制造业与信息技术的结合推动了智能制造。

4. 营造良好数字生态环境

构建以数字理念、数字发展、数字治理、数字安全、数字合作等

---

[1] 工信部等七部门联合印发《关于推动未来产业创新发展的实施意见》[N].中国信息化周报，2024-02-05（05）.

为主要内容的数字生态环境,对数字产业创新生态的形成具有重要作用。具体体现在以下几个方面:良好的数字生态能够充分激发数字技术的创新活力和要素潜能,推动经济结构调整和产业发展升级。通过深度融合数字技术与生态产业,可以全方位、全角度、全链条地提升赋能,推动建立绿色低碳循环发展的产业体系;数字创新呈现生态化趋势,提升数字产业创新生态系统的核心竞争力是企业获得竞争优势的重要途径。数字产业集群的发展,如京津冀、长三角、粤港澳等地区,凭借较强的数字创新厚度和数据资源丰度,形成了国内领先的数字产业创新生态;坚持促进发展和监管规范两手抓、两手都要硬,着力构建数字生态规则体系,全面提升数字生态治理能力,推动数字生态健康、有序、可持续发展;通过打造数字生态合作平台,创建良好的营商环境,深化数字贸易、数字技术、数字服务等各领域合作,推动数字科技协同创新。[1]

---

[1] 庄荣文.营造良好数字生态[N].人民日报,2021-11-05(09).

第六章

数字产业化发展行动"路线图"

第一节　地方重点数字产业如何"选育"

一、确定地方重点产业

（一）地方重点产业的选择标准

通过确定重点产业，政府可以更有效地将有限的资源和资金集中投入具有发展潜力和竞争优势的领域，实现资源的优化配置。同时，有助于引导产业结构向更高端、更智能、更绿色的方向转型升级，从而提高区域经济的整体竞争力，才能更好地应对未来的经济、技术和环境等方面的挑战，保持区域经济的可持续发展。因此，区域重点产业的选择，支配着区域产业结构的优化，影响着区域经济增长的速度，带动着关联产业的发展。选择什么样的数字产业作为区域经济发展的主导产业，是区域产业配置要回答的重要问题，其标准包括两大方面：对区域发展目标的贡献和竞争力的建构，详见图 6-1。

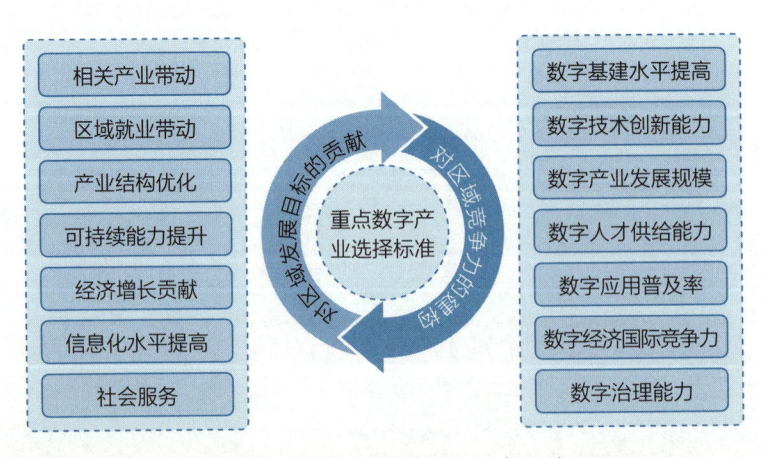

图 6-1　区域重点数字产业选择标准

1. 对区域发展目标的贡献参考性指标

相关产业带动：相关产业带动影响包括产业链整合程度、技术溢出效应等。其中，产业链整合程度评估数字产业与相关产业在供应链、生产流程、服务体系等方面的整合程度，可以通过产业链协同指数、供应链效率等指标来衡量。技术溢出效应评估数字产业的技术创新对相关产业的技术提升和改进的影响，可以通过技术引进数量、技术改造项目数等指标来衡量。

区域就业带动：包括数字产业提供的从业人员数、就业机会增长率等，反映数字产业在促进就业和改善民生方面的作用。

产业结构优化程度：数字产业在区域产业结构中的比重，以及数字产业对传统产业升级和产业结构优化的贡献。

可持续发展能力提升：数字产业对区域可持续发展能力的提升，包括环境保护、资源利用效率等方面的贡献。

经济增长贡献：数字产业对区域 GDP 增长的贡献度、拉动率、财政贡献，反映数字产业在推动区域经济增长中的作用。

信息化水平提升：数字产业对区域信息化水平的提升，如网络覆盖率、信息技术应用普及率等。

社会服务水平提升：数字产业在提升公共服务效率、改善民生服务等方面的贡献，如智慧城市建设、远程教育和医疗等应用的推广。

2. 对区域经济竞争力评价参考性指标

数字基础设施建设水平：包括宽带网络覆盖率、5G 基站建设数量、数据中心等级和数量等指标，反映区域数字基础设施的完善程度。

数字技术创新能力：评估区域在人工智能、大数据、云计算等关键数字技术领域的研发和创新能力，可以通过专利申请数量、科技项目数量、科研投入强度等指标来衡量。

数字产业发展规模：包括数字产业产值占 GDP 的比重、数字产业增加值增长率等指标，反映数字产业在区域经济中的重要性和发展速度。

数字人才供给能力：评估区域内数字技术相关专业人才的培养和引进情况，可以通过数字人才占总就业人数的比例、高校数字技术相关专业毕业生数量等指标来衡量。

数字应用普及率：评估数字技术在政府、企业和民生领域的应用普及程度，可以通过电子政务服务水平、企业数字化转型程度、智慧城市建设进展等指标来衡量。

数字经济国际竞争力：评估区域数字产业在国际市场上的竞争力，可以通过数字产品和服务的出口额、国际市场份额、国际合作项目数量等指标来衡量。

数字治理能力：评估区域政府在数字化治理、数据安全保护、数字法规制定等方面的能力，可以通过数字治理体系建设情况、数据安全事件处理能力等指标来衡量。

（二）区域重点产业的选择方法

1. 产业调研和分析

确定区域重点数字产业的调研和分析环节是推动数字产业化过程中至关重要的一步，它涉及对当前产业状况、市场需求、技术发展和政策环境等方面进行深入研究，以确定最具发展潜力和竞争优势的重点产业。

在调研环节需要收集大量区域行业相关的信息，包括：产业基本情况、产业发展趋势、市场需求情况、技术创新情况、政策支持和投资环境、人才和教育资源以及国际相关行业态势等。通过对以上重点调研对象信息的收集和分析，地方政府可以全面了解本地区数字产业发展的现状和潜力，明确数字产业发展的定位和发展目标，确定发展重点和优先领域，为制定实现产业发展目标的战略路径和措施提供决策依据。

调研和分析阶段的重点工作和主要内容见表 6-1。

表 6-1　调研和分析阶段的重点工作和主要内容

编号	重点工作	主要内容
1	产业结构分析	对本地区现有产业结构进行全面分析，包括传统产业和数字经济相关产业，了解各产业的规模、增长趋势和竞争格局
2	市场需求研究	调研消费者和企业对数字产品和服务的需求情况，了解市场规模、增长速度、主要需求方向等，分析市场发展潜力
3	技术发展趋势分析	研究最新的技术发展趋势，包括人工智能、物联网、大数据等，分析这些技术在产业转型升级中的应用前景
4	政策环境评估	评估政府对数字产业发展的政策支持和投资环境，包括税收政策、财政扶持、人才引进政策等，分析政策对产业发展的影响
5	人才和教育资源评估	评估本地区的人才和教育资源，包括数字经济相关专业的人才数量和质量，以及培养机制和引进政策等
6	国际比较研究	通过与国际上类似地区的比较研究，了解其他地区数字产业发展的经验和教训，借鉴和吸收先进经验
7	风险评估	评估推动数字产业发展可能面临的风险和挑战，包括技术风险、市场风险、政策风险等，制定相应的风险应对措施

2. 明确产业定位和目标

明确数字产业发展定位和目标，地方政府可以更加有效地推动数字产业化规划的实施，实现数字经济的快速、健康和可持续发展。一般通过分析本区域数字产业发展的优劣势、国家政策支持、市场环境、技术趋势、人才储备等要素，确定本地区数字产业的特色和定位，明确数字产业发展的定位和发展目标（见表 6-2），包括确定发展重点和优先领域，为进一步制定区域产业发展目标的战略路径和措施提供依据。

表 6-2　数字产业发展的重点工作及主要内容

编号	重点工作	主要内容
1	产业定位	明确数字产业的定位，包括确定数字产业所属的产业链位置、核心竞争力和发展方向。例如，确定数字产业化是以数字产品制造业为主，还是以数字产品服务业为主，或者是数字产品应用业、数据要素驱动业的数字产业化

续表

编号	重点工作	主要内容
2	发展目标	制定具体的数字产业化发展目标，包括短期、中期和长期目标。目标应该具有一定的可实现性和挑战性，能够激励各方面的力量参与数字产业化进程
3	产业特色	明确数字产业的特色和优势，包括技术优势、人才优势、市场优势、供应链优化等，突出本地区数字产业发展的特色和竞争力
4	市场定位	确定数字产业的市场定位，包括主要服务对象、目标市场规模、市场份额等。根据市场定位制定相应的市场开拓策略和营销策略
5	技术创新	确定数字产业的技术创新方向和重点，包括加强技术研发、引进和应用先进技术等，提升数字产业的技术含量和竞争力

3. 制定数字产业化发展路径

制定数字产业化发展路径在数字产业化规划中起着至关重要的作用。数字产业发展路径明确了数字产业化发展的行动指南，为产业发展提供了清晰的指导，使各方面的努力朝着统一的方向努力，可以有助于合理配置资源，集中力量发展重点数字领域，提高资源利用效率，推动数字产业化的快速发展。数字产业化发展路径包括技术创新、产业结构调整、市场开拓、人才培养、政策支持、国际合作等方面的路径和策略（见表6-3）。

表6-3 数字产业化发展路径的细化内容

编号	路径类型	主要内容
1	技术创新路径	确定数字产业技术创新的路径和重点，包括加强基础研究、应用研究和技术开发，推动数字技术在产业中的应用和创新
2	产业结构调整路径	确定数字产业结构调整的路径，包括促进数字产品制造业、数字产品服务业、数字产品应用业、数字要素驱动业发展，提高数字产品在整个产业链中的比重和地位
3	市场开拓路径	确定数字产业市场开拓的路径和策略，包括拓展国内外市场、开发新产品和服务、建设销售渠道等，提高数字产业的市场竞争力
4	人才培养路径	确定数字产业人才培养的路径和机制，包括建立人才培养体系、加强教育培训、引进和留住高层次人才等，保障数字产业人才供给

续表

编号	路径类型	主要内容
5	政策支持路径	确定支持数字产业发展的政策和措施，包括制定税收政策、财政扶持政策、人才引进政策等，优化产业发展环境
6	外部合作路径	确定区域外部合作的路径和策略，包括加强与区域周边经济圈、国际间数字产业的合作与交流，吸收外部先进经验，提升数字产业的整体竞争力
7	监测评估路径	确定数字产业发展的监测评估路径，建立监测评估机制，定期评估数字产业发展的效果和路径的合理性，及时调整和优化发展策略

4. 建立数字产业支持政策

政府通过制定相关数字产业政策可以为数字产业提供发展的政策支持和保障，包括税收政策、财政扶持、人才引进等，促进数字产业的健康发展（见图6-2）。有助于引导和优化产业结构，推动数字产品制造业、数字产品服务业、数字产品应用业以及数字要素驱动业的发展，提升数字产业的竞争力和附加值。有助于提升对数字产业人才培养和引进，从而为区域数字产业建设提供数字产业人才方面的保障。

5. 推动数字产业技术创新

推动数字产业的技术创新，有助于提高数字产业的技术含量和附加值，推动产业向高端化发展。产业技术创新是培育本区域新的经济增长点的契机，推动数字经济的高速发展，促进区域经济结构的转型升级，也可以促进数字产业链之间的产业协同发展，通过良性循环，带动产业链的整体发展。此外，数字产业技术创新还可以支撑城市智能化建设，提升城市的智能化水平，改善城市生活环境。

科学选择数字产业进行重点培育是推进数字产业化的关键环节。一般来说，以下因素是地方数字产业筛选的重点考量因素。

区域产业基础和优势：根据本地区的产业基础和优势，选择与现有产业相适应的技术创新领域，利用产业集聚效应和资源优势推动技术创新；

市场需求和趋势：充分了解市场需求和发展趋势，选择符合市场

数字产业支持政策

资金支持政策	创新支持政策	营商环境政策	市场支持政策
税收：针对数字产业给予税收优惠政策，如减免企业所得税、降低增值税税率等，降低数字产业的税负	**科技创新**：建立科技创新基地和孵化器，提供科研资金和技术支持	**简化审批**：简化数字产业企业的注册和审批程序，缩短办理时间，降低创业和经营成本	**市场准入**：简化数字产业市场准入程序，降低市场准入门槛，促进数字产业的发展和市场竞争
财政：设立专项资金支持数字产业发展，提供补贴和奖励	**知识产权**：加强知识产权保护，提高数字产业创新动力和竞争力，推动数字产业的健康发展	**提高效率**：提供高效的行政审批服务，建立便捷的服务窗口和在线服务平台，方便企业办理相关手续	**国际合作**：加强与国际间数字产业的合作与交流，吸收国际先进经验和技术，提升本地区数字产业的国际竞争力
金融：建立数字产业发展基金，为数字产业提供融资支持；信贷优惠、利息补贴政策；上市融资优先通道	**产学研**：强化产学研合作，培育创新转化链路，建立创新基地，促进创新成果转化落地	**优化服务**：制定专项服务政策，提供咨询、培训等服务，帮助企业解决经营中遇到的问题	

图 6-2 数字产业支持政策

需求和未来发展方向的技术创新领域，提高技术创新的市场适应性和竞争力；

人才和科研力量：考虑本地区的人才和科研力量，选择与本地区人才和科研实力相匹配的技术创新领域，提高技术创新的成功率；

社会效益和可持续发展：考虑技术创新对社会和环境的影响，选择符合可持续发展要求和社会效益的技术创新领域，推动数字产业健康可持续发展；

国际合作和竞争：考虑国际合作和竞争情况，选择具有国际竞争力和合作潜力的技术创新领域，推动本地区数字产业与国际接轨；

政策支持和环境：还需考虑上级政府的政策支持和创新环境，选择得到上级政府支持和鼓励的技术创新领域，可以提高技术创新的可持续性和发展空间。

推动数字产业技术创新还需要制定一系列的配套措施，有助于激励和支撑技术创新活动的可持续性发展。当前，地方政府推出的关键技术创新措施包括"出政策、搭平台、建标准、促合作、确产权"五位一体方案，见图6-3。

图6-3 地方政府推出的关键技术创新措施

6. 促进产业融合

产业融合对于地方政府推动数字产业化的发展具有重要意义。首先，通过产业融合，不同产业间可以共享资源、技术和市场，促进产业结构的优化升级，提升整体产业竞争力。其次，不同产业间的融合可以促进技术、产品和服务的创新，推动企业提升创新能力，实现经济增长的新动力。再次，产业融合可以促进产业间的价值链协同，提高产品和服务的附加值，增强企业赢利能力和市场竞争力。最后，通过产业融合，可以优化资源配置，提高资源利用效率，降低生产成本，实现经济效益最大化，实现产业间的良性互动发展。

当前，数字产业融合的热点板块主要体现在以下几个方面。

数字化制造与智能制造：数字化制造和智能制造是数字产品制造业的热点领域，通过数字化技术和人工智能实现生产过程的智能化和自动化，从而提高生产效率和产品质量。

云计算和大数据：云计算和大数据技术在数字产品服务业中具有重要作用，可以提供高效、可靠的云服务和大数据分析服务，满足企业和用户对数据处理和存储的需求。

物联网技术与应用：物联网技术在数字产品应用业中的应用越来越广泛，可以实现设备之间的互联互通，推动物联网应用的发展。

人工智能技术与应用：人工智能技术在数字产品应用业中的应用也越来越多样化，包括机器学习、自然语言处理等技术的应用，提供智能化的服务和解决方案。

大数据分析与挖掘：大数据分析和挖掘技术在数据要素驱动业中的应用越来越重要，可以帮助企业分析用户行为和需求，提供个性化、精准化的服务。

7. 构建数字人才培养体系

数字人才是推动数字经济发展的重要力量，通过构建区域数字人才培养体系，可以有效促进数字经济在各个领域的应用和发展。加大对数字产业人才的培养力度，可以保障数字产业的人才供给，实现数字技术创新发展，满足市场对数字化产品和服务的需求，提高数字产品生产、服务的质量以及应用市场拓展，进而提升本区域数字产业整体竞争力。

政府通过制定相关政策支持措施，包括资助高校建设数字化人才培养基地、建设数字人才培训机构、推动高校教育改革、建立产学研用结合的人才培养模式、设立数字化人才奖助学金、开展各类数字化人才培训活动、建立数字化人才培养评价体系以及推动国际合作等一系列措施，为数字产品制造业、服务业、应用业以及数据要素驱动业的发展提供人才支持和保障。

8. 建立监测评估机制

通过监测评估机制，政府可以及时了解数字产品制造业、服务业、应用业以及数据要素驱动业的发展状况，包括产业规模、结构、技术水平等情况。进而评估数字产业化相关政策措施的效果，包括政策对产业发展的影响、对人才培养的促进作用等，及时调整和优化政策措施，并根据监测结果，一方面发现产业融通和合作的机会和潜力，推动产业间的良性互动；另一方面，及时发现和解决产业发展中存在的问题，推动数字产业政策方向与重点的优化调整。

一套全面的数字产业化监测评估体系包括产业发展监测指标体系、政策效果评估体系、人才培养监测机制、市场需求调查分析、技术创新评估体系、产业协同监测机制以及国际合作评估体系七个方面（见图6-4）。通过该监测体系的评估与分析，政府可以全面、系统地监测评估数字产业的发展状况和政策效果，为产业发展提供科学依据和决策支持，推动数字产业化的快速发展和产业结构优化升级。

产业监测 指标体系	·建立完善的产业监测指标体系，包括产业规模、增长速度、技术水平、市场需求、产业效益等指标，全面反映产业发展状况
政策效果 评估体系	·建立政策效果评估体系，评估政策对产业发展、人才培养、创新能力提升等方面的影响，及时调整政策方向和重点
人才培养 监测机制	·建立人才培养监测机制，监测数字人才培养的数量、质量、结构等情况，为人才培养政策和措施提供依据
市场需求 调查分析	·开展市场需求调查分析，了解市场对数字产品和服务的需求情况，为企业开拓市场和创新产品提供依据
技术创新 评估体系	·建立技术创新评估体系，评估企业在技术创新方面的投入和成果，促进技术创新在产业中的应用和转化
产业协同 监测机制	·建立产业协同监测机制，监测不同产业间的合作和融合情况，促进产业间的协同发展和创新
国际合作 评估体系	·建立国际合作评估体系，评估国际合作对数字产业发展的影响和贡献，推动国际合作的深入发展

图 6-4　数字产业化监测评估体系框架

二、招商引资"一盘棋"运作机制

招商引资对于政府推动数字产业化具有重要作用，可以促进资金和技术的引进，推动产业转型升级，扩大就业机会，提升产业竞争力，促进技术创新，促进区域经济发展。

（一）强化招商引资顶层设计

为有效推进数字产业化进程，通过强化招商引资的顶层设计，指导各级政府部门和企业开展招商工作，实现优化资源配置，集中力量推动重点领域和重点项目的引资工作，实现提高资源利用效率的目的。

招商引资顶层设计的主要内容包括：根据区域数字产业化的发展

定位和目标，明确招商引资的总体思路和目标；建立完善的招商引资政策体系，包括财政、税收、土地、人才等方面的政策措施，提供优惠政策吸引投资；建立健全招商引资机制体系和工作机制，明确各级政府部门的职责和任务，推动招商工作有序开展；建立省级项目库，汇集各类优质招商项目，比如瞄准世界500强、中国500强、知名跨国公司、隐形冠军企业、"专精特新"企业、"卡脖子"技术项目、总部型项目、外资研发中心等，谋划一批重大产业项目，建立项目库；建立全省统一的招商信息平台，实现各级政府部门之间的信息共享和互通，提高信息利用效率；建立全省统一的投资者服务体系，提供一站式服务，包括项目推介、洽谈、落地等环节的服务；建立健全监督评估机制，加强对招商引资工作的监督和评估，及时发现问题并加以解决。

（二）重构招商引资工作机制

1. 建立一把手招商机制

推动建设招商引资一把手工程，即各级政府一把手作为招商引资主要责任人，负责研究招商任务部署、带队招商、参与重大项目洽谈等关键活动。将招商项目进度定期研讨会议作为各地主要领导的日常工作机制，推动协调解决重大项目招引过程中遇到的困难和问题。建设"一线工作法、集体决策机制、优惠政策监管、全过程绩效评价"作为一把手招商机制运行的关键抓手。

抓手一：实行招商引资"一线工作法"。

推动各地主要领导对重大产业项目的落地、投产、运营过程中，要深入招商一线，摸准一线实情、发现一线问题、解决一线难题，为数字产业化推进有针对性地提供个性化、专业化、全过程服务。

抓手二：构建重大招商项目集体决策机制。

集体决策机制包括：明确重大招商项目的立项审批程序，包括项目申报、评审、审批等环节，确保程序规范、透明；确定重大招商项目的决策机构，包括领导小组、决策委员会等，明确各成员的职责和权力范围；规定重大招商项目的决策程序，包括讨论、表决、决议等环节，确保决策科学、民主；对重大招商项目进行风险评估，评估项目的市场风险、技术风险、政策风险等，提出风险应对措施；对重大招商项目进行投资评估，评估项目的投资规模、投资回报率等，提出投资建议；建立重大招商项目的监督管理机制，加强对项目实施过程的监督和管理，确保项目按计划实施；建立重大招商项目的绩效评估机制，对项目实施过程进行评估，评估项目的成效和效益。通过建立重大招商项目集体决策机制，可以确保重大招商项目的决策科学、合理，提高项目实施的效率和效果。

抓手三：建立重大优惠政策的监管。

监管的核心内容包括：对重大优惠政策的实施情况进行监督，确保政策落实到位；对享受优惠政策的企业资金使用情况进行监管，确保资金使用合规；对享受优惠政策的项目效益进行评估，评估项目对经济社会发展的贡献；对优惠政策执行情况进行评估，发现问题及时纠正；保护投资者享受优惠政策的合法权益，防止优惠政策变化对投资者造成不利影响；建立投诉处理机制，接受投资者关于优惠政策执行情况的投诉，并及时处理；对优惠政策监管工作不力或出现问题的责任人进行追究，确保监管工作有效开展。通过以上关键内容的监管，可以有效确保重大优惠政策的执行效果和社会效益，提高政策的可持续性和稳定性。

抓手四：实施重大项目全过程绩效评价。

实施招商重大项目全过程绩效评价的关键内容包括：评估项目设定的目标是否合理、可行，是否符合地方发展规划和政策导向；评估项目实施过程中的进展情况，包括项目规划、设计、建设、运营等各个阶段的进展情况；评估项目的投资效益，包括投资规模、资金使用效率、投资回报率等指标；评估项目的经济效益，包括项目对当地经济增长、产业结构调整、就业创造等方面的贡献；评估项目的社会效益，包括项目对环境保护、社会稳定、公共服务改善等方面的影响；评估项目面临的各类风险，包括市场风险、技术风险、政策风险等，并提出风险应对措施；对项目实施过程中的绩效进行分析，发现问题、短板，并提出改进措施；总结项目实施中的成功经验和教训，为今后类似的项目提供借鉴和参考。通过对以上核心内容的评价，可以全面了解和评估招商重大项目的实施情况和效果，为项目的持续健康发展提供参考和支持。

2. 建立重大项目招引协调机制

建设重大项目招引协调机制，可以协调各方资源，统一部署，确保重大项目招引工作有序推进，避免各部门之间的信息壁垒和工作重叠，协调解决重大项目招引过程中的问题和困难，促进项目顺利实施。建立统一的项目对接服务体系，提供一站式服务，提升服务水平和效率。

构建重大项目招引协同机制包括建设招商工作协同治理架构、招商问题报送机制、招商政策需求清单、招商问题分类分级管理以及重大外资项目要素保障机制等重要内容。

（1）建立招商工作协同治理架构

协调机制需要设立专门的协调领导小组或办公室，由政府主要领导任组长，相关部门和单位负责人为成员，建立决策、执行、监督等机制。各相关部门和单位按照职责分工，明确招商引资的具体任务和工作要求，确保工作有序推进。一般省级招商协调机构，由省政府主要领导担任第一召集人，分管省领导担任召集人，省商务厅作为牵头单位，各地级以上市政府和省发展改革委、工业和信息化厅、国资委、港澳办、台办、政务服务数据管理局、工商联、侨联、贸促会等省有关单位主要负责同志参与，统筹协调推进全省招商引资工作。各地级以上市政府要履行本市招商引资主体责任，加强统筹协调、组织管理和督促落实。省有关单位要按"管产业管行业必须管招商"的要求，结合自身职能共同抓好招商引资相关工作。

（2）招商项目问题报送机制

构建招商项目问题报送机制的关键内容包括：明确问题报送的流程和路径，包括问题发现、报告、上报、处理和反馈等环节；规定报送的内容，包括问题描述、影响程度、解决建议等信息，确保问题清晰明确；明确问题报送的责任主体，包括项目相关部门、单位或责任人，确保问题得到及时处理；规定问题报送的时限，要求问题及时上报，确保问题得到及时处理；明确问题处理的流程和方法，包括问题分析、解决方案确定、实施跟踪等环节，确保问题得到有效解决；建立问题反馈机制，及时向报送人反馈问题处理情况和结果，增强信任和满意度；建立问题追责机制，对于严重影响项目进展的问题，追究责任人的责任。通过构建招商项目问题报送机制，可以及时发现和解决项目中存在的问题，保障项目的正常推进和顺利实施。

（3）建设招商政策需求清单制

构建招商政策需求清单制的主要内容包括：梳理各级政府和企业在招商引资过程中的需求，包括政策支持、服务需求、资源需求等，并将各项需求按照不同类别进行分类，如财政支持、税收优惠、土地供应、人才引进等；对每类需求进行详细的明细制定，包括需求的具体内容、实施方式、时限等；针对不同需求，制定相应的政策匹配规划，确保政策与需求相匹配；建立政策执行监督机制，对政策的执行情况进行监督和评估，确保政策有效实施；加强对招商政策需求清单制的宣传推广，提高政策知晓度和透明度；根据实际需求和政策执行情况，及时修订和完善政策需求清单，保持其有效性和针对性。通过建设招商政策需求清单制，可以更好地满足政府和企业在招商引资过程中的需求，促进招商引资工作的顺利开展。

（4）建立招商问题分类分级管理机制

建设招商问题分类分级管理机制的主要内容包括：将招商工作中可能出现的问题进行分类，如项目规划、政策支持、资金保障、环境保护等；并根据问题的性质和影响程度，对问题进行分级，确定优先处理的重点问题和次要问题；明确各相关部门和单位在处理不同类别和级别问题时的责任分工，确保问题得到及时解决；建立问题监督机制，对各级各部门处理问题的过程和结果进行监督，确保问题得到有效解决；建立问题协调机制，对于需要跨部门、跨单位协调解决的问题，明确协调责任部门和协调流程；建立问题反馈机制，及时向相关部门和单位反馈问题处理情况和结果，增强信任和满意度；建立问题评估机制，对问题的处理效果进行评估，及时调整和改进问题处理策略。通过建立招商问题分类分级管理机制，可以更加有效地管理和解决招商工作中的各类问题，提高工作效率和质量。

（5）建立重大外资项目要素保障机制

建立重大外资项目要素保障机制的主要内容包括：制定并落实吸引外资的优惠政策，包括财税支持、土地供应、人才引进等，提高外资项目投资吸引力；简化外资项目审批程序，优化审批流程，提高审批效率，为外资项目落地提供便利；建立资金保障机制，为外资项目提供融资支持，确保项目资金需求得到满足；保障外资项目用地需求，提供土地供应和使用支持，降低项目用地成本；制定人才引进政策，吸引国际人才来华工作，满足外资项目对人才的需求；提供技术支持和配套服务，为外资项目提供技术转移、研发合作等支持；加强环境保护工作，确保外资项目在环保方面符合要求，保障生态环境安全；加强安全生产管理，确保外资项目运营过程中的安全稳定；建立外资项目监督管理机制，加强对外资项目的监督和管理，提高项目运营质量和效益。通过建立完善重大外资项目要素保障机制，可以为外资项目的顺利实施和稳定运营提供有力支持。

3. 建立项目流转机制

建立招商项目区域流转机制的主要内容包括：建立区域范围内的项目信息共享平台，实现项目信息的及时、全面、准确共享；建立区域项目对接服务机构，为招商项目提供一站式服务，包括项目评估、政策咨询、法律服务等；制定项目流转的规则和标准，明确流转的条件、流程和程序，确保流转过程公平、公正、透明；建立省级项目审核机制，对流转项目进行审核，确保项目的质量和可行性；签订流转协议，明确项目双方的权利和义务，保障各方利益，尤其是对项目成功跨设区市流转并落地的首谈地，在招商引资年度工作考评中给予加分；建立流转项目的管理和监督机制，对流转项目的执行情况进行监督和评估；对流转项目的成果进行评估，分析项目的效益和影响，为今后的流转工作提供参考。通过建立招商项目区域流转机制，可以促进区域内项目资源的合理配置和流动，提高资源利用效率，推动区域数字经济整体发展。

（1）建立信息通报机制

建立招商信息通报机制是为了及时、准确地向相关部门和单位通报招商引资工作的进展和成果，以便各方及时调整工作方向、加强合作，推动招商引资工作的顺利进行。具体包括以下主要内容：每周定期通报招商引资工作的重要进展、新签约项目、投资金额等情况，以及各项政策措施的落实情况；每月评选表彰一批在招商引资工作中表现突出、取得显著成绩的项目和个人，并进行通报表彰，激励各方积极参与招商引资工作；每季度通报招商引资工作的总体情况、重点项目进展情况、政策推进情况等，对上季度工作进行总结和评估，并对下个季度工作提出具体要求和建议。对省级重点招商引资大项目实行全流程跟踪服务，对进展情况进行通报。

（2）完善考评激励机制

建立完善的考评激励机制是为了激励和促进各级各部门和单位在招商引资工作中的积极性和创造性，提高工作效率和质量。其主要内容包括：确定招商引资工作的考核指标，包括项目引进数量、投资金额、政策落实情况、服务质量等；制定具体的考核标准和评分规则，明确各项指标的权重和评分标准；确定考核周期，如年度考核、季度考核等，确保考核频次合理；明确考核的程序和流程，包括数据收集、指标计算、结果公布等环节；公开透明地公示考核结果，激励优秀单位和个人，推动各方竞争和进步；根据考核结果，采取相应的激励措施，包括奖励、表彰、晋升等，激发工作积极性；建立考核结果反馈机制，及时总结经验教训，改进工作方法，提高工作质量和效率。

（三）打造招商引资新模式

产业链招商的核心就是以数据为支撑，基于产业链分析，作用于产业发展，根据不同的产业链分析及应用路径产业链招商可分为补链强链式招商、供应吸附式招商、资源共聚式招商三种模式：

模式一：产业补链强链，招引目标企业。

根据地方数字产业的战略发展规划和产业现实基础，通过对产业链规模、结构、贡献、趋势、技术发展、环境、竞争态势等分析，定位地方产业的缺失、薄弱、高价值环节，也就是锁定产业链与供应链双链所需的延、展、扩、强、补环节，遵循"无链建链、弱链强链、断链补链、短链延链"的原则，明确招商方向，靶向招引目标企业，这类招商能够极大地优化和完善区域的产业链架构，实现资源互动、资源互补，推进产业链现代化建设，加快产业转型升级。

模式二：供应链吸附，招引关联企业。

通过对区域的产业链分析，摸清当地"龙头、链主"企业及其上游原材料及零部件供应企业关系图谱，下游业务依赖企业、配套服务商和耗材生产商，凭借"龙头、链主"企业较强的供应链协同能力、吸附能力，带动上下游企业集聚。也就是利用已有的上游企业招引中游、下游企业，利用中游、下游企业招引上游企业，或利用中游企业招引上游、下游企业，这类招商能够精准快速地打造完整的全产业链，形成产业链上中下游的集群，实现上中下游产业链的优化配置，降低区域企业运营成本，并保障产业链、供应链双链的稳定和持续发展。

模式三：资源共聚，招引同类企业。

这种产业链招商模式通过分析区域产业基础及资源禀赋，结合地方发展需求和政策导向，招引适合在本区域发展的企业群或是地方规划主导发展产业的企业群，形成同类产品、同类企业的特定产业集群。

案例：重庆的地下蕴藏着丰富的页岩气，潜在的储气量达到12万亿立方米，已探明可开采的储气量达到2万亿立方米，重庆可因地制宜利用页岩气资源优势向石化企业定向招商，吸引中石化、中石油几百亿元资金用于页岩气投资，现已成为全国页岩气投资开发的主战场，产量占全国总产量的2/3。

（四）推动重点企业做大做强

在推动区域数字产业化过程中，重点培育一批具有发展潜力的企业做大做强，可能会增加对原材料、设备等的需求，从而拉动相关产业的消费需求，从而带动相关产业链的发展。同时，可以构建本区域数字产业的规模效应和技术优势，提高数字产业竞争力，促进经济增长。此外，这些企业的做大做强通常还可以创造更多就业机会，促进社会稳定。

1. 以"产业规划"牵引重点企业培育

通过制定区域的数字产业发展规划，明确数字产业化发展目标和重点领域。在区域重点领域中，重点培育一批数字产业相关的高新技术企业、国家级专精特新"小巨人"企业、国家级制造业"单项冠军"企业、省级专精特新中小企业，地市层面建立数字产业领军企业、独角兽企业和种子企业培育名录。地方政府与重点企业合作制定长期发展规划，明确发展目标、战略方向和重点任务，并且对这些企业做好资源、人才、政策、市场对接等配套服务。通过构建重点企业服务平台，畅通政企沟通渠道，对企业的运营、需求、风险等画像，实现政府对企业的动态管理，并及时为企业提供资源、市场、资金、技术合作等方面的支持，为企业做大做强提供助力。

2. 以"专项政策"助力重点企业

为重点企业出台相关的政策支持有利于促进经济发展、提升产业竞争力、创造就业机会等，对于推动企业做大做强和促进产业升级具有重要意义。针对重点培养企业，政府出台的企业提升支持政策，包括财政补贴、税收优惠、融资支持等，有助于降低企业经营成本，提高竞争力。

3. 以"创新驱动"提升企业竞争力

地方政府可以通过制定支持技术创新的政策措施、提供优越的研发环境和支持服务、推动产学研合作、加大对数字产业人才培养的支持力度、建立专门的技术创新基金、建立技术转化基地等多种手段，鼓励数字产业企业开展技术创新，将各类科技计划倾斜支持高新技术企业开展核心关键技术攻关，推动企业快速成长为独角兽企业。

4. 以"资金支持"强化企业动力源泉

政府推动企业做大做强的资金支持既有利于企业自身发展，也有利于促进经济增长、提升产业竞争力和推动产业结构升级，是实现经济持续健康发展的重要举措。

推动资金支持的方式有多种形式：财政补贴和资金奖励、融资担保和风险补偿、税收优惠政策、金融政策支持、项目投资和股权投资、引导基金和产业扶持基金、创业投资和创新支持。此外，还可以通过支持数字产业创新型企业在沪深交易所、科创板、创业板、主板，北交所或新三板上市挂牌等方式来获取市场资金。

5. 以"产业链整合"实现企业快速扩展

政府应根据国家产业政策和发展规划，制定支持产业链整合的政策措施，明确支持重点领域和重点企业，引导企业加强合作、优化资源配置，推动产业链上下游企业协同发展。地方政府可以利用其强大的各类资源整合能力，包括资金、人才、技术等，为企业提供对接服务，帮助企业寻找合作伙伴、拓展市场，推动产业链上下游的企业形成合力，提高区域数字产业整体竞争力。政府还可以通过建立技术创新平台、开展技术培训等方式，支持企业加强技术创新，提升产品质量和技术含量，推动产业链向高端发展。此外，地方政府可以通过支持企业跨区域、跨行业、跨所有制开展全球并购以及对兼并重组等行政审批事项开通绿色通道服务等方式支持企业做大做强。

（五）推动产业集聚发展

政府在发展数字产业化过程中，推动产业集聚发展具有重要作用。主要体现在以下几个方面：产业集聚有利于企业之间资源的共享和优化配置，如共享供应链、技术、人才等资源，提高资源利用效率，降低生产成本；产业集聚可以促使企业形成规模效应，通过扩大生产规模、提高产能利用率等方式降低单位产品成本，提高竞争力；产业集聚有助于形成完整的产业链条，促进产业链上下游企业之间的合作与协同，实现产业链的优化整合，提高产业链的附加值；产业集聚有利于集聚创新要素，如人才、科研机构等，促进技术创新和产业升级，提高产业的竞争力和核心竞争力；产业集聚有助于形成地区产业集聚效应，提高地区产业竞争力，吸引更多优质企业和项目落户，推动地区产业结构优化升级。

政府在推进数字产业集聚过程中，需要做好以下"六大谋划"。

谋划一：重点产业规划和定位。

地方政府应根据国家、省市产业政策和发展规划，对辖区内重点产业进行规划和定位，确定区域产业集聚的方向和目标，明确重点发展领域，比如重点培育新一代电子信息、软件与信息服务、半导体与集成电路、智能机器人、区块链、量子信息、数字创意等数字产业集群。

谋划二：优化区域布局和政策支持。

地方政府结合本地基础和优势，通过区域规划和政策支持，因地制宜，错位协同地建设数字产业基地和园区，引导重点产业在特定区域集聚发展，打造产业集群，形成规模效应和集聚效应。

谋划三：推动基础设施建设和公共服务。

政府应加大基础设施建设力度，为产业集聚区提供良好的交通、能源、通信等基础设施保障，同时提供优质的公共服务，提升产业发展的环境和条件。

谋划四：强化金融支持和资金引导。

政府可以提供金融支持和资金引导，支持产业集聚区的企业融资和发展，降低企业融资成本，促进产业集聚区的经济繁荣。此外，发挥省市级的创新创业基金作用，为产业企业提供天使投资、股权投资、投后增值等多层次服务。

谋划五：推动产业协同和合作机制。

政府通过建立产业联盟和协会、设立产业平台和合作基金、推动跨界融合和产业链延伸、建立信息共享和资源对接平台等多种模式，促进数字产业集聚区内企业之间的合作和协同，推动产业链上下游企业形成合作共赢的局面，提升整体产业链的竞争力。

谋划六：加强人才培养和科技创新。

政府可以加强人才培养和科技创新支持，建立人才培养机制和科技创新平台，吸引和培养高层次人才，推动产业集聚区的技术创新和产业升级。

第二节　推进行业融通的"跨界"模式

一、深化行业协同合作

深化行业协同合作对于促进经济发展方式转变，实现经济高质量发展具有积极意义。它的作用是多方面的：促进区域资源优化配置、实现规模经济效应、推动产业链条整合、促进技术创新和产业升级、提升行业国际竞争力、促进就业和经济增长等。

有效开展区域内数字行业协作，可以通过以下方式展开工作。

（一）搭建资源共享平台

1. 建立产业融通平台

地方政府可以通过建立产业融通平台，来促进不同产业间的合作和交流。产业融通平台的核心功能包括为企业提供信息共享与对接、项目对接与合作、政策解读与支持、技术创新与合作、资金对接与融资服务、人才培养与交流、产业链管理与协同、政企互动与合作、数据分析与预测等服务（见表6-4），以促进产业链上下游企业间的合作与共赢，推动产业升级和转型发展。

表6-4　产业融通平台的主要功能及功能作用

编号	主要功能	功能作用
1	信息共享与对接	提供行业内外企业的信息共享和对接服务，包括企业需求信息、资源信息、合作机会等，促进企业之间的合作与交流
2	项目对接与合作	提供项目对接和合作平台，帮助企业寻找合适的合作伙伴，促成跨企业、跨行业的合作项目
3	政策解读与支持	提供行业政策的解读和支持服务，帮助企业了解政策规定，获取相关政策支持和优惠政策
4	技术创新与合作	促进技术创新与合作，提供技术信息、技术需求对接等服务，推动企业间技术交流与合作
5	资金对接与融资服务	提供资金对接和融资服务，帮助企业解决融资难题，促进产业链上下游企业的融资合作
6	产业链管理与协同	提供产业链管理和协同服务，帮助企业优化产业链条，提高产业链的整体竞争力
7	政企互动与合作	促进政府和企业之间的互动与合作，搭建政企沟通桥梁，解决企业发展中的问题和困难
8	人才培养与交流	提供人才培养和交流平台，促进人才资源的共享和合作，推动行业内部人才的培养和交流

2. 建立资源共享平台

推动龙头企业、社会组织建设数字产业相关的资源、技术、人才共享平台，向中小企业开放，提升中小企业协同发展能力，其主要功能和作用见表6-5。

表6-5　资源共享平台的主要功能及功能作用

编号	主要功能	功能作用
1	资源共享	提供数字产业相关的资源共享功能，包括设备、设施、原材料等资源的共享，帮助提升企业资源利用效率

续表

编号	主要功能	功能作用
2	技术共享	提供数字产业领域的技术共享功能，包括技术研发成果、专利技术、行业标准等的共享，促进技术创新和提升行业技术水平
3	人才共享	提供数字产业领域的人才共享功能，包括高层次人才、专业技术人才等的共享，帮助解决人才短缺问题，促进人才交流与合作
4	信息共享	提供数字产业领域的信息共享功能，包括市场信息、行业动态、竞争对手信息等的共享，帮助企业及时了解市场动态
5	项目对接	提供数字产业项目对接功能，帮助企业寻找合作伙伴，促成项目合作，推动产业链条的协同发展
6	合作创新	促进龙头企业与其他企业、科研院所等的合作创新，推动产业链上下游企业共同研发，提高产业整体竞争力

（二）开展示范项目

组织开展产业融通示范项目具有引领示范、政策倡导、技术创新、资源整合、人才培养和市场推广等作用，有助于推动整个行业的发展和进步。

组织开展产业融通示范项目的主要工作包括以下几个方面：

1. 项目规划与选址

政府应根据行业特点和政策导向，规划产业融通示范项目的整体框架和发展方向，并选择合适的示范项目地点。首先，需要对数字产业化的行业发展现状进行全面分析，确定示范项目的定位和发展方向，明确示范项目的建设目标和意义。并通过系统化分析，识别数字产业化产业链条的关键环节，包括上游供应商、下游客户和相关服务提供商等，确保示范项目涵盖了整个产业链的重要环节。组织并整合项目所需的各类资源，包括资金、人才、技术等，确保示范项目的顺利实施和持续发展。

2. 产业链整合与对接

产业链整合与对接是区域示范项目顺利开展的关键保障之一。要实现示范数字企业的产业链整合，首先，明确示范项目的整合与对接目标，需要对本地区数字产业化的产业链进行全面分析，识别关键环节和关键企业，确定产业链整合与对接的重点、方向以及相关目标企业。其次，地方政府需要协调产业链上下游企业，促进资源整合和需求对接，确保示范项目涵盖了产业链的关键环节。此外，还可以通过搭建数字产业化产业链的供需对接平台，更高效率地协助产业链上下游企业寻找合适的合作伙伴，促成示范合作项目。

3. 政策支持与引导

根据示范项目的数字产业政策导向和区域实际情况，有针对性地制定相关政策和措施，为示范项目提供政策支持和引导。并通过宣传政府的支持政策和优惠政策，吸引更多企业参与示范项目，推动示范项目的顺利实施。此外，还需加强对示范项目的政策监督和评估，确保政策措施的有效实施，以便针对项目实施过程中出现的问题或风险做出及时调整和优化政策措施。

4. 技术创新与应用

政府通过示范项目，向数字产业展示技术创新和应用的最新成果和成功案例，可以激发其他企业跟进，形成良好的示范效应。成功的示范项目能够吸引相关行业众多企业的关注和参与，促进数字产业内部的技术交流与合作，推动技术创新和应用的跨界融合。同时，区域示范项目在技术创新和应用方面取得成果，有助于提升数字产业整体的技术水平和创新能力，推动产业向高端、智能化发展。此外，成功的示范项目能够吸引更多的社会投资和资源流入数字产业领域，为企业提供更多的发展机会和支持，有助于推动数字产业的快速发展。

政府推动技术创新和应用过程中，为保障示范项目顺利开展，需要对示范项目进行全过程、动态管理：在实施之初，首先明确示范项目的技术创新和应用目标，确定示范项目的范围和重点领域；同时，组建示范项目专项组织机构，明确政企相关方的职责，确保项目顺利实施；由项目管理机构制订详细的示范项目计划，包括项目时间表、工作任务、资源需求等；政企协同对数字产业化中存在的技术需求进行全面深入的分析，确定示范项目的技术创新方向；在项目推进过程中，地方政府协助提供相关的技术支持，包括技术引进、技术培训、技术评估等，为技术创新的实施和应用提供技术保障；还可以通过组织数字产业化领域的技术交流与合作活动，促进技术创新和应用的跨界融合；在推广示范项目的技术创新成果和应用效果中，地方政府凭借其强大的资源组织和影响力，参与示范项目的成果发布和推广活动，以提升技术的示范效应和影响力；此外，加强对示范项目的技术创新和应用进行全过程评估和监测，可以及时发现项目实施和运行中可能存在的问题并采取措施进行解决。

5. 资金支持与投入

政府可以设立专门的产业融通发展基金、财政补贴、专项债券、创业投资基金等方式，还可以通过引导良性的社会资本参与，用于支持示范项目的资金需求，支持示范项目的建设和发展，促进产业链的健康发展。

（三）建立合作机制

政府在推动产业融通中，通过建立产业融通合作机制可以促进资源整合与优化配置、推动技术创新与应用、提升产业链竞争力、降低企业成本、促进产业链上下游企业共赢、提高产业链应对风险的能力、推动产业链绿色发展、优化产业结构等，对推动产业融通和促进产业链的优化升级具有重要作用。

建设产业融通合作机制的主要内容包括：制定相关政策和规划，明确产业融通的发展方向和目标，为合作机制的建立提供政策支持；建立产业融通的组织协调机构，负责统筹协调各方资源，推动产业融通的顺利进行；建立产业融通的信息共享平台，促进产业链上下游企业之间的信息交流和合作对接，促进产业链上下游企业之间的资源共享，包括技术、设备、人才等资源；搭建产业链的供需对接平台，帮助产业链上下游企业寻找合适的合作伙伴；建立产业融通的信用体系，提高合作伙伴间的信任度，促进合作的深入开展；建立产业链协同创新机制，推动产业链上下游企业共同开展创新活动。

二、加强标准规范引领

（一）制定产业融通标准

政府推动制定产业标准在推动产业融通发展中起着重要作用。有助于规范产业行为、促进技术创新、提高产品质量、降低生产成本、促进市场交流、提升品牌价值、保障消费者权益和促进国际贸易等。在产业标准制定推进过程中，首先，地方政府需要明确区域产业融通发展的需求和标准制定的目的，确定标准的制定范围和内容。其次，政府组织相关部门和专家进行标准制定工作，明确标准的技术要求和实施方案，鼓励区域骨干企业应发挥产业、技术或人才优势积极与科研机构联合主导或参与相关国际标准、国家标准、行业标准、地方标准及团体标准等的制（修）订。最后，政府征集产业链上下游企业和专家的意见和建议时，应充分考虑产业发展相关各方的利益和需求，在此基础之上，制定产业标准的草案，并进行内部评审和修改。

（二）加强标准宣传和培训

通过宣传和培训，能够提高产业链上下游企业对标准的认识和遵从意识，推动标准在产业链中的广泛应用，也可以减少标准之间的差异，从而降低企业遵守标准的成本，促进产业链的协同发展。通过宣传和培训还可以提高企业对产品质量标准的重视，促进产品质量的提升。此外，标准宣传和培训有助于推动技术创新和应用，提高产业链的技术水平和创新能力。

常规的标准宣传和培训包括：标准宣贯会议、标准培训课程、行业研讨会和交流会、标准化文献资料发布、企业现场指导、建立标准化服务平台等多种方式。

（三）建立标准化工作机制

建设标准化工作机制对推进产业融通发展具有重要作用。标准化工作机制的运行可以规范产业链上下游企业的行为，促进技术创新和应用，提高产品的质量和标准化水平，降低生产成本，并促进产业链上下游企业之间的信息交流和合作，扩大市场规模。

建立产业融通标准化工作机制的主要内容包括：建设标准化工作组织架构，明确各部门和人员的职责和权限，确保标准化工作的顺利开展；由标准化领导机构制定产业融通发展的标准化规划，确定标准化的重点领域和工作重点，制订标准化的工作计划和时间表；组织行业专家以及企业专家共同制定和修订符合产业融通需求的标准，包括地方标准和企业标准等；组织开展标准培训和指导工作，提高产业链的企业对标准的理解和应用能力；建立标准信息共享平台，方便产业链的企业获取标准信息和资料，提高标准化水平；开展标准化研究和创新工作，推动标准化理论和方法的创新和发展。

（四）推动标准与政策衔接

通过衔接产业标准与政策，可以促进产业链上下游企业之间的协同发展，优化资源配置，提高产业链的发展质量水平等。

为了促进产业的融通发展，地方政府需要推动产业标准与政策的有效衔接。其关键的内容包括：首先，通过制定产业融通发展规划，明确产业链发展的方向和目标，为标准制定和政策制定提供指导依据；其次，梳理分析产业融通发展中标准和政策的衔接需求，确定标准与政策衔接的重点和方向，以此制定标准与政策衔接的具体方案，明确标准对政策实施的支持和保障作用；再次，通过建立标准与政策衔接的工作机制，明确参与方各部门和机构的职责、重点任务、工作流程和监督机制，确保标准与政策衔接工作的顺利进行；又次，需要协调产业链上下游企业、行业组织、标准制定机构和政府部门之间的利益关系，促进标准与政策的顺利衔接；最后，还要建立标准与政策衔接的评估机制，定期评估标准与政策衔接的效果，及时调整和改进工作方案。

（五）加强标准监督和评估

加强对产业融通标准实施的监督和评估，确保标准有效实施和落地，需要构建完善监督和纠错机制：建立健全监督机制，明确监督部门和责任人员，制订监督计划和方案，并加强对产业融通标准实施情况的监督力度，确保标准实施的有效性和可持续性；建立一套全面的标准推进效果评估体系，包括评估指标、评估方法和评估标准，确保评估结果客观、公正和科学，定期开展对产业融通标准实施效果的评估工作，分析评估结果，发现问题并提出改进措施，强化对产业融通标准实施情况的信息公开，提高公众和产业链企业对标准实施的知情权和监督权；同时，通过建立激励机制，对标准实施效果显著的企业给予奖励和荣誉，激励企业更好地遵守标准。

（六）建立标准信息共享平台

建立标准信息共享平台，各产业链上下游企业可以及时获取标准化信息，提高标准化水平，提高标准化工作的透明度，降低标准化的信息获取成本和学习成本，为政府监督和管理提供数据支持，帮助政府更好地了解标准化工作的实施情况，及时调整政策措施。

标准信息共享平台的主要功能包括：标准查询和检索、标准发布和更新、标准解读和解释、标准应用指南、标准比对和对照、标准培训和教育、标准评价和认证、标准研究和交流以及标准政策和法规等。

（七）加强与国际标准组织的合作和互认

加强合作和标准互认可以降低国际贸易中的技术壁垒，促进产业链上下游企业之间的跨国合作。还可以促进技术创新和应用,也可以减少重复认证和测试,降低生产成本,提高企业的经济效益。

加强与国际标准组织合作的主要内容包括:通过了解国际标准组织的标准制定情况和发展趋势,积极参与国际标准化活动;与国际标准组织签署合作协议,明确双方合作的范围、方式和内容,推动标准互认和合作发展;组织开展与国际标准组织的培训与交流活动,提高我国标准化工作人员的专业水平和国际视野;促进我国产业与国际标准接轨,提高产业融通水平;推动国际标准组织对我国标准的认可和互认,促进我国标准在国际市场的竞争力。

第三节 地方产业生态培育"策略"

一、推进数字产业公共服务平台建设

建设地方数字产业化公共服务平台是推动地方经济转型和提升区域竞争力的关键措施(其建设路径见图6-5)。这样的平台可以为企业提供数字化服务、技术支持、资源共享以及创新促进等功能,进而促进地方经济的数字化发展。应由省市级数字经济主管机构统筹协同,建设地方数字产业化公共服务平台,为本区域企事业单位提供政策咨询、共性技术支持、知识产权、投融资对接、品牌推广、人才培训、创业孵化、研发设计、检验测评、系统安全等服务。

(一)需求分析和规划阶段

在公共服务平台的需求分析和规划阶段,主要目的是明确项目的目标、范围和资源,从而为项目的成功实施奠定坚实的基础。

1. 需求分析

这一阶段的目标是全面理解和定义项目需求,以便正确指导项目

图 6-5 数字产业化公共服务平台的建设路径

的设计和实施,其实质是确保项目建设目标与地方政府需求对齐。明确的需求分析可以防止在不必要或低优先级的功能上浪费资源,确保有限的资金和人力资源得到最有效的利用。需求分析阶段需要解决的主要问题见表 6-6。

表 6-6　需求分析阶段需要解决的主要问题

编号	主要问题	关键点
1	需求识别	·谁是用户:确定谁将使用该系统或产品,包括最终用户、系统管理员、维护人员等 ·用户需要什么:收集用户的具体需求,了解他们希望产品或系统解决什么问题,提供哪些功能 ·如何收集需求:选择合适的方法收集需求,如访谈、问卷、焦点小组、用户观察或工作研讨会等
2	需求验证	·需求的合理性:验证收集到的需求是否真实、必要和完整,确保需求与项目目标和战略一致 ·需求的可行性:评估需求的实施可行性,包括技术可行性、经济可行性和法律合规性 ·利益相关者的确认:与所有利益相关者沟通需求,获取他们的反馈和确认,确保需求被正确理解和接受
3	需求优先级排序	·重要性和紧急性:根据需求的重要性和对项目成功的影响进行排序,确定哪些需求是主要的,哪些是次要的 ·资源分配:基于优先级制定资源分配策略,确保高优先级的需求得到足够的资源支持
4	需求规范化	·需求文档:将所有确认的需求详细记录在需求文档中,作为项目设计和实施的依据 ·清晰和一致性:确保需求描述清晰、准确、无歧义,文档结构合理,易于理解和使用
5	需求变更管理	·变更控制流程:建立需求变更管理流程,包括变更请求的提交、评估、批准和实施过程 ·跟踪和更新:持续跟踪需求的变更,更新需求文档,确保项目团队始终基于最新的需求进行工作

2. 制定规划

在制定规划阶段,核心任务是确立清晰、可执行的计划,这将直接影响项目的进展和成果。为了达到这个目的,需要解决的关键问题见表 6-7。

表 6-7　制定规划阶段需要解决的关键问题

编号	关键问题	解决方案
1	明确项目目标	·目标的具体化：将项目的总体目标细化为具体、可衡量的小目标，确保每个目标都是明确且有实现可能的 ·目标的一致性：确保所有项目目标都与组织的整体战略和目标保持一致
2	制订实施计划	·活动和任务规划：将项目分解为具体的活动和任务，为每项任务分配明确的起止日期和负责人 ·资源分配：确定项目所需的人力、物力、财力及信息资源，并合理分配 ·时间表创建：制作详尽的时间表，包括每个阶段的关键里程碑和截止日期
3	风险管理	·风险识别：识别可能对项目进展产生负面影响的内外部风险因素 ·风险评估：评估每个风险发生的可能性和潜在影响，以确定风险的优先级 ·风险缓解策略：为高优先级风险制定有效的缓解措施，包括预防和应对策略
4	沟通和协调机制	·沟通计划：制定项目内外的沟通策略，明确沟通的频率、方式、内容和参与者 ·协调机制：建立项目团队和利益相关者之间的协调机制，确保信息流通和决策效率
5	质量控制标准	·质量标准设定：制定具体的质量控制标准和程序，确保项目输出符合预期的质量要求 ·监督和评审机制：设定定期的项目评审和监督计划，确保项目按照既定质量标准进行
6	预算编制	·成本估算：对项目的整体和各个阶段的成本进行预估 ·预算审批：制订预算计划并获取必要的批准，确保项目有充足的资金支持
7	持续改进和灵活性	·反馈机制：建立有效的反馈机制，收集并分析项目过程中的数据，用于调整项目计划和改进未来的项目管理 ·应变计划：准备应对突发事件的策略，以便在遇到不可预见的情况时快速调整计划

3. 保障支撑

在制定支持政策和确保资金支持等保障机制的过程中，地方政府和相关组织面临一系列的问题，这些问题的解决对于确保政策出台和资金筹集措施的有效性至关重要。其中一些关键问题和应考虑的解决方案见表 6-8。

表 6-8 政策保障过程中的关键问题及解决方案

编号	关键问题	解决方案
1	明确政策目标和受益者	·精确目标：明确政策旨在支持哪些具体领域，如技术创新、小微企业发展、特定产业提升等 ·识别受益者：明确哪些组织或个体将从政策中受益，确保政策的精准性和公平性
2	评估和规划财政支持	·资金需求评估：准确评估实施政策所需的总资金规模，包括直接成本和可能的间接成本 ·资金来源：识别资金来源，包括公共财政、特定基金、私人投资及可能的国际资金支持 ·预算管理：制订详细的预算管理计划，确保资金的有效分配和使用
3	制定具体的支持措施	·财政激励：确定具体的财政激励措施，如税收减免、直接补贴、低息贷款等 ·技术和服务支持：规划技术支持、咨询服务、市场开发等非财务性支持措施
4	确保政策的合法性和合规性	·合法性审核：确保所有政策措施符合国家法律和地方法规的要求 ·合规性评估：评估政策措施可能对市场竞争的影响，避免造成市场扭曲
5	建立政策实施的透明度和监管机制	·透明度：确保政策制定和执行过程的透明公开，接受公众和媒体的监督 ·监管机制：建立有效的监管机制，防止资金滥用和效率低下的问题
6	促进利益相关者的参与	·利益相关者协商：在政策制定过程中，与企业、行业协会、学术机构等利益相关者进行广泛协商，确保政策符合实际需求 ·公众参与：通过公听会、在线咨询等方式，鼓励公众参与政策讨论，增加政策的社会接受度和有效性

（二）平台建设阶段

在平台建设阶段主要解决的是建设提供产业公共服务的载体、合作网络和内容。

1. 基础平台建设

推进数字产业公共服务平台建设中，基础设施和软件开发阶段为整个平台的稳定性、效率、安全性和用户体验打下基础，直接影响到平台的最终效果和寿命。

基础设施搭建：建立必要的技术基础设施底座，如数据中心、高速网络等。主要解决包括基础设施的高性能和可扩展性、可靠性和安全性、能源效率和环境可持续性等问题。

软件平台建设：开发或采购必要的软件平台，确保平台能够支持数据处理、云计算服务、在线培训等功能。主要解决包括用户需求和体验、系统集成和兼容性、数据管理和分析以及可维护性和扩展性等问题。

2. 合作网络建设

在建设地方数字产业化公共服务平台的过程中，推动合作网络的建设发挥着至关重要的作用。合作网络可以集中地方政府、企业、教育机构、研究中心和其他相关组织的资源和专长，共同推动地区数字产业化的进程。合作网络建设过程中存在一些关键问题及其解决策略，见表6-9。

表6-9　合作网络建设中关键问题及其解决策略

编号	关键问题	解决策略
1	不同组织在目标和利益诉求上可能存在的差异	在合作之初，通过磋商明确共同的合作目标，并设立明确的利益共享机制，确保每个参与者都能从合作中获得明确的收益
2	沟通和协调机制不足可能导致合作进程缓慢	建立定期的会议制度和项目管理办公室，使用现代信息技术工具保持通畅的沟通，确保信息的及时传递和问题的快速解决
3	如何公平有效地分配和管理合作网络中的资源	建立透明的资源分配机制，根据项目需求和各方的贡献程度进行资源分配，定期审查资源使用情况，确保资源的最优利用
4	技术标准和安全管理规范不一致	制定统一的技术接口和数据格式标准，确保技术兼容性和数据的可互操作性。同时，制定严格的数据安全政策，保护数据不被未经授权访问和使用
5	知识产权和商业秘密的保护	在合作协议中明确知识产权和商业秘密的界定、使用和保护规则，必要时建立专门的审查和监督机制

续表

编号	关键问题	解决策略
6	如何客观评价合作网络的效果	建立包括定量和定性指标的评估体系，定期进行合作效果评估，并根据评估结果进行必要的调整和优化

3. 服务内容开发

推动服务内容开发是建设地方数字产业化公共服务平台的核心任务之一，对促进地区的数字化转型、技术创新、经济增长和产业升级具有深远影响。

服务内容开发主要包括：政策咨询、共性技术支持、知识产权、投融资对接、人才培训、数据服务、市场推广和商业服务、创新和研发支持、法律服务、网络安全服务等内容。

在服务内容开发过程中，也将面临一些挑战，有效了解和克服这些挑战将有助于支持地方产业的数字化转型。一些常见的挑战及其相应的解决办法见表6-10。

表6-10　服务内容开发中的挑战及其相应的解决办法

编号	主要挑战	解决办法
1	了解和满足多样化需求	进行深入的市场调研和需求分析，定期与企业进行沟通，了解企业的具体需求。可以设计灵活的服务模块，允许定制化和可扩展的服务选项，以适应不同企业的需求
2	技术快速迭代	建立专门的技术研发团队，关注和引入最新技术。与科研机构和高等院校合作，共同开发和测试新技术应用
3	资源和资金限制	寻求政府的财政支持，利用公私合作模式吸引私人投资。同时，可以寻找成本效益高的技术解决方案，阶段性推进项目实施
4	人才短缺	与高校合作培养相关人才，设立实习和培训项目吸引人才。此外，可以引进外部专家和顾问，或通过远程工作方式聘请国内外专业人才
5	数据安全和隐私保护	制定严格的数据安全政策和隐私保护措施，采用先进的加密技术和安全协议。对数据访问进行严格控制，确保合法合规使用数据
6	持续性和可持续发展	建立服务收费机制和多元化的赢利模式，确保服务内容的持续更新和平台的财务健康。同时，监测和评估服务的效果，不断进行优化改进

（三）平台运营与监测阶段

在推进地方数字产业化公共服务平台的过程中，市场运营、监测、评估与优化阶段扮演着核心的角色。这些阶段既要确保平台在启动初期符合建设的预期目标，又要通过对平台实时监控平台的技术性能和用户活动监测。评估平台对不断变化的市场需求和技术发展的适应能力，适时地对服务内容进行调整和优化，改进服务功能，同时，调整市场运营策略以更好地对接用户需求和市场变化，如改变推广渠道、调整定价策略、增强用户参与，从而保证数字产业公共服务平台的竞争力和有效性。

1. 市场运营与推广

在推进地方数字产业化公共服务平台过程中，市场运营和推广起到了重要的作用。有效的市场运营和推广策略不仅能够提升平台的知名度，还能增强用户参与度，吸引投资，以及创造经济价值。在平台市场运营过程中，也将面临一些挑战，常见的挑战和应对策略见表6-11。

表6-11 平台市场运营中面临的挑战及应对策略

编号	主要挑战	具体表现	应对策略
1	提高平台知名度和吸引力	新建的平台可能在初期缺乏足够的知名度和信任度，难以吸引目标用户	实施集中的宣传活动，利用多种媒体渠道（如社交媒体、在线广告、本地媒体等）提高平台的可见性。同时，也可以通过案例研究和用户推荐来建立信任
2	定位和差异化服务	市场上可能已有类似服务存在，平台需要明确其独特价值和优势	明确定位平台服务的特色和优势，强调与现有服务的不同点。针对特定的用户群体设计定制化服务，以满足其独特需求
3	用户参与和留存	保持用户的长期参与和高活跃度可能具有挑战性，特别是在面对多样化的用户需求时	设计互动和用户友好的平台界面，提供持续的用户支持和教育资源。实施用户反馈机制，定期收集和分析用户数据，以优化服务和提升用户体验
4	资源和预算限制	市场运营和推广活动可能受到预算和资源的限制	优化预算分配，利用成本效益高的营销策略，例如内容营销和社交媒体推广。寻找合作伙伴和赞助商，共同推广平台

续表

编号	主要挑战	具体表现	应对策略
5	技术适配与兼容	确保平台技术的适配性和兼容性，满足不同用户的技术需求	投资于技术开发，确保平台能够支持各种设备和操作系统。实施持续的技术测试和更新，以适应新的技术趋势和标准
6	合法合规	在处理大量用户数据时，确保数据安全和遵守相关法规存在挑战	建立严格的数据管理政策和安全措施，确保所有用户数据的安全和隐私

2. 监测评估

这一过程不仅帮助平台运营管理者了解平台运行的当前状况，还为平台适应市场需求的变化而采取升级迭代提供了决策参考。

监测和评估的主要内容包括：通过持续监控平台的技术性能，如系统响应时间、访问速度和故障率等，管理者可以获得实时数据，及时发现并解决问题，确保平台的稳定运行；监测用户的活动和行为模式，了解用户如何与平台互动，哪些功能受欢迎，哪些不受欢迎，从而优化用户体验和服务供给；评估平台提供的各项服务是否达到了预定的目标，如提升企业的数字化水平、增加企业的营收等，评估结果可以帮助验证平台的价值和影响力；通过用户满意度调查、反馈收集和案例研究，评估平台是否满足用户的实际需求，是否存在服务缺口；建立一套完善的服务质量标准，监测和评估平台的服务是否符合这些标准，确保服务质量的一致性和高标准，通过监测发现问题后，快速反应和纠正错误，防止问题扩大，维护平台的良好运行状态和用户的信任。在该环节主要面临的挑战及其应对策略见表6-12。

表6-12 监测平台面临的挑战及其应对策略

编号	主要挑战	应对策略
1	数据的完整性和准确性	建立标准化的数据收集和处理流程，使用可靠的数据收集工具和技术，定期对数据质量进行审核和校验，确保数据的完整性和准确性
2	资源分配	在项目预算中预留足够的资源用于监测和评估活动，或寻求外部资金支持。优化资源分配，例如通过自动化工具减少人力需求

续表

编号	主要挑战	应对策略
3	利益相关者的合作	建立明确的沟通渠道和定期的协调会议，确保所有利益相关者的期望和需求被理解和考虑。使用冲突解决机制来处理可能的分歧
4	技术适应性	持续关注新技术和方法，定期更新评估工具和技术。进行技术培训，提升团队对新技术的适应能力
5	变化管理	建立灵活的评估框架，允许在必要时调整指标和目标。定期评审项目目标与实际环境的匹配程度，并作相应调整
6	报告和行动的实施	确保评估报告清晰、具体且易于理解，直接与决策和行动计划相连。建立监测到的问题的明确行动计划，并跟踪实施效果

3. 持续升级

在推进地方数字产业化公共服务平台的过程中，持续升级和优化是确保平台长期成功和可持续发展的关键环节。首先，当今世界技术发展非常迅猛，特别是在数字领域，如人工智能、大数据分析和云计算等新技术不断迭代升级，数字产业服务平台通过利用这些最新技术，可以简化操作流程，提高自动化水平，减少人力成本，从而提高平台服务质量和效率，吸引更多用户和投资。其次，随着市场中用户需求的变化和新需求的出现，持续优化能够帮助平台及时调整服务内容，更好地满足用户需求，从而提升用户满意度和忠诚度。最后，法律法规及市场环境的变化可能要求平台进行相应的调整。持续的升级优化使平台能够快速适应这些外部变化，避免落后于法规要求。

二、构建安全有序的发展环境

健全完善监管规则制度，实现事前、事中、事后全链条监管，加强平台经济、科技创新、信息安全、民生保障等重点领域监管执法，防止资本无序扩张。加强对行业垄断、倾销、价格保护、侵犯知识产权等不正当竞争行为的预警和防范。引导建设数字产业相关信用体系，推行企业产品标准、质量、安全自我声明和监督制度。

（一）健全完善监管规则制度建设

1. 实现全链条监管

在地方数字产业生态培育过程中，建立和完善监管规则制度，尤其是实现事前、事中、事后全链条监管，对于维护市场秩序、保障公平竞争、保护消费者权益、鼓励创新有重要的作用。具体而言，全链条监管的作用体现在：通过制定和执行严格的入市标准和条件，强化事前审查和批准程序可以确保所有企业在进入市场之前符合所有安全和合规要求，从而减少潜在的数据要素市场混乱和消费者受损；事中监管通过持续监控和评估企业的运营行为，确保数字产业链的企业持续遵守法律法规，并对可能的违规行为进行及时干预；事后监管涉及对已发生事件的调查和处理，包括对违规行为的惩罚和对受害者的救济。

实现全链条监管的主要策略如下。

（1）强化法规与政策框架

其关键点包括：第一，兼顾全面性和针对性。确保法规覆盖数字产业的各个方面，包括数据保护、网络安全、知识产权、消费者权益、市场准入、反垄断法规等。法规需要具体针对数字产业的特点进行设计，解决数字产业特有的问题，如数据跨境流动、算法透明度、人工智能伦理等。第二，兼顾适应性和灵活性。法规框架需具备足够的灵活性，以适应快速发展的技术和业务模式，防止法规过时，同时，建立法规的定期评估和修订机制，确保法规适应新的发展和挑战。第三，兼顾清晰性和可执行性。法规条文需明确、具体，避免含糊和过度宽泛，确保法规可执行和易于理解。明确各监管机构的职责和权限，确保各环节的监管责任分配清晰，避免职责交叉和监管空白。第四，兼顾公平竞争和创新鼓励。法规应促进市场公平竞争，防止市场垄断和不正当竞争行为，为新入市者创造公平的竞争环境。与此同时，法规框架应鼓励创新，例如通过设立监管沙箱等方式，允许企业在受控环境下测试新技术和业务模型,而不必立即满足所有正常的监管要求。

（2）建立技术支持系统

技术支持系统是全链条监管不可或缺的一部分,使监管活动更加精确、高效和时效,同时确保系统的安全性和可持续性。这种系统将极大地增强监管能力,提高响应速度和决策质量。其作用具体体现在:技术支持系统可以利用大数据分析工具来处理和分析海量数据,识别趋势、异常模式和潜在风险。这对于预测数字经济市场动向、监测行业健康状况以及预防欺诈行为等方面至关重要;通过自动化工具,技术支持系统可以持续监控被监管实体的合规情况,减少人为疏漏,提高监管的全面性和精准性,另外,还可以通过记录详尽的操作日志和交易历史,提高监管透明度,为可能的审计和复查提供支持。

（3）推动跨部门协作

实现全链条监管在数字产业化进程中的成功至关重要,而跨部门协作则是这一过程的核心。数字产业的特性通常涉及多个监管层面和不同的行政领域,因此,跨部门协作可以有效地提升监管的效率和效果。跨部门协作在实现全链条监管中的主要作用体现在:协作可以确保各部门制定的政策和规定在目标和实施方面的一致性,减少政策间的冲突和重叠,并且,通过集中各部门的专业知识和视角,协作可以提升决策的质量,确保决策更加全面和适应现实情况;通过合作,不同部门可以统一行动方针,共同执行监管任务,增加监管行为的一致性和权威性,跨部门协作使得不同部门能够共享监管资源,如信息技术、监控工具和人力资源,从而避免重复投资和资源浪费;通过部门间的协调,可以简化监管流程,减少企业和公众在应对监管时的时间和成本,在紧急情况下,跨部门协作可以加快响应速度,各部门可以迅速集结资源应对突发事件。

推进跨部门协作的实施策略包括建立常设的协调机构、定期会议和沟通机制、共同培训和研讨等工作机制。

（4）建立公众和行业参与机制

实现全链条监管的过程中，引入公众和行业参与机制是一个关键策略。这种机制不仅增强了监管的透明度和公正性，还加大了社会各界对监管过程的信任和支持。

建立公众和行业参与机制的实施策略包括定期的公开会议和听证会、在线平台和社交媒体和建立由行业专家、学者和公众代表组成的顾问团体和工作组，为监管机构提供咨询服务。

2. 重点领域监管执法

在数字经济快速发展的当下，对平台经济、科技创新和信息安全等重点领域的监管与执法显得尤为重要。健全完善监管规则制度是保障这些领域稳健运行的基石。

（1）平台经济监管

在数字化和互联网技术迅速发展的当代，平台经济已成为一个重要的经济部门，涉及电子商务、共享经济、在线服务等多个领域。因此，加强平台经济领域的监管和执法是确保公平竞争、保护消费者权益、维护市场秩序的关键。其监管的主要内容包括：明确市场准入规则、持续合规性检查、反垄断和公平竞争、消费者权益、劳动关系和合同法、税收和法规遵从、数据保护和隐私安全等。

（2）科技创新监管

科技创新领域的快速发展带来了许多益处，但同时也伴随着众多监管挑战，特别是在确保技术发展与社会伦理标准、法律规定保持一致方面。因此，建立和完善针对科技创新领域的监管规则至关重要。地方政府对科技创新监管的主要内容包括：伦理审查、隐私保护、知识产权、反垄断和市场竞争、消费者权益保护、安全标准和质量控制、标准合规、监管沙箱等。

（3）信息安全监管

在数字化时代，信息安全成为国家安全、企业安全和个人隐私保护的核心。加强信息安全领域的监管和执法是确保社会运作正常和信息技术健康发展的重要环节。信息安全领域监管的主要内容包括：数据保护、网络安全、合规性审核、技术措施和加密、企业和公共部门的责任以及跨界和国际合作。

3. 促进公平竞争环境建设

推动公平竞争的环境建设有助于增强地方经济发展效率和创新、保护消费者利益、提高市场透明度和公信力、促进社会稳定和包容性增长。实现这一目标的一些主要策略包括：制定和执行全面的法规、加强监管机构的独立性和权威、促进透明度和信息公开、反垄断法和公平竞争政策、确保平等的市场准入机会、促进知识产权保护、建立有效的纠纷解决机制等。

（二）加强对不正当竞争行为的预警和防范

加强对行业垄断、倾销、价格保护、侵犯知识产权等不正当竞争行为的预警和防范对于构建一个安全有序的发展环境具有重要作用。具体而言：防止垄断和价格操控等行为，确保市场的公平竞争，这有助于企业创新和效率的提升；通过打击侵犯知识产权的行为，保护创新者的成果，鼓励更多的投资流入研发和创新；监控和防止潜在的市场操控和不正当财务行为，有助于避免因价格泡沫和不稳定市场条件导致的局部市场秩序破坏；通过公开监管行为和市场监控结果，增加地方政府和市场活动的透明度，增强公众对监管机构的信任。

地方政府通过一些策略可以较好地遏制市场中常见的不正当竞争行为，详见表6-13。

表6-13 政府遏制市场中常见的不正当竞争行为的策略

编号	策略	说明
1	完善监管制度法规	·制定与更新法律：确保有详尽的法律来界定和禁止不正当竞争行为，包括垄断、倾销、价格操纵和知识产权侵犯，并随着市场变化定期更新这些法律 ·明确法律责任：设置严格的法律责任和处罚措施，确保有足够的威慑力阻止不正当竞争行为的发生

续表

编号	策略	说明
2	建立强力监管机构	·资源充足：确保监管机构具备必要的资源，包括人力、技术和财政支持，以便有效执行监管职责 ·独立和权威：保证监管机构的独立性，使其能够公正无私地执行监管任务，无须受到外部压力的影响
3	强化信息系统支撑	·建设市场监测系统：使用先进的监测工具和技术（如人工智能和大数据分析）来跟踪市场动态，及时识别潜在的不正当竞争行为 ·监管预警系统：建立有效的预警系统，通过持续的数据分析预测和识别风险，及时向监管机构和市场提供警告
4	增强透明度和公众参与	·提升监管透明度：公开监管行动和决策过程，使企业和公众能够清楚理解监管规则和标准 ·鼓励公众和企业举报：设立便捷的举报渠道，保护举报者免受报复，鼓励公众和企业内部举报不正当行为
5	国际合作与合规	·跨国监管合作：与其他国家的监管机构合作，共同打击跨境的不正当竞争行为，如国际倾销和跨国知识产权侵犯 ·遵循国际标准：确保国内法规与国际贸易和知识产权保护标准相一致，促进国际市场的公平竞争
6	专业培训与教育	·培训监管人员：定期对监管人员进行培训，增强其识别和处理不正当竞争行为的能力 ·公众教育：提高公众对不正当竞争行为及其危害的认识，通过教育和宣传增强整个社会的法律意识和自我保护能力

（三）建设数字产业相关信用体系

在数字时代，构建一个安全有序的发展环境，建设数字产业相关的信用体系扮演着至关重要的角色。数字产业信用体系建设对企业行为产生约束作用，信用不良将直接影响企业的市场地位、声誉和融资能力，激励企业遵守法律法规和行业标准。信用体系还可以为政府提供监管工具，可以通过企业的信用评分和记录来监控企业的合规遵从情况，及时调整地方的产业政策和监管措施。此外，信用体系的建设可减少市场交易中的信息不对称，降低寻找可靠商业伙伴的成本和风险。

1. 制定明确的法律框架

在推动地方产业生态培育的过程中，建设数字产业信用体系是一个关键的步骤，而制定一个明确的法律框架对此具有多方面的重要作用：为数字产业信用体系提供了必要的法律基础，确保所有操作都有法律依据，确保体系的正当性和权威性；帮助保护个人和企业的数据隐私，防止数据滥用和泄露、数据被非法访问或破坏、企业滥用信用信息进行不正当竞争等违法违规行为；促进地方产业生态的健康发展，促进企业间的良性竞争，保护消费者和企业的权益，最终推动整个社会经济的稳定和繁荣。

信用体系框架的主要内容包括：信用体系建设的主要目的、建设原则、参与方的责任和义务、监管机构职责、数据的使用和共享规则、数据隐私保护措施、数据泄露应对机制、信用信息公开、信用信息申诉和纠纷解决机制等。

2. 推动信用技术和基础设施建设

数字产业信用技术和基础设施的建设是推动地方产业生态培育的关键支柱，不仅促进了经济的增长和多样化，还为企业和消费者创造了一个更安全、更公平、更有活力的市场环境。首先，良好的数字信用基础设施有助于吸引外部投资，促进地方产业升级和高质量发展。信用体系的完善也有助于提升地区的整体竞争力和品牌形象，吸引更多的人才和资源聚集。其次，信用技术和基础设施为地方政府提供了实时的数据支持，使政府能够更有效地制定和调整产业政策，确保政策措施与市场发展需求同步。同时，这些技术还能帮助监管机构加强对市场信用环境的监控和规范管理。最后，建设健全的数字信用体系有助于确保所有企业，特别是中小企业，能够在公平的条件下参与市场竞争。企业信用记录的透明化有助于减少信息不对称，使得所有企业都有机会根据自身的实际表现来获得融资和市场机会。

3. 汇聚信用信息基础资源

汇聚信用信息基础资源是构建一个健全、高效和透明的数字产业信用体系的基础，这对于推动地方产业的健康发展、增强区域经济竞争力以及保护消费者和投资者的权益具有重要意义。

在构建地方数字产业信用体系过程中，推动汇聚信用信息基础资源会面临多项挑战。识别这些挑战并制定有效的应对策略是建立成功信用体系的关键。一些主要挑战及其应对策略见表6-14。

表6-14 汇聚信用信息基础资源的主要挑战及其应对策略

编号	主要挑战	应对策略
1	数据不对称与匮乏	·建立跨部门协调小组，确保信用信息共享的政策得到高效执行，并解决可能的冲突 ·跨部门协作：建立政府各部门之间的合作机制 ·政企合作：与私营部门合作，特别是银行、金融服务机构及第三方大数据公司，共享信用信息 ·推动与全国信用信息公共服务平台进行信息交互对接，降低信息汇聚成本
2	数据质量管控	·建立质量识别、控制的规则体系 ·建立质量控制的规范流程 ·建立数据质量实施监控和报警机制
3	技术和基础设施限制	·加快技术创新与应用：利用大数据、人工智能、区块链、云计算等新兴数字技术，推动传统社会信用体系中征信评信用信的机制变革 ·完善基础设施建设：基于政务云资源池，建设数据归集治理平台、区块链平台等底层平台
4	合规和监管	·推动地方立法与政策支持：地方政府应出台相关法律法规，适应新兴的数字信用环境推动数字经济发展，为数字产业信用体系的建设提供法律和政策支持 ·确保信用体系设计时充分考虑合法合规要求，并且，市场监管需要更加智能化和精准化，如何在"准入、监管、执法、服务"各环节之间加强协同 ·建立健全申诉和纠错机制，增强信用系统的信任度
5	数据隐私和安全问题	·遵循相关的法律法规，制定数据安全策略 ·实施严格的数据保护措施，比如使用端到端加密技术、数据脱敏和匿名化技术 ·制定数据全流程安全监测机制，并定期进行安全审计

4. 信用评估和评级机制

推动信用评估和评级机制的发展，为地方经济提供一种可靠的信用评价工具，使市场更加高效和透明，同时也为地方政府提供实施经济政策和监管的有力工具。这种机制的建设和完善对于培育健康的地方产业生态至关重要。具体而言构建信用评估评级机制的作用体现在：①政府侧，地方政府在招商引资过程中，可以及时识别"带病"企业或者具有潜在高风险企业，从而减少"招商风险"。也作为经济主管部门日常对企业监管的工具，识别本区域正在经营的企业是否存在经营风险、外迁风险以及对关联企业的连带影响，帮助政府及时识别和干预经济风险，维护本地市场秩序。②市场侧，信用评级可以为金融机构、投资者、商业伙伴提供客观、公正的资信信息，从而加强管理、规避风险、优化投资、促进销售、提高效益，对于地方数字产业尤为重要，因为这些行业往往涉及大量的资金流动和高风险投资需求。信用体系建设还有助于小微企业和新创企业融入正规经济体系，获取原本难以接触的融资资源，从而促进社会经济的整体包容性。

5. 构建信用监管与监督机制

信用监管和监督机制是地方数字产业信用体系不可或缺的组成部分，对于确保系统的健康运作、保护参与者利益并推动经济和社会高质量发展目标的实现具有重要意义。首先，信用监管能够通过法治思维推动制度完善，解决信用数据收集、利用中的问题，从而更好地服务于国家治理体系和治理能力现代化的目标。其次，信用监管在市场秩序规范方面发挥基础性作用，通过"双随机、一公开"监管模式，根据企业信用风险分类结果实施差异化监管措施，持续推进常态化跨部门联合抽查。此外，推动地方信用监管机制的创新赋能经营主体高质量发展，构建"以企业信用提升为主线，以信息归集公示为基础、以信用约束惩戒为重点、以双随机监管为抓手、以信用风险分类为依托"的监管工作新思路，持续发挥信用赋能高质量发展作用。构建该机制时需要面对的主要挑战及应对策略见表6-15。

表 6-15 构建信用监管与监督机制的主要挑战及应对策略

编号	主要挑战	应对策略
1	法律法规标准不统一	·制定和完善相关的法律法规，为信用监管提供坚实的法律基础。这包括建立统一的信用信息标准和监管规范，以确保各地在执行时的一致性和有效性 ·政策评估和修订：定期评估现有政策的效果，并根据需要进行修订或更新，以保持其相关性和有效性
2	数据安全和隐私保护	·将数据安全、隐私保护作为日常监管的重点内容，加强市场的信心 ·数据跨境流通领域，对数据安全的监管、审计设立严格的安全"护栏"
3	技术适应性和更新	·持续投资：定期投资于最新的技术，确保信用系统的分析评估能力能满足实际需求 ·技术培训：为监管人员提供持续的技术培训，确保监管人员技能能适应市场需求变化
4	公众信任和接受度	·透明度提升：增强操作的透明度，公开监管标准和方法，让公众能够了解信用评估和监督的流程 ·公众教育：通过教育活动和宣传，提高公众对信用体系重要性的认识，并向公众解释如何保护自己的信用信息
5	跨部门和跨地区的协调	·建立合作机构：建立跨部门协调机构，协调不同部门和地区之间的信息共享和监管活动 ·共享平台：开发共享平台，使不同部门和地区能够轻松访问和共享信用信息，确保信息的一致性和实时更新

三、加强数字产业运营监测

通过加强数字产业运营监测，构建部门协同联动工作机制，推进对重点企业的监测等措施，有助于推动数字产业发展的科学规划和强化数字产业要素保障体系。

（一）推动数字产业科学规划

地方政府通过推进与高校、科研院、产研院等专业研究机构合作，加强对数字产业的运营监测，分析数字产业的发展特征、趋势、路径、影响，识别当地产业发展中的关键增长机会、发展短板和潜在风险，地方政府可以更精确地把握产业发展规律，结合地方资源禀赋，科学选育重点产业，优化资源配置或集中资源，确保资源投向最需要和最有潜力的领域。此外，政府还可以通过监测分析不同数字产业及其相互关联的影响关系来促进产业链之间的协同和互补。总而言之，加强对数字产业运营的监测，有助于推进地方数字产业的科学规划。

通过数字产业运营监测，提升地方政府对数字产业发展规划能力的实施路径，见图6-6。

（二）建立协同联动工作机制

建立协同联动工作机制是推动对数字产业的有效运营监测的关键举措。这种机制能够整合不同利益相关者的资源和能力，提高运营监测的覆盖面和深度，从而更好地支持政策制定和产业发展。

1. 明确目标和职责

首先，需要确定所有相关的利益相关者，包括政府部门、行业协会、企业、学术机构和研究组织，并确定牵头机构。其次，为每个参与者明确具体的角色和责任。例如，政府产业研究室负责数字政策制定和法规监管，而学术机构可能负责产业数据分析和研究，经信局、投促局、统计局等部门负责数字产业运行监测。

2. 构建多层次监测体系

建立一个多层次的监测体系，涵盖从宏观到微观的各个层面。具体可以包括对数字经济核心产业的分类统计监测指标，如计算机、通信和其他电子设备制造业等。并加强对数字技术和产业的数据收集和分析能力。利用大数据、云计算、人工智能等技术，提升经济运行监测分析的能力，从而更好地理解和预测数字产业的发展趋势。

3. 建立信息协同平台

建立一个数字产业信息共享平台，允许所有参与者访问相关的监测数据和分析报告，确保信息的及时更新和透明共享。定期举行会议，

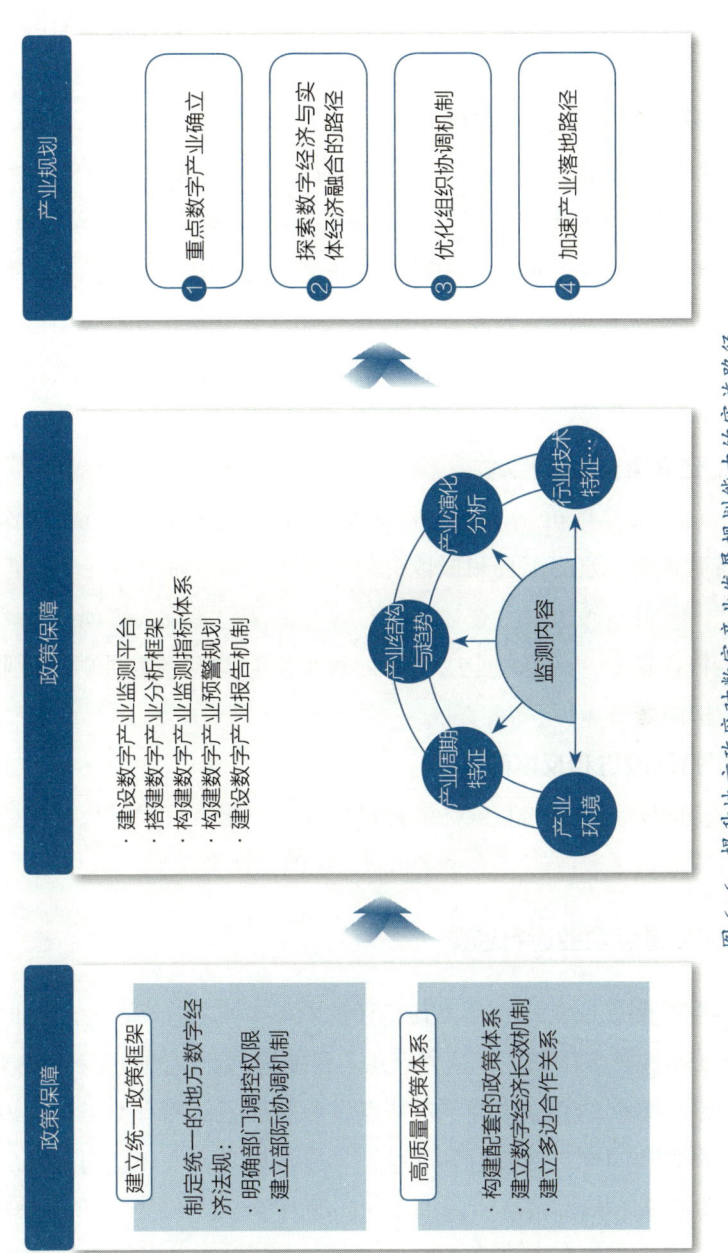

第六章
数字产业化发展行动"路线图"

产业规划
1. 重点数字产业确立
2. 探索数字经济与实体经济融合的路径
3. 优化组织协调机制
4. 加速产业落地路径

政策保障
- 建设数字产业监测平台
- 搭建数字产业分析框架
- 构建数字产业监测指标体系
- 构建数字产业预警规划
- 建设数字产业报告机制

监测内容：产业结构与趋势、产业演化分析、行业技术特征…、产业周期特征、产业环境

政策保障

建立统一政策框架
- 制定统一的地方数字经济法规：
  - 明确部门调控权限
  - 建立部际协调机制

高质量政策体系
- 构建配套的政策体系
- 建立数字经济长效机制
- 建立多边合作关系

图6-6 提升地方政府对数字产业发展规划能力的实施路径

283

加强部门间信息沟通，由牵头部门向各部门通报工作进展情况，各部门应及时沟通相关工作情况，实现信息互通互享，讨论运营监测的进展、发现的问题，以及需要进行的调整。

4. 建立重大问题协商机制

对数字产业建立分级分类管理机制，构建地方数字产业重大问题库，对可能影响某个数字产业产生重大影响的事件、重要政策变更、关键技术故障等进行定义，并根据不同类型的重大问题的情景，制定相应的协商机制和应急预案。定期组织相关参与方进行模拟演练，以测试协商机制的有效性和参与者的响应能力。协商机制实施后，应定期评估其效果，查看其是否有效解决了重大问题。

5. 建立监督检查机制

建立监督检查机制，首先需要建立监督检查标准规范、运作流程、问责机制、监测工具和报告机制。其次，需要成立一个专责的监督团队，负责实施监督检查计划。对涉及多部门的重大事项进行跟踪问效、督查督办，必要时予以问责，确保各项措施落实到位，确保协同联动机制高效运行。

6. 持续改进和反馈循环

对协同联动机制的有效性进行定期评估，根据反馈进行必要的调整，以适应数字产业的快速变化和新出现的监测需求。

（三）加强重点企业运行监测

加强对重点企业的监测（其路径见图6-7）在数字产业运行监测中扮演着至关重要的角色，这种聚焦不仅能提高监测的效率和有效性，还能带来一系列的积极影响：对重点企业的加强监测有助于及早识别潜在的风险和问题，例如财务不稳定、运营异常或合规性问题，从而允许早期介入和问题解决，减少潜在问题对整个数字产业的负面影响；重点企业通常在其所在的产业链或市场中占据关键地位。它们的健康运营对保持市场整体稳定和信心至关重要；通过对重点企业的监测所获得的数据可以为政策制定提供支撑，确保政策更加精准和有效；重点企业往往是技术和创新的先行者。监测这些企业可以帮助识别新兴的技术趋势和创新模式，通过分析这些企业的成功案例和挑战，可以将学习和经验转化为行业广泛的实践，促进整个行业的技术升级和创新发展。

明确重点企业的标准	· 制定标准：首先定义什么样的企业被视为重点监测对象 · 定期评估：定期重新评估和更新重点企业名单，以反映市场和行业的变化
建立综合监测系统	· 监测平台：采集重点企业相关信息，构建综合监测系统 · 指标体系：建设多维度监测指标体系
增强数据获取途径	· 机构数据：从金融机构、审计公司、研究机构等建立合作关系，获取数据 · 政府数据库：政府及监管机构的公开数据资源，如税务、海关、司法等信息
定期报告和审计	· 定期报告：要求重点企业定期提交详细的运营报告和风险评估报告 · 独立审计：定期对重点企业进行独立的财务和合规审计
实施动态监控	· 事件触发监控：对重点企业实施事件触发监控机制 · 风险评估模型：开发和应用动态风险评估模型
监管能力建设	· 内部培训：为监管人员提供关于行业最新发展、监测工具和技术的培训 · 场景演练：模拟真实监管场景，提升监管人员技能水平

图 6-7　重点企业运行监测体系

（四）强化产业发展要素保障

在数字产业生态培育过程中，推进产业发展要素保障具有关键作用,这些作用帮助地方经济建立竞争力,促进经济综合增长,并吸引投资。因此,地方政府可以通过提供产业发展关键要素得到充分保障,形成一个自我增强、持续创新的产业格局,有助于促进地方数字产业的健康成长和持久繁荣。

打造一个完善的地方数字产业要素保障体系将面临多方面的挑战,需要地方政府多方面的努力和协调,并通过跨层级、跨地区、跨部门、跨行业综合施策和政企间通力合作来逐步克服,要素保障体系的主要内容包括:政策保障、市场保障、人才保障、资金保障、技术保障、基础设施保障、政府治理能力、产业生态以及营商环境等多方面的要素建设,见图6-8。

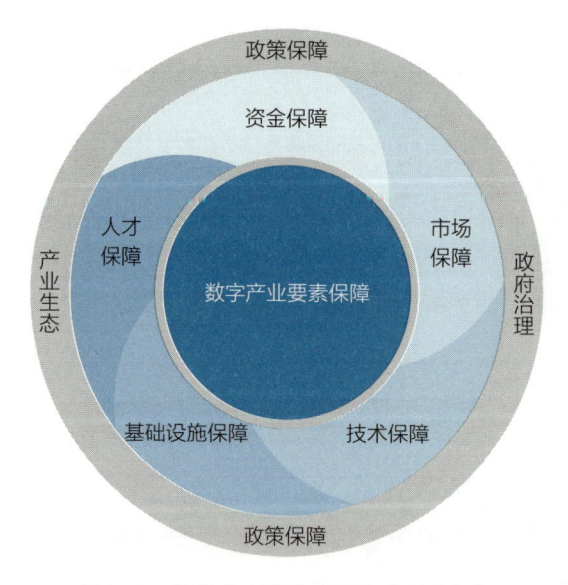

图6-8 数字产业要素保障体系研究框架

1. 政策保障

政策保障措施主要通过完善政策法规体系、提供财政支持、促进技术创新和人才培养、构建产业生态、完善公共服务体系以及推动国际合作与全球化建设,为地方数字产业生态的培育提供坚实的基础和保障。这些措施共同作用，才能推动地方数字产业的高质量发展。例如，长春市建立数字经济发展考核评估体系，出台数字产业政策，建立数字产业发展基金，完善人工智能等技术创新体系。山东省通过加快企业数字化转型升级，引导企业强化数字化思维，提升员工数字素养。

2. 政府治理

政府治理能力建设在数字产业要素体系建设中起到了至关重要的作用。具体体现在：数字政府建设能够助力政府职能转变，可以强化政府数字化治理和服务能力建设，对规范市场、鼓励创新起到关键的支撑作用，这不仅有助于保护消费者权益，还能激发企业的创新活力，推动数字产业的健康发展；数字技术的应用还可以显著提升政府的信息获取能力，帮助政府了解市场运行情况，方便政府监管市场行为，追踪决策效果并获取政策反馈，这种高效的监管机制有助于政府及时发现和解决市场中的问题，确保数字产业的稳定运行；政府通过科学合理地运用大数据、人工智能、区块链等新兴技术，还能够推动法治政府建设。

3. 市场保障

市场保障措施在推进地方数字产业要素保障体系建设中扮演了关键角色，其主要作用在于创造一个公平、具有竞争力的市场环境，从而促进创新、吸引投资，并促进可持续发展。地方政府在市场保障中的角色非常关键，需要为市场主体之间的公平竞争提供可预期的制度框架，通过建立和执行公平的市场规则，同时，制定监管措施确保数字产品及服务符合目标质量标准，还包括打击垄断行为、防止价格操纵和其他不公平的市场行为，来保护消费者利益。在一个公平竞争的市场中，市场保障通过确保知识产权的保护和商业秘密的安全，可以激励企业进行长期投资和技术创新。另外，一个规范和公开的市场环境是吸引外部投资者的关键因素，有利于地方数字产业生态的培育和壮大。

4. 资金保障

资金保障在推进地方数字产业要素保障体系建设中起着至关重要的作用。首先，资金保障能够为数字产业项目提供必要的财政支持，使其能够顺利实施和发展。政府投资和政策激励是资金保障的重要形式，政府投资必须发挥好引导作用，来吸引更多的社会资本投入，还能确保数字产业项目在不同经济环境下都能稳定发展。此外，专项债券和转移支付也是资金保障的重要手段。通过管好用好专项债券，发挥政府投资引导带动作用，可以进一步优化调整税费政策，提高数字产业投资的精准性和效率。资金保障还包括风险补偿资金等创新机制，可以拓宽企业融资渠道，充分发挥财政资金的杠杆放大和风险保障作用，完善知识产权质押融资风险分担补偿机制，从而降低企业的融资成本和风险。有序地推动数字产业资金保障措施，这不仅有助于提升地方数字产业链供应链的韧性和安全水平，还能促进数字经济与实体经济的深度融合，打造具有国际竞争力的数字产业集群。

5. 人才保障

人才保障对推进地方数字产业要素保障体系建设具有重要作用。首先，人才是经济社会发展中的核心要素，对于技术创新、企业管理等方面起到了关键作用。推进务实的人才引进和培养等保障措施，是地方数字产业发展的基础保障。其一，可以通过提供安居保障、薪酬补贴、医疗保障等措施，可以有效吸引和集聚高层次人才。其二，通过加大青年科技人才生活服务保障力度，提高职业早期青年科技人才的薪酬待遇，可以激发他们的创新创业活力。此外，政策还鼓励各地政府建设各种合作形式的人才公寓，以探索多主体供给、多渠道保障的分层次、广覆盖的人才安居机制，来优化人才生活服务保障。其三，通过强化人才与产业对接，吸引、集聚和用好各类人才及团队，可以有效融入和引领地方经济社会发展。其四，依托京津冀、长三角、粤港澳大湾区、成渝地区双城经济圈等重点区域，统筹推进数字基础设施建设，探索建立各类产业集群跨区域、跨平台协同新机制来推动人才地区交流。这些措施的推进不仅提升了地方的人才吸引力和凝聚力，还为数字产业的高质量发展提供了坚实的支撑。

6. 技术保障

技术保障是实现数字经济高质量发展的基础。地方政府可以通过一系列的措施来提升技术的保障能力：政府通过补助、资助、税收优惠政策等资金投入，为企业的技术升级、技术创新提供支撑，尤其是基础性研究和应用研究的项目；建立产学研桥梁，推动大学、科研机构与企业之间的技术转移和知识共享，加速科研技术成果的产业转化；与大学和职业学校合作，开发符合行业需求的课程，培养数字技术人才；积极参与跨区域和国际合作项目，引进国内外先进技术和管理经验。

7. 基础设施保障

在推进地方数字产业要素保障体系建设中，基础设施保障是一个核心组成部分，它为数字产业的运行和发展提供了必要的物理和技术支持。以下是一些关键的基础设施保障措施：通信网络建设、数据中心和云计算平台、算力基础设施、物联网、智能城市基础设施、能源供应和管理、安全与监控系统、研发和创新支持设施等。这些措施共同构成了一个多层次、全方位的数字基础设施保障体系，为地方数字产业的发展提供了坚实的基础。

8. 其他要素

数字产业要素保障体系除了以上要素外，产业生态的建设和营商环境的优化也对地方数字产业生态的培育起到了重要的促进作用。

产业生态建设对数字产业要素保障体系的建设起着重要的推动作用。它通过整合多方资源、优化产业链布局，并创造创新的合作机会，促进了数字产业的全面和健康发展。产业生态的影响作用具体体现在：产业生态中的企业、研究机构和教育机构的紧密合作有助于知识和技术的快速转移和应用，推动新技术的开发和创新；数字化产业集群化发展，使得地方相关企业和机构实现了集聚，通过资源和信息的共享，提高整个产业的创新能力和竞争力；通过产业生态的建设，可以更高效地配置和利用资源，包括资金、技术和人才等，推动这些资源向最有潜力的领域和项目流动；产业生态中企业间的合作和竞争可以创造更多的职业机会和职业发展路径，吸引并保留人才；通过产业联盟或合作网络，小型企业可以借助生态中的大企业品牌来提升自身的市场信誉和竞争力。

优化营商环境对数字产业要素保障体系建设的推动作用非常显著。通过创造一个更高效、更透明和更友好的商业环境，地方政府不仅可以吸引更多的投资，还能促进技术创新和产业发展。优化营商环境可以吸引更多的资金流入，为数字产业发展提供资金支持，促进技术研发、基础设施建设和人才培养等关键领域的发展建设。优化营商环境是一个多层次、多领域的系统工程，涉及政务服务、市场监管、公共服务等多个方面。以下是一些具体的措施：持续推进信息共享和"一网通办"，能够减少企业办理各类手续中的时间、审批环节和成本；通过"一窗受理、集成服务"改革，可以缩短企业开办时间、工程项目审批时间和公共设施报装办理时限；实施"一照通办、一码通用、证照分离、照后减证"改革，提升了各类型企业的设立、变更、注销、备案等各个环节的便利度；推动深化市场化改革，为公平竞争提供保障支撑，进一步激发市场的活力；推动"放管服"的深化改革，实现巨大市场潜力释放；构建常态化的政企"直通车"沟通机制，提升企业服务的能力和水平等。地方政府通过这些方式，优化营商环境为数字产业提供稳固的基础和灵活的运营条件，使其能够有效地应对快速变化的技术环境和市场需求，从而推动整个地区的经济增长和技术进步。

参考文献

[1] 习近平.发展新质生产力是推动高质量发展的内在要求和重要着力点［J］.求知，2024（6）：4-6.

[2] 欧阳日辉.数据要素流通的制度逻辑［J］.人民论坛，学术前沿，2023（6）：13-27.

[3] 黄益平.数字经济的发展与治理［J］.上海质量，2023（3）：19-23.

[4] 关于激发人才活力支持人才创新创业的若干政策措施（2.0版）［N］.吉林日报，2021-02-08（6）.

[5] 数字经济及其核心产业统计分类（2021）［J］.中华人民共和国国务院公报，2021（20）：16-30.

[6] 张嘉毅.中国信息通信研究院发布《中国数字经济发展报告（2022年）》［J］.科技中国，2022（8）：104.

[7] 许宪春，胡亚茹，张美慧.数字经济增长测算与数据生产要素统计核算问题研究［J］.中国科学院院刊，2022（10）：1410-1417.

[8] 屈哨兵，王海兰.数字经济发展中的四大基本语言服务能力建设［J］.广州大学学报（社会科学版），2023（5）：112-121.

[9] 杜秦川.完善统计监测指标促进数字经济平稳高质量发展［J］.宏观经济管理，2023（7）：10-18.

[10] 黄欣荣，潘欧文."数字中国"的由来、发展与未来［J］.北京航空航天大学学报（社会科学版），2021（4）：99-106.

[11] 肖荣美.数字中国应重视适老化建设［J］.中国信息界，2023（3）：36-38.

[12] 张珺，罗静雯，王亚同，等.培育新质生产力推动重庆经济高质量发展［N］.重庆日报，2024-03-07（04）.

[13] 郑琪，丁立群.论新时代美好生活叙事下的新质生产力［J］.长白学刊，2024（3）：20-30.

[14] 许晓凤.新质生产力时代质量内涵的演变［J］.中国发展观察，2024（Z1）：54-62.

[15] 全国一体化政务大数据体系建设指南［J］.中小企业管理与科技，2022（20）：1-11.

[16] 国务院办公厅关于印发全国一体化政务大数据体系建设指南的通知［J］.中华人民共和国国务院公报，2022（31）：19-31.

[17] 门理想，张瑶瑶，张会平，等.公共数据授权运营的收益分配体系研究［J］.电子政务，2023（11）：14-27.

[18] 财政部资产管理司有关负责人就印发《关于加强数据资产管理的指导意见》答记者问［J］.国有资产管理，2024（3）：17-19.

[19] 上海市公共数据和一网通办管理办法［J］.上海市人民政府公报，2018（23）：4-11.

[20] 杨东.构建数据产权、突出收益分配、强化安全治理助力数字经济和实体经济深度融合［J］.经营管理者，2023（4）：35-39.

[21] 关于加强数据资产管理的指导意见［J］.交通财会，2024（2）：91-94.

[22] 广东省人民政府办公厅关于印发广东省首席数据官制度试点工作方案的通知［J］.广东省人民政府公报，2021（14）：36-38.

[23] 杭州市人民政府办公厅关于印发杭州市公共数据授权运营实施方案（试行）的通知［J］.杭州市人民政府公报，2023（9）：21-25.

[24] 李红艳.关于档案信息化建设助力公立医院高质量发展的几点思考［J］.黑龙江档案，2023（5）：280-282.

[25] 姚锐.大数据背景下计算机信息处理技术探究［J］.中国管理信息化，2023（23）：145-148.

[26] 张倩琳.基于业财融合的电力企业预算管理分析［J］.现代商业研究，2024（3）：116-118.

[27] 韩卫宏."互联网+"背景下现代化电子信息技术的发展及应用［J］.中国设备工程，2023（17）：244-246.

[28] 徐超，盛伟光.配电网智能化监测与控制技术分析［J］.集成电路应用，2024（4）：148-149.

[29] 杨其.大数据背景下高校后勤财务管理信息化建设探究［J］.金融文坛，2023（10）：102-104.

[30] 冯文丽，樊钱涛，黄楷佳，等.城市网络中心性对城市经济韧性的影响研究——基于上市公司联系的视角［J］.统计与管理，2023（8）：4-18.

[31] 原磊，王山.数字经济助力现代化产业体系建设［J］.当代经济研究，

2023（12）：5-13.

[32] 万光梅.数字货币的金融风险及防范策略研究［J］.财讯，2024（2）：185-188.

[33] 王海英.烟台服务业发展战略研究［D］.西安：陕西师范大学，2013.

[34] 李道亮.我国农业信息化面临的新机遇与发展建议［J］.山东农业科学，2013（10）：125-128.

[35] 令旋.探析财务会计工作中的审计方法［N］.财会信报，2023-08-28（7）.

[36] 韩笑，孔文乐.基于物联网技术的防控电子封条系统设计［J］.中国设备工程，2024（9）：206-208.

[37] 朴英姬.非洲产业数字化转型的特点、问题与战略选择［J］.西亚非洲，2022（3）：24-44，156-157.

[38] 田发，邹思远.税收信息化提升了数字经济企业纳税遵从吗［J］.财会月刊，2024（3）：114-120.

[39] 方秋香.新形势下企业的税务管理与筹划［J］.纳税，2023（31）：25-27.

[40] 广东省数字经济促进条例［N］.南方日报，2021-08-11（A07）.

[41] 郑海，向发佳，杨莎.均衡发展：数字经济与数据法治化治理研究［J］.重庆文理学院学报（社会科学版），2024（3）：87-99.

[42] 何红，拓守恒.数字经济驱动旅游产业高质量发展的作用机理与耦合协调关系：基于西北五省的实证［J］.统计与决策，2023（20）：78-83.

[43] 曹淑敏.以信息化数字化驱动引领中国式现代化［J］.红旗文稿，2023（2）：4-8，1.

[44] 张骏.培育数字经济核心产业创新生态系统［J］.群众，2023（14）：51-52.